국민건강보험공단
노인장기
요양보험법

국민건강보험공단
노인장기요양보험법

| 개정2판 발행 | 2024년 4월 10일 |
| 개정3판 발행 | 2025년 3월 7일 |

편 저 자	취업적성연구소
발 행 처	㈜서원각
등록번호	1999-1A-107호
주 소	경기도 고양시 일산서구 덕산로 88-45(가좌동)
교재주문	031-923-2051
팩 스	031-923-3815
교재문의	카카오톡 플러스 친구[서원각]
홈페이지	goseowon.com

PREFACE

최근 많은 공사·공단에서는 기존의 직무 관련성에 대한 고려 없이 인·적성, 지식 중심으로 치러지던 필기전형을 탈피하고, 산업현장에서 직무를 수행하기 위해 요구되는 능력을 산업부문별·수준별로 체계화 및 표준화한 NCS를 기반으로 하여 채용공고 단계에서 제시되는 '직무 설명자료'상의 직업기초능력과 직무수행능력을 측정하기 위한 직업기초능력평가, 직무수행능력평가 등을 도입하고 있다.

국민건강보험공단에서도 업무에 필요한 역량 및 책임감과 적응력 등을 구비한 인재를 선발하기 위하여 고유의 필기전형을 치르고 있다. 본서는 국민건강보험공단 채용대비를 위한 필독서로 국민건강보험공단 필기전형의 출제경향을 철저히 분석하여 응시자들이 보다 쉽게 시험유형을 파악하고 효율적으로 대비할 수 있도록 구성하였습니다.

1. 가독성을 높이기 위해 법률 내용을 정리하여 수록하였다.
2. 실전 적응력 향상을 위해 매 챕터마다 문제를 수록하였다.
3. 체계적인 학습과 효율을 높이기 위해 법조문을 수록하였다.

신념을 가지고 도전하는 사람은 반드시 그 꿈을 이룰 수 있습니다. 처음에 품은 신념과 열정이 취업 성공의 그 날까지 빛바래지 않도록 서원각이 수험생 여러분을 응원합니다.

국민건강보험공단

국민건강보험공단은 국민을 질병의 위험에서 보호하는 건강보험과 노후의 편안한 삶을 보장하는 노인장기요양보험을 운영하는 기관으로 국민의 건강한 삶을 책임지고 있다.

미션 및 비전

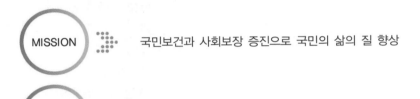

MISSION ▸ 국민보건과 사회보장 증진으로 국민의 삶의 질 향상

VISION ▸ 행복한 국민, 건강한 대한민국, 든든한 국민건강보험

핵심가치

건강과 행복	국민보건과 사회보장 증진을 통해 모든 국민의 건강향상과 행복한 삶을 추구
공정과 신뢰	공정한 제도 구축 · 운영과 안전 · 책임경영으로 국민 신뢰 확보
혁신과 전문성	디지털 · 서비스 중심 경영혁신과 직무 전문성 강화로 지속가능 경영 실현
청렴과 윤리	엄격한 윤리의식을 토대로 자율적 내부통제와 청렴한 업무수행을 통해 투명한 사회 선도
소통과 배려	대내 · 외 이해관계자와 소통과 배려를 통해 국민체감 성과 창출

더 건강한 세상을 위한 The건강보험

제도·서비스

더 건강한 국민
(국민건강, 근거기반,
연계·통계)

이해관계자

더 건강한 파트너십
(협력주도, 소통, 배려)

기관운영

더 건강한 공단
(혁신, 효율, 청렴)

전략 목표	국민의 평생건강을 책임지는 건강보장체계	건강수명 향상을 위한 맞춤형 건강관리	국민의 평생건강을 책임지는 건강보장체계	초고령사회 대비 국민이 안심하는 장기요양보험	소통·혁신 ·청렴 기반의 신뢰경영
전략 과제	필수의료 중심의 보장영역 구축	예방적 건강관리 강화	맞춤형 장기요양 서비스 이용체계 구축	공정하고 공평한 부과체계 설계	국민참여 소통경영 강화
	건강약자 의료안전망 강화	생애주기 건강검진체계 개편	지역사회 거주 돌봄지원 강화	스마트 징수관리체계 구축	성과·역량 중심 조직혁신
	보건의료 공급기반 안정화	지역중심 건강서비스 강화	장기요양서비스 품질 향상	보험급여 지출관리 혁신	디지털 기반 서비스행정 전환
	건강보장 연구 및 국제협력 강화	데이터 기반 민간혁신·성장지원 확대	장기요양보험 제도 지속가능성 제고	전략적 재정관리 강화	윤리·안전 및 책임경영 강화

STRUCTURE

기출복원문제

◆ 국민건강보험공단에서 시행된 수험생들의 필기시험 후기를 수집하여 기출문제를 구성하였습니다.
◆ 상세하고 꼼꼼한 해설을 문제 아래에 수록하여 혼자서도 학습이 가능하도록 구성하였습니다.

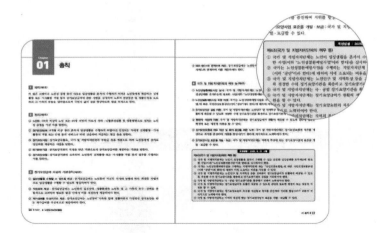

법조문 핵심 요약정리

◆ 최근 개정된 국민건강보험법의 내용을 반영하여 이해와 암기가 편리하도록 일목요연하게 정리하여 수록하였습니다.
◆ 수험생들의 필기시험 후기를 분석하여 출제되었던 단원에 대하여 기출년도를 표기하였습니다.

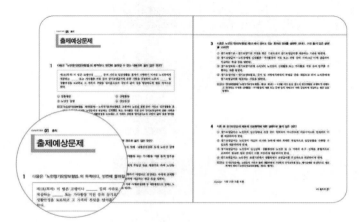

출제 가능한 예상문제

◆ 국민건강보험법에서 출제가 예상되는 각 조문별 내용을 집중 분석한 후 문제를 구성하였습니다.
◆ 영역별 기초적인 내용의 문제를 구성·수록하여 학습효율을 높일 수 있도록 하였습니다.
◆ 적중률 높은 예상문제로만 구성하였습니다.

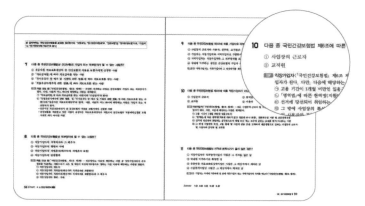

상세하고 세심한 해설

◆ 매 문제마다 상세한 해설을 수록함으로써 별도의 법조문 없이도 학습이 가능하도록 구성하였습니다.

◆ 최신 법조문과 상세한 해설로 최종 마무리 학습에 만전을 기할 수 있도록 구성하였습니다.

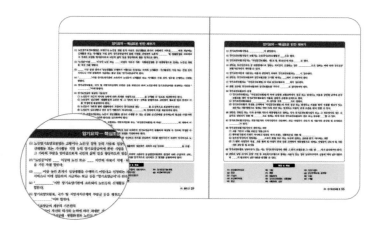

핵심조문 빈칸 채우기

◆ 수험생 스스로 최종점검이 가능하도록 가출문제와 관련된 법조문을 정리하여 중요한 핵심부분의 빈칸 채우기로 구성하였습니다.

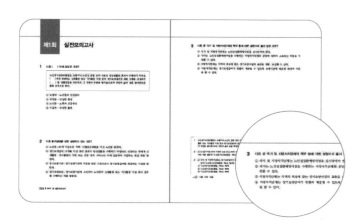

실전 모의고사 5회

◆ 단원별 예상문제를 풀어 본 후 수험생 스스로 자신의 학습능력을 평가할 수 있도록 모의고사를 수록하였습니다.

◆ 매 문제 정답과 해설을 바로 확인이 가능하도록 같은 면에 수록하였습니다.

CONTENTS

PART I 기출복원문제

01 2024년 하반기 기출복원문제 ··· 12

02 2024년 상반기 기출복원문제 ··· 18

PART II 노인장기요양보험법

01 총칙 ··· 26
출제예상문제 ·· 30

02 장기요양보험 ·· 36
출제예상문제 ·· 56

03 장기요양인정 ·· 68
출제예상문제 ·· 74

04 장기요양급여의 종류 ··· 82
출제예상문제 ·· 86

05 장기요양급여의 제공 ··· 92
출제예상문제 ·· 96

06 장기요양기관 ·· 100
출제예상문제 ·· 116

07 재가 및 시설 급여비용 등 ·· 140
출제예상문제 ·· 146

08 장기요양위원회 ·· 152
출제예상문제 ·· 156

09 관리운영기관 ·· 160
출제예상문제 ·· 166

10 심사청구 및 재심사청구 ·· 174
출제예상문제 ·· 178

11 보칙 ··· 182
출제예상문제 ·· 190

12 벌칙 ·· 200
   출제예상문제 ··· 204

PART Ⅲ 단원별 OX문제

01 총칙 ·· 210
02 장기요양보험 ·· 211
03 장기요양인정 ·· 212
04 장기요양급여의 종류 ··· 214
05 장기요양급여의 제공 ··· 215
06 장기요양기관 ·· 216
07 재가 및 시설 급여비용 등 ······································ 218
08 장기요양위원회 및 장기요양요원지원센터 ················ 219
09 관리운영기관 ·· 220
10 심사청구 및 재심사청구 ·· 221
11 보칙 ·· 222
12 벌칙 ·· 223

PART Ⅳ 실전 모의고사

제1회 실전 모의고사 ·· 226
제2회 실전 모의고사 ·· 238
제3회 실전 모의고사 ·· 250
제4회 실전 모의고사 ·· 262
제5회 실전 모의고사 ·· 272

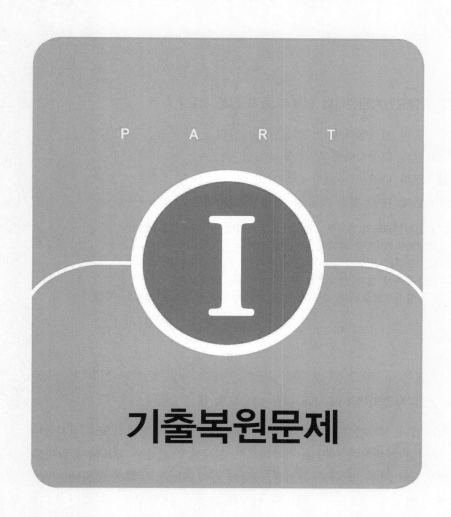

P A R T

I

기출복원문제

01 2024년 하반기 기출복원문제

02 2024년 상반기 기출복원문제

2024년 하반기 기출복원문제

※ 수험생들의 기억에 의하여 필기시험 후기를 복원하여 기출문제를 재구성한 것으로 실제문제와 차이가 있을 수 있습니다.

1 다음 중 장기요양요원지원센터의 업무로 옳지 않은 것은?

① 장기요양요원의 권리침해에 관한 상담 및 지원
② 장기요양요원의 역량강화를 위한 교육지원
③ 장기요양요원의 다양성을 위한 문화사업
④ 장기요양요원에 대한 건강검진 등 건강관리를 위한 사업

> **TIP** 장기요양요원지원센터의 업무〈「노인장기요양보험법」 제47조의2 제2항〉
> ㉠ 장기요양요원의 권리 침해에 관한 상담 및 지원
> ㉡ 장기요양요원의 역량강화를 위한 교육지원
> ㉢ 장기요양요원에 대한 건강검진 등 건강관리를 위한 사업
> ㉣ 그 밖에 장기요양요원의 업무 등에 필요하여 대통령령으로 정하는 사항

2 다음 중 장기요양사업의 실태조사에 대한 내용으로 옳은 것은?

① 장기요양사업의 실태를 파악하기 위하여 5년마다 조사를 정기적으로 실시한다.
② 실태를 파악하기 위하여 조사를 정기적으로 실시하고 결과는 공표하지 않아도 된다.
③ 장기요양요원의 처우 및 규모에 관한 사항에 대하여는 조사하지 않는다.
④ 실태조사의 방법과 내용 등에 필요한 사항은 보건복지부령으로 정한다.

> **TIP** 실태조사〈「노인장기요양보험법」 제6조의2〉
> ㉠ 보건복지부장관은 장기요양사업의 실태를 파악하기 위하여 3년마다 다음의 사항에 관한 조사를 정기적으로 실시하고 그 결과를 공표하여야 한다.
> • 장기요양인정에 관한 사항
> • 장기요양등급판정위원회(등급판정위원회)의 판정에 따라 장기요양급여를 받을 사람(수급자)의 규모, 그 급여의 수준 및 만족도에 관한 사항

Answer 1.③ 2.④

- 장기요양기관에 관한 사항
- 장기요양요원의 근로조건, 처우 및 규모에 관한 사항
- 그 밖에 장기요양사업에 관한 사항으로서 보건복지부령으로 정하는 사항
ⓒ 실태조사의 방법과 내용 등에 필요한 사항은 보건복지부령으로 정한다.

3 다음은 장기요양인정 신청 등에 대한 대리에 대한 법조항이다. 다음 빈칸을 들어갈 ㉠~㉣의 내용으로 옳게 설명한 것은 몇 개인가?

제22조(장기요양인정 신청 등에 대한 대리)
① 장기요양급여를 받고자 하는 자 또는 (㉠)가 신체적·정신적인 사유로 이 법에 따른 장기요양인정의 신청, 장기요양인정의 갱신신청 또는 장기요양등급의 변경신청 등을 직접 수행할 수 없을 때 본인의 가족이나 친족, 그 밖의 (㉡)은 이를 대리할 수 있다.
② 다음의 어느 하나에 해당하는 사람은 관할 지역 안에 거주하는 사람 중 장기요양급여를 받고자 하는 사람 또는 수급자가 장기요양인정신청 등을 직접 수행할 수 없을 때 본인 또는 가족의 동의를 받아 그 신청을 대리할 수 있다.
1. 「사회보장급여의 이용·제공 및 수급권자 발굴에 관한 법률」에 따른 (㉢)
2. (㉣)(장기요양급여를 받고자 하는 사람 또는 수급자가 치매환자인 경우로 한정한다)

㉠ 수급자   ㉡ 이해관계인
㉢ 사회복지전담공무원   ㉣ 「노인복지법」에 따른 치매안심센터의 장

---

① 1개   ② 2개
③ 3개   ④ 4개

TIP 장기요양인정 신청 등에 대한 대리〈「노인장기요양보험법」 제22조 제1항, 제2항〉
 ㉠ 장기요양급여를 받고자 하는 자 또는 <u>수급자</u>가 신체적·정신적인 사유로 이 법에 따른 장기요양인정의 신청, 장기요양인정의 갱신신청 또는 장기요양등급의 변경신청 등을 직접 수행할 수 없을 때 본인의 가족이나 친족, 그 밖의 <u>이해관계인</u>은 이를 대리할 수 있다.
 ㉡ 다음의 어느 하나에 해당하는 사람은 관할 지역 안에 거주하는 사람 중 장기요양급여를 받고자 하는 사람 또는 수급자가 장기요양인정신청 등을 직접 수행할 수 없을 때 본인 또는 가족의 동의를 받아 그 신청을 대리할 수 있다.
- 「사회보장급여의 이용·제공 및 수급권자 발굴에 관한 법률」에 따른 <u>사회복지전담공무원</u>
- <u>「치매관리법」</u>에 따른 <u>치매안심센터의 장</u>(장기요양급여를 받고자 하는 사람 또는 수급자가 치매환자인 경우로 한정한다)

Answer 3.③

4 다음은 폐쇄회로 텔레비전의 설치에 대한 설명을 나열한 것으로 옳은 것으로만 묶인 것은?

> ⊙ 장기요양기관을 운영하는 자는 장기요양기관을 설치·운영하는 자가 수급자, 그 보호자 및 장기요양기관 종사자 전원의 동의를 받아 「개인정보 보호법」 및 관련 법령에 따른 네트워크 카메라를 설치한 경우 폐쇄회로 텔레비전을 설치하지 않아도 된다.
> ⓛ 폐쇄회로 텔레비전을 설치·관리하는 자는 수급자 및 장기요양기관 종사자 등 정보주체의 권리가 침해되지 아니하도록 수급자 및 장기요양기관 종사자 등 정보주체의 사생활 침해를 최소화하는 방법으로 영상정보를 처리할 것을 준수하여야 한다.
> ⓒ 장기요양기관을 운영하는 자는 폐쇄회로 텔레비전에 기록된 영상정보를 30일 이상 보관하여야 한다.
> ② 국가 또는 지방자치단체는 폐쇄회로 텔레비전 설치비의 전부 또는 일부를 지원할 수 있다.
> ⓜ 폐쇄회로 텔레비전의 설치·관리 기준 및 동의 또는 신고의 방법·절차·요건, 영상정보의 보관기준 및 보관기간 등에 필요한 사항은 대통령령으로 정한다.

① ⊙ⓛ②
② ⊙ⓒⓜ
③ ⓛⓒ②
④ ⓛ②ⓜ

TIP ⓒ 장기요양기관을 운영하는 자는 폐쇄회로 텔레비전에 기록된 영상정보를 60일 이상 보관하여야 한다〈「노인장기요양보험법」 제33조의2 제3항〉.
   ⓜ 폐쇄회로 텔레비전의 설치·관리 기준 및 동의 또는 신고의 방법·절차·요건, 영상정보의 보관기준 및 보관기간 등에 필요한 사항은 보건복지부령으로 정한다〈「노인장기요양보험법」 제33조의2 제5항〉.
   ⊙ 「노인장기요양보험법」 제33조의2 제1항 제3호   ⓛ 「노인장기요양보험법」 제33조의2 제2항 제3호
   ② 「노인장기요양보험법」 제33조의2 제4항

5 다음 중 위반사실 등의 공표대상이 아닌 경우는?

① 장기요양기관이 거짓으로 재가·시설 급여비용을 청구한 금액이 장기요양급여비용 총액의 100분의 10 이상인 경우
② 자료제출 명령에 따르지 아니하거나 거짓으로 자료를 제출하여 처분이 확정된 경우
③ 장기요양기관이 거짓으로 재가·시설 급여비용을 거짓으로 청구한 금액이 3천만 원 이상인 경우
④ 질문 또는 검사를 거부·방해 또는 기피하거나 거짓으로 답변하여 처분이 확정된 경우

TIP ③ 장기요양기관이 거짓으로 재가·시설 급여비용을 청구한 금액이 1천만 원 이상인 경우에 위반 사실 등의 공표 대상이 된다〈「노인장기요양보험법」 제37조의3 제1항 제1호〉.

Answer 4.① 5.③

6 폐쇄회로 텔레비전을 설치 · 관리하는 자가 영상정보를 열람하게 할 수 있는 경우로 옳지 않은 것은?

① 수급자가 자신의 생명 · 신체 · 재산상의 이익을 위하여 본인과 관련된 사항을 확인할 목적으로 열람 시기 · 절차 및 방법 등 보건복지부령으로 정하는 바에 따라 요청하는 경우

② 수급자의 보호자가 수급자의 안전을 확인할 목적으로 열람 시기 · 절차 및 방법 등 보건복지부령으로 정하는 바에 따라 요청하는 경우

③ 범죄의 수사와 공소의 제기 및 유지, 법원의 재판업무 수행을 위하여 필요한 경우

④ 영상정보를 열람한 수급자의 보호자가 이를 제3자에게 공유할 목적으로 요청하는 경우

> **TIP** 영상정보의 열람금지 등〈「노인장기요양보험법」 제33조의3 제1항〉… 폐쇄회로 텔레비전을 설치 · 관리하는 자는 다음의 어느 하나에 해당하는 경우를 제외하고는 영상정보를 열람하게 하여서는 아니 된다.
> ㉠ 수급자가 자신의 생명 · 신체 · 재산상의 이익을 위하여 본인과 관련된 사항을 확인할 목적으로 열람 시기 · 절차 및 방법 등 보건복지부령으로 정하는 바에 따라 요청하는 경우
> ㉡ 수급자의 보호자가 수급자의 안전을 확인할 목적으로 열람 시기 · 절차 및 방법 등 보건복지부령으로 정하는 바에 따라 요청하는 경우
> ㉢ 「개인정보 보호법」에 따른 공공기관이 「노인복지법」에서 정하는 노인의 안전업무 수행을 위하여 요청하는 경우
> ㉣ 범죄의 수사와 공소의 제기 및 유지, 법원의 재판업무 수행을 위하여 필요한 경우
> ㉤ 그 밖에 노인 관련 안전업무를 수행하는 기관으로서 보건복지부령으로 정하는 자가 업무의 수행을 위하여 열람시기 · 절차 및 방법 등 보건복지부령으로 정하는 바에 따라 요청하는 경우

7 다음 중 장기요양기관 지정의 취소 등의 행정제재처분 효과의 승계 대상으로 옳지 않은 것은?

① 장기요양기관을 양도한 경우 양수인

② 법인이 합병된 경우 합병으로 신설되거나 합병 후 존속하는 법인

③ 장기요양기관 폐업 후 같은 장소에서 장기요양기관을 운영하는 자 중 종전에 행정제재처분을 받은 자의 직계혈족

④ 장기요양기관 폐업 후 같은 장소에서 장기요양기관을 운영하는 자 중 종전에 행정제재처분을 받은 자(법인인 경우 그 대표자를 포함하지 않는다)의 배우자

> **TIP** 행정제재처분 효과의 승계〈「노인장기요양보험법」 제37조의4 제1항〉… 장기요양기관 지정의 취소 등의 행위를 이유로 한 행정제재처분의 효과는 그 처분을 한 날부터 3년간 다음의 어느 하나에 해당하는 자에게 승계된다.
> ㉠ 장기요양기관을 양도한 경우 양수인
> ㉡ 법인이 합병된 경우 합병으로 신설되거나 합병 후 존속하는 법인
> ㉢ 장기요양기관 폐업 후 같은 장소에서 장기요양기관을 운영하는 자 중 종전에 행정제재처분을 받은 자(법인인 경우 그 대표자를 포함한다)나 그 배우자 또는 직계혈족

Answer 6.④ 7.④

8 다음 중 등급판정 등에 대한 내용으로 옳지 않은 것은?

① 공단은 장기요양인정 신청의 조사가 완료된 때 조사결과서, 신청서, 의사소견서, 그 밖에 심의에 필요한 자료를 등급판정위원회에 제출하여야 한다.

② 등급판정위원회는 신청인이 장기요양인정의 신청자격요건을 충족하고 3개월 이상 동안 혼자서 일상생활을 수행하기 어렵다고 인정하는 경우 심신상태 및 장기요양이 필요한 정도 등 대통령령으로 정하는 등급판정기준에 따라 수급자로 판정한다.

③ 등급판정위원회는 심의·판정을 하는 때 신청인과 그 가족, 의사소견서를 발급한 의사 등 관계인의 의견을 들을 수 있다.

④ 등급판정위원회는 제출된 조사 결과를 토대로 다시 수급자 등급을 조정하고 수급자 여부를 판정할 수 있다.

> **TIP** ② 등급판정위원회는 신청인이 장기요양인정의 신청자격요건을 충족하고 6개월 이상 동안 혼자서 일상생활을 수행하기 어렵다고 인정하는 경우 심신상태 및 장기요양이 필요한 정도 등 대통령령으로 정하는 등급판정기준에 따라 수급자로 판정한다〈「노인장기요양보험법」 제15조 제2항〉.

9 다음 중 장기요양위원회에 대한 내용으로 옳지 않은 것은?

① 장기요양위원회는 위원장 1인, 부위원장 1인을 포함한 15인 이상 20인 이하의 위원으로 구성한다.

② 위원장은 보건복지부차관이 되고, 부위원장은 위원 중에서 위원장이 지명한다.

③ 장기요양위원회 회의는 구성원 과반수의 출석으로 개의하고 출석위원 과반수의 찬성으로 의결한다.

④ 장기요양위원회의 효율적 운영을 위하여 분야별로 실무위원회를 둘 수 있다.

> **TIP** ① 장기요양위원회는 위원장 1인, 부위원장 1인을 포함한 16인 이상 22인 이하의 위원으로 구성한다〈「노인장기요양보험법」 제46조 제1항〉.
> ② 「노인장기요양보험법」 제46조 제3항
> ③ 「노인장기요양보험법」 제47조 제1항
> ④ 「노인장기요양보험법」 제47조 제2항

Answer 8.② 9.①

10 다음은 노인장기요양보험법의 내용이다. 빈 칸에 들어갈 숫자를 모두 더한 값은?

> ⊙ 장기요양인정·장기요양등급·장기요양급여·부당이득·장기요양급여비용 또는 장기요양보험료 등에 관한 공단의 처분에 이의가 있는 자는 공단에 심사청구를 할 수 있으며, 심사청구는 그 처분이 있음을 안 날부터 (   )일 이내에 문서로 하여야 하며, 처분이 있은 날부터 (   )일을 경과하면 이를 제기하지 못한다.
> ⓒ 거짓이나 그 밖의 부정한 방법으로 장기요양급여비용을 청구한 자는 (   )년 이하의 징역 또는 (   )천만 원 이하의 벌금에 처한다.

① 270   ② 276
③ 280   ④ 286

TIP ⊙ 심사청구는 그 처분이 있음을 안 날부터 <u>90</u>일 이내에 문서(「전자정부법」에 따른 전자문서를 포함한다)로 하여야 하며, 처분이 있은 날부터 <u>180</u>일을 경과하면 이를 제기하지 못한다. 다만, 정당한 사유로 그 기간에 심사청구를 할 수 없었음을 증명하면 그 기간이 지난 후에도 심사청구를 할 수 있다〈「노인장기요양보험법」 제55조 제2항〉.
   ⓒ 거짓이나 그 밖의 부정한 방법으로 장기요양급여비용을 청구한 자는 <u>3</u>년 이하의 징역 또는 <u>3</u>천만 원 이하의 벌금에 처한다〈「노인장기요양보험법」 제67조 제1항 제1호〉.

Answer   10.②

2024년 상반기 기출복원문제

※ 수험생들의 기억에 의하여 필기시험 후기를 복원하여 기출문제를 재구성한 것으로 실제문제와 차이가 있을 수 있습니다.

1 다음 중 행정제재처분 효과의 승계에 대한 설명으로 옳지 않은 것은?

① 장기요양기관 지정의 취소 등의 행정제재처분을 받은 장기요양기관을 양도한 경우 양수인에게 승계되지 않는다.

② 장기요양기관 지정의 취소 등의 행정제재처분의 효과는 그 처분을 한 날부터 3년간 해당하는 자에게 승계된다.

③ 장기요양기관 지정의 취소 등의 행정제재처분을 받은 법인이 합병된 경우 합병으로 신설되거나 합병 후 존속하는 법인에게 승계된다.

④ 행정제재처분을 받았거나 그 절차가 진행 중인 자는 보건복지부령으로 정하는 바에 따라 지체 없이 그 사실을 양수인등에게 알려야 한다.

> **TIP** ① 장기요양기관 지정의 취소 등의 행정제재처분을 받은 장기요양기관을 양도한 경우 양수인에게 승계된다〈「노인장기요양보험법」 제37조의4 제1항 제1호〉.

2 다음 중 성격이 다른 유형의 장기요양급여는 무엇인가?

① 장기요양요원이 수급자의 가정 등을 방문하여 신체활동 및 가사활동 등을 지원하는 장기요양급여

② 장기요양요원이 목욕설비를 갖춘 장비를 이용하여 수급자의 가정 등을 방문하여 목욕을 제공하는 장기요양급여

③ 장기요양기관에 장기간 입소한 수급자에게 신체활동 지원 및 심신기능의 유지 · 향상을 위한 교 · 훈련 등을 제공하는 장기요양급여

④ 수급자를 하루 중 일정한 시간 동안 장기요양기관에 보호하여 신체활동 지원 및 심신기능의 유지 · 향상을 위한 교육 · 훈련 등을 제공하는 장기요양급여

> **TIP** ③ 시설급여에 해당한다〈「노인장기요양보험법」 제23조 제1항 제2호〉.
> ①②④ 재가급여에 해당한다〈「노인장기요양보험법」 제23조 제1항 제1호〉.

Answer 1.① 2.③

3 다음 중 장기요양기관 지정의 결격사유 해당하지 않는 사람은?

① 파산선고를 받고 복권되지 아니한 사람

② 전문의가 장기요양기관 설립·운영 업무에 종사하는 것이 적합하다고 인정하는 정신질환자

③ 미성년자, 피성년후견인 또는 피한정후견인

④ 금고 이상의 실형을 선고받고 그 집행이 종료되거나 집행이 면제된 날부터 5년이 경과되지 아니한 사람

> **TIP** 장기요양기관 지정의 결격사유〈「노인장기요양보험법」 제32조의2〉
> ㉠ 미성년자, 피성년후견인 또는 피한정후견인
> ㉡ 정신질환자. 다만, 전문의가 장기요양기관 설립·운영 업무에 종사하는 것이 적합하다고 인정하는 사람은 그러하지 아니하다.
> ㉢ 마약류에 중독된 사람
> ㉣ 파산선고를 받고 복권되지 아니한 사람
> ㉤ 금고 이상의 실형을 선고받고 그 집행이 종료(집행이 종료된 것으로 보는 경우를 포함한다)되거나 집행이 면제된 날부터 5년이 경과되지 아니한 사람
> ㉥ 금고 이상의 형의 집행유예를 선고받고 그 유예기간 중에 있는 사람
> ㉦ 대표자가 ㉠ ~ ㉥까지의 규정 중 어느 하나에 해당하는 법인

4 다음 중 장기요양사업의 실태조사에 포함되어야 할 사항으로 옳지 않은 것은?

① 장기요양요원의 이직 사유에 관한 사항

② 장기요양요원의 처우 및 규모에 관한 사항

③ 장기요양인정에 관한 사항

④ 장기요양기관에 관한 사항

> **TIP** 장기요양사업의 실태조사〈「노인장기요양보험법」 제6조의2 제1항〉 … 보건복지부장관은 장기요양사업의 실태를 파악하기 위하여 3년마다 다음의 사항에 관한 조사를 정기적으로 실시하고 그 결과를 공표하여야 한다.
> ㉠ 장기요양인정에 관한 사항
> ㉡ 장기요양등급판정위원회의 판정에 따라 장기요양급여를 받을 사람의 규모, 그 급여의 수준 및 만족도에 관한 사항
> ㉢ 장기요양기관에 관한 사항
> ㉣ 장기요양요원의 근로조건, 처우 및 규모에 관한 사항
> ㉤ 그 밖에 장기요양사업에 관한 사항으로서 보건복지부령으로 정하는 사항

Answer 3.② 4.①

5 다음 중 등급판정위원회에 대한 내용으로 옳지 않은 것은?

① 장기요양인정 및 장기요양등급 판정 등을 심의하기 위하여 공단에 장기요양등급판정위원회를 둔다.

② 인구 수 등을 고려하여 하나의 특별자치시·특별자치도·시·군·구에 1 이상의 등급판정위원회를 설치하거나 1 이상의 특별자치시·특별자치도·시·군·구를 통합하여 하나의 등급판정위원회를 설치할 수 있다.

③ 등급판정위원회는 위원장 1인을 포함하여 15인의 위원으로 구성한다.

④ 등급판정위원회 회의는 구성원 과반수의 출석으로 개의하고 출석위원 과반수의 찬성으로 의결한다.

TIP ② 인구 수 등을 고려하여 하나의 특별자치시·특별자치도·시·군·구에 2 이상의 등급판정위원회를 설치하거나 2 이상의 특별자치시·특별자치도·시·군·구를 통합하여 하나의 등급판정위원회를 설치할 수 있다〈「노인장기요양보험법」 제52조 제2항〉.

6 노인장기요양보험법 제33조의2 폐쇄회로 텔레비전의 설치 등에 대한 내용으로 다음 중 가장 옳지 않은 것을 고르면?

① 장기요양기관을 운영하는 자는 폐쇄회로 텔레비전에 기록된 영상정보를 50일 이상 보관하여야 한다.

② 폐쇄회로 텔레비전의 설치·관리 기준 및 동의 또는 신고의 방법·절차·요건, 영상정보의 보관기준 및 보관기간 등에 필요한 사항은 보건복지부령으로 정한다.

③ 폐쇄회로 텔레비전을 설치·관리하는 자는 수급자 및 장기요양기관 종사자 등 정보주체의 권리가 침해되지 아니하도록 노인학대 방지 등 수급자의 안전과 장기요양기관의 보안을 위하여 최소한의 영상정보만을 적법하고 정당하게 수집하고, 목적 외의 용도로 활용하지 아니하도록 할 것을 준수하여야 한다.

④ 장기요양기관을 운영하는 자는 노인학대 방지 등 수급자의 안전과 장기요양기관의 보안을 위하여 「개인정보 보호법」 및 관련 법령에 따른 폐쇄회로 텔레비전을 설치·관리하여야 한다.

TIP ① 장기요양기관을 운영하는 자는 폐쇄회로 텔레비전에 기록된 영상정보를 60일 이상 보관하여야 한다〈「노인장기요양보험법」 제33조의2 제3항〉.

Answer 5.② 6.①

7 다음은 노인장기요양보험법」 제67조에 따른 500만 원 이하의 과태료 부과대상자이다. 해당하지 않는 사람을 고르면?

① 장기요양기관의 시설·인력에 관한 변경을 위반하여 변경지정을 받지 아니하거나 변경신고를 하지 아니한 자 또는 거짓이나 그 밖의 부정한 방법으로 변경지정을 받거나 변경신고를 한 자

② 안전성 확보에 필요한 조치를 하지 아니하여 영상정보를 분실·도난·유출·변조 또는 훼손당한 자

③ 장기요양기관 정보의 안내 등을 위반하여 장기요양기관에 관한 정보를 게시하지 아니하거나 거짓으로 게시한 자

④ 거짓이나 그 밖의 부정한 방법으로 수급자에게 장기요양급여비용을 부담하게 한 자

TIP ② 2년 이하의 징역 또는 2천만 원 이하의 벌금에 처한다〈「노인장기요양보험법」 제67조 제2항 제2호〉.

8 다음 중 보건복지부장관 또는 특별자치시장·특별자치도지사·시장·군수·구청장은 장기요양기관이 거짓으로 재가·시설 급여비용을 청구한 금액이 장기요양급여비용 총액의 100분의 10 이상에 해당하여 처분이 확정된 경우 공표하여야 할 사항으로 옳은 것으로만 묶인 것은?

㉠ 장기요양기관의 대표·직원이름	㉡ 장기요양기관의 주소
㉢ 위반사실	㉣ 처분내용

① ㉠㉡㉢

② ㉠㉢㉣

③ ㉡㉢㉣

④ ㉠㉡㉢㉣

TIP 위반사실 등의 공표〈「노인장기요양보험법」 제37조의3 제1항〉… 보건복지부장관 또는 특별자치시장·특별자치도지사·시장·군수·구청장은 장기요양기관이 거짓으로 재가·시설 급여비용을 청구하였다는 이유로 처분이 확정된 경우로서 다음의 어느 하나에 해당하는 경우에는 위반사실, 처분내용, 장기요양기관의 명칭·주소, 장기요양기관의 장의 성명, 그 밖에 다른 장기요양기관과의 구별에 필요한 사항으로서 대통령령으로 정하는 사항을 공표하여야 한다. 다만, 장기요양기관의 폐업 등으로 공표의 실효성이 없는 경우에는 그러하지 아니하다.
㉠ 거짓으로 청구한 금액이 1천만 원 이상인 경우
㉡ 거짓으로 청구한 금액이 장기요양급여비용 총액의 100분의 10 이상인 경우

Answer 7.② 8.③

9 특별자치시장·특별자치도지사·시장·군수·구청장이 장기요양기관을 지정을 하려는 경우 검토하여야 할 사항을 옳지 않은 것은?

① 장기요양기관의 운영 계획
② 해당 지역의 노인인구 수, 치매 등 노인성질환 환자 수
③ 장기요양기관의 규모와 면적
④ 장기요양에 필요한 시설 및 인력

TIP 장기요양기관의 지정〈「노인장기요양보험법」제31조 제3항〉 … 특별자치시장·특별자치도지사·시장·군수·구청장이 지정을 하려는 경우에는 다음의 사항을 검토하여 장기요양기관을 지정하여야 한다. 이 경우 특별자치시장·특별자치도지사·시장·군수·구청장은 공단에 관련 자료의 제출을 요청하거나 그 의견을 들을 수 있다.

㉠ 장기요양기관을 운영하려는 자의 장기요양급여 제공 이력
㉡ 장기요양기관을 운영하려는 자 및 그 기관에 종사하려는 자가 이 법, 「사회복지사업법」또는 「노인복지법」 등 장기요양기관의 운영과 관련된 법에 따라 받은 행정처분의 내용
㉢ 장기요양기관의 운영 계획
㉣ 해당 지역의 노인인구 수, 치매 등 노인성질환 환자 수 및 장기요양급여 수요 등 지역 특성
㉤ 그 밖에 특별자치시장·특별자치도지사·시장·군수·구청장이 장기요양기관으로 지정하는 데 필요하다고 인정하여 정하는 사항

※ 재가급여 또는 시설급여를 제공하는 장기요양기관을 운영하려는 자는 보건복지부령으로 정하는 장기요양에 필요한 시설 및 인력을 갖추어 소재지를 관할 구역으로 하는 특별자치시장·특별자치도지사·시장·군수·구청장으로부터 지정을 받아야 한다〈「노인장기요양보험법」제31조 제1항〉.

10 다음은 노인장기요양보험법 제56조에서 정하고 있는 재심사위원회에 대한 설명으로 옳지 않은 것은?

① 재심사위원회는 보건복지부장관 소속으로 둔다.

② 위원장 1인을 포함한 20인 이내의 위원으로 구성한다.

③ 재심사위원회의 위원은 관계 공무원, 법학, 그 밖에 장기요양사업 분야의 학식과 경험이 풍부한 자 중에서 보건복지부장관이 임명 또는 위촉한다.

④ 재심사위원회의 위원은 공무원인 위원이 전체 위원의 과반수가 되도록 하여야 한다.

TIP ④ 재심사위원회의 위원은 관계 공무원, 법학, 그 밖에 장기요양사업 분야의 학식과 경험이 풍부한 자 중에서 보건복지부장관이 임명 또는 위촉한다. 이 경우 공무원이 아닌 위원이 전체 위원의 과반수가 되도록 하여야 한다〈「노인장기요양보험법」제56조 제3항〉.
①② 「노인장기요양보험법」제56조 제2항

PART II

노인장기요양보험법

01 총칙

02 장기요양보험

03 장기요양인정

04 장기요양급여의 종류

05 장기요양급여의 제공

06 장기요양기관

07 재가 및 시설 급여비용 등

08 장기요양위원회

09 관리운영기관

10 심사청구 및 재심사청구

11 보칙

12 벌칙

Chapter 01 총칙

1 목적〈제1조〉

이 법은 고령이나 노인성 질병 등의 사유로 일상생활을 혼자서 수행하기 어려운 노인등에게 제공하는 신체활동 또는 가사활동 지원 등의 장기요양급여에 관한 사항을 규정하여 노후의 건강증진 및 생활안정을 도모하고 그 가족의 부담을 덜어줌으로써 국민의 삶의 질을 향상하도록 함을 목적으로 한다.

2 정의〈제2조〉

① **노인등** : 65세 이상의 노인 또는 65세 미만의 자로서 치매·뇌혈관성질환 등 대통령령으로 정하는 노인성 질병을 가진 자를 말한다.

② **장기요양급여** : 6개월 이상 동안 혼자서 일상생활을 수행하기 어렵다고 인정되는 자에게 신체활동·가사활동의 지원 또는 간병 등의 서비스나 이에 갈음하여 지급하는 현금 등을 말한다.

③ **장기요양사업** : 장기요양보험료, 국가 및 지방자치단체의 부담금 등을 재원으로 하여 노인등에게 장기요양급여를 제공하는 사업을 말한다.

④ **장기요양기관** : 장기요양기관의 지정을 받은 기관으로서 장기요양급여를 제공하는 기관을 말한다.

⑤ **장기요양요원** : 장기요양기관에 소속되어 노인등의 신체활동 또는 가사활동 지원 등의 업무를 수행하는 자를 말한다.

3 장기요양급여 제공의 기본원칙〈제3조〉

① **일상생활을 수행할 수 있도록 제공** : 장기요양급여는 노인등이 자신의 의사와 능력에 따라 최대한 자립적으로 일상생활을 수행할 수 있도록 제공하여야 한다.

② **적정하게 제공** : 장기요양급여는 노인등의 심신상태·생활환경과 노인등 및 그 가족의 욕구·선택을 종합적으로 고려하여 필요한 범위 안에서 이를 적정하게 제공하여야 한다.

③ **재가급여를 우선적으로 제공** : 장기요양급여는 노인등이 가족과 함께 생활하면서 가정에서 장기요양을 받는 재가급여를 우선적으로 제공하여야 한다.

④ **의료서비스와 연계하여 제공**: 장기요양급여는 노인등의 심신상태나 건강 등이 악화되지 아니하도록 의료 서비스와 연계하여 이를 제공하여야 한다.

4 국가 및 지방자치단체의 책무 등〈제4조〉

① **노인성질환예방사업 실시**: 국가 및 지방자치단체는 노인이 일상생활을 혼자서 수행할 수 있는 온전한 심신상태를 유지하는데 필요한 사업(이하 "노인성질환예방사업"이라 한다)을 실시하여야 한다.

② **노인성질환예방사업 비용 지원**: 국가는 노인성질환예방사업을 수행하는 지방자치단체 또는 「국민건강보험 법」에 따른 국민건강보험공단(이하 "공단"이라 한다)에 대하여 이에 소요되는 비용을 지원할 수 있다.

③ **장기요양기관 설립 지원**: 국가 및 지방자치단체는 노인인구 및 지역특성 등을 고려하여 장기요양급여가 원활하게 제공될 수 있도록 적정한 수의 장기요양기관을 확충하고 장기요양기관의 설립을 지원하여야 한다.

④ **행정적 · 재정적 지원**: 국가 및 지방자치단체는 장기요양급여가 원활히 제공될 수 있도록 공단에 필요한 행정적 또는 재정적 지원을 할 수 있다.

⑤ **장기요양요원의 처우 개선 및 복지 증진을 위한 노력**: 국가 및 지방자치단체는 장기요양요원의 처우를 개 선하고 복지를 증진하며 지위를 향상시키기 위하여 적극적으로 노력하여야 한다.

⑥ **장기요양사업 표준을 개발 · 보급**: 국가 및 지방자치단체는 지역의 특성에 맞는 장기요양사업의 표준을 개 발 · 보급할 수 있다.

개정법령 : 2025. 6. 21. 시행

제4조(국가 및 지방자치단체의 책무 등)

① 국가 및 지방자치단체는 노인이 일상생활을 혼자서 수행할 수 있는 온전한 심신상태를 유지하는데 필요 한 사업(이하 "노인성질환예방사업"이라 한다)을 실시하여야 한다.

② 국가는 노인성질환예방사업을 수행하는 지방자치단체 또는 「국민건강보험법」에 따른 국민건강보험공단 (이하 "공단"이라 한다)에 대하여 이에 소요되는 비용을 지원할 수 있다.

③ 국가 및 지방자치단체는 노인인구 및 지역특성 등을 고려하여 장기요양급여가 원활하게 제공될 수 있도 록 적정한 수의 장기요양기관을 확충하고 장기요양기관의 설립을 지원하여야 한다.

④ 국가 및 지방자치단체는 국 · 공립 장기요양기관을 확충하기 위하여 노력하여야 한다.

⑤ 국가 및 지방자치단체는 장기요양급여가 원활히 제공될 수 있도록 공단에 필요한 행정적 또는 재정적 지 원을 할 수 있다.

⑥ 국가 및 지방자치단체는 장기요양요원의 처우를 개선하고 복지를 증진하며 지위를 향상시키기 위하여 적 극적으로 노력하여야 한다.

⑦ 국가 및 지방자치단체는 지역의 특성에 맞는 장기요양사업의 표준을 개발 · 보급할 수 있다.

5 장기요양급여에 관한 국가정책방향〈제5조〉

국가는 장기요양기본계획을 수립·시행함에 있어서 노인뿐만 아니라 장애인 등 일상생활을 혼자서 수행하기 어려운 모든 국민이 장기요양급여, 신체활동지원서비스 등을 제공받을 수 있도록 노력하고 나아가 이들의 생활안정과 자립을 지원할 수 있는 시책을 강구하여야 한다.

6 장기요양기본계획〈제6조〉

① **장기요양기본계획 수립·시행** : 보건복지부장관은 노인등에 대한 장기요양급여를 원활하게 제공하기 위하여 5년 단위로 다음 사항이 포함된 장기요양기본계획을 수립·시행하여야 한다.
  ㉠ 연도별 장기요양급여 대상인원 및 재원조달 계획
  ㉡ 연도별 장기요양기관 및 장기요양전문인력 관리 방안
  ㉢ 장기요양요원의 처우에 관한 사항
  ㉣ 그 밖에 노인 등의 장기요양에 관한 사항으로서 대통령령으로 정하는 사항
② **세부시행계획 수립·시행** : 지방자치단체의 장은 장기요양기본계획에 따라 세부시행계획을 수립·시행하여야 한다.

7 실태조사〈제6조의2〉

① **장기요양사업 실태 조사** : 보건복지부장관은 장기요양사업의 실태를 파악하기 위하여 3년마다 다음 사항에 관한 조사를 정기적으로 실시하고 그 결과를 공표하여야 한다.
  ㉠ 장기요양인정에 관한 사항
  ㉡ 장기요양등급판정위원회(이하 "등급판정위원회"라 한다)의 판정에 따라 장기요양급여를 받을 사람(이하 "수급자"라 한다)의 규모, 그 급여의 수준 및 만족도에 관한 사항
  ㉢ 장기요양기관에 관한 사항
  ㉣ 장기요양요원의 근로조건, 처우 및 규모에 관한 사항
  ㉤ 그 밖에 장기요양사업에 관한 사항으로서 보건복지부령으로 정하는 사항

② **실태조사 방법과 내용** : 실태조사의 방법과 내용 등에 필요한 사항은 보건복지부령으로 정한다.

(1) 노인장기요양보험법은 고령이나 노인성 질병 등의 사유로 일상생활을 혼자서 수행하기 어려운_____에게 제공하는 신체활동 또는 가사활동 지원 등의 장기요양급여에 관한 사항을 규정하여 노후의 _____ 및 생활안정을 도모하고 그 가족의 부담을 덜어줌으로써 국민의 삶의 질을 향상하도록 함을 목적으로 한다.

(2) "노인등"이란 ____ 이상의 노인 또는 ____ 미만의 자로서 치매·뇌혈관성질환 등 대통령령으로 정하는 노인성 질병을 가진 자를 말한다.

(3) ____ 이상 동안 혼자서 일상생활을 수행하기 어렵다고 인정되는 자에게 신체활동·가사활동의 지원 또는 간병 등의 서비스나 이에 갈음하여 지급하는 현금 등을 "장기요양급여"라 한다.

(4) "_____"이란 장기요양기관에 소속되어 노인등의 신체활동 또는 가사활동 지원 등의 업무를 수행하는 사람을 말한다.

(5) 장기요양보험료, 국가 및 지방자치단체의 부담금 등을 재원으로 하여 노인등에게 장기요양급여를 제공하는 사업을 "_____"이하 말한다.

(6) 장기요양급여 제공의 기본원칙
   ㉠ 노인등이 자신의 의사와 능력에 따라 최대한 자립적으로 _____을 수행할 수 있도록 제공하여야 한다.
   ㉡ 노인등의 심신상태·생활환경과 노인등 및 그 가족의 욕구·선택을 종합적으로 고려하여 필요한 범위 안에서 이를 적정하게 제공하여야 한다.
   ㉢ 노인등이 가족과 함께 생활하면서 가정에서 장기요양을 받는 _____를 우선적으로 제공하여야 한다.
   ㉣ 노인등의 심신상태나 건강 등이 악화되지 아니하도록 _____와 연계하여 이를 제공하여야 한다.

(7) 국가 및 지방자치단체는 노인이 일상생활을 혼자서 수행할 수 있는 온전한 심신상태를 유지하는데 필요한 사업(이하 "_____"이라 한다)을 실시하여야 한다.

(8) 국가는 노인성질환예방사업을 수행하는 지방자치단체 또는 「국민건강보험법」에 따른 _____에 대하여 이에 소요되는 비용을 지원할 수 있다.

(9) 국가 및 지방자치단체는 노인인구 및 지역특성 등을 고려하여 장기요양급여가 원활하게 제공될 수 있도록 적정한 수의 _____을 확충하고 장기요양기관의 설립을 지원하여야 한다.

(10) 국가 및 지방자치단체는 _____의 처우를 개선하고 복지를 증진하며 지위를 향상시키기 위하여 적극적으로 노력하여야 한다.

(11) 보건복지부장관은 노인등에 대한 장기요양급여를 원활하게 제공하기 위하여 5년 단위로 _____을 수립·시행하여야 한다.

(12) _____은 장기요양사업의 실태를 파악하기 위하여 3년마다 등급판정위원회의 판정에 따라 수급자의 규모, 그 급여의 수준 및 만족도에 관한 사항 등에 관한 조사를 정기적으로 실시하고 그 결과를 공표하여야 한다.

정답 및 해설

(1) 노인등, 건강증진
(2) 65세, 65세
(3) 6개월
(4) 장기요양요원
(5) 장기요양사업
(6) 일상생활, 재가급여, 의료서비스
(7) 노인성질환예방사업
(8) 국민건강보험공단(공단)
(9) 장기요양기관
(10) 장기요양요원
(11) 장기요양기본계획
(12) 보건복지부장관

출제예상문제

1 다음은 「노인장기요양보험법」의 목적이다. 빈칸에 들어갈 수 있는 내용으로 옳지 않은 것은?

> 제1조(목적) 이 법은 고령이나 _____ 등의 사유로 일상생활을 혼자서 수행하기 어려운 노인등에게 제공하는 _____ 또는 가사활동 지원 등의 장기요양급여에 관한 사항을 규정하여 노후의 _____ 및 생활안정을 도모하고 그 가족의 부담을 덜어줌으로써 국민의 삶의 질을 향상하도록 함을 목적으로 한다.

① 질환예방   ② 신체활동
③ 노인성 질병   ④ 건강증진

> **TIP** 「노인장기요양보험법」 제1조(목적) … 노인장기요양보험법은 고령이나 <u>노인성 질병</u> 등의 사유로 일상생활을 혼자서 수행하기 어려운 노인등에게 제공하는 <u>신체활동</u> 또는 가사활동 지원 등의 장기요양급여에 관한 사항을 규정하여 노후의 <u>건강증진</u> 및 생활안정을 도모하고 그 가족의 부담을 덜어줌으로써 국민의 삶의 질을 향상하도록 함을 목적으로 한다.

2 다음 중 「노인장기요양보험법」에서 사용하는 용어를 설명한 것으로 옳지 않은 것은?

① "노인등"이란 70세 이상의 노인 또는 65세 미만의 자로서 치매·뇌혈관성질환 등의 노인성 질병을 가진 자를 말한다.
② "장기요양요원"이란 장기요양기관에 소속되어 노인등의 신체활동 또는 가사활동 지원 등의 업무를 수행하는 자를 말한다.
③ "장기요양사업"이란 장기요양보험료, 국가 및 지방자치단체의 부담금 등을 재원으로 하여 노인등에게 장기요양급여를 제공하는 사업을 말한다.
④ "장기요양급여"란 6개월 이상 동안 혼자서 일상생활을 수행하기 어렵다고 인정되는 자에게 신체활동·가사활동의 지원 또는 간병 등의 서비스나 이에 갈음하여 지급하는 현금 등을 말한다.

> **TIP** ① "노인등"이란 65세 이상의 노인 또는 65세 미만의 자로서 치매·뇌혈관성질환 등 대통령령으로 정하는 노인성 질병을 가진 자를 말한다〈「노인장기요양보험법」 제2조 제1호〉.

3 다음은 노인장기요양보험법 제2조에서 정하고 있는 용어의 정의를 설명한 것이다. 가장 옳지 않은 설명을 고르면?

① 장기요양기관 – 장기요양기관 지정을 받은 기관으로서 장기요양급여를 제공하는 기관을 말한다.
② 장기요양급여 – 노인등에게 신체활동·가사활동의 지원 또는 간병 등의 서비스나 이에 갈음하여 지급하는 현금 등을 말한다.
③ 장기요양요원 – 장기요양기관에 소속되어 노인등의 신체활동 또는 가사활동 지원 등의 업무를 수행하는 자를 말한다.
④ 장기요양사업 – 장기요양보험료, 국가 및 지방자치단체의 부담금 등을 재원으로 하여 노인등에게 장기요양급여를 제공하는 사업을 말한다.

TIP ② 장기요양급여〈「노인장기요양보험법」 제2조 제2호〉 ··· 6개월 이상 동안 혼자서 일상생활을 수행하기 어렵다고 인정되는 자에게 신체활동·가사활동의 지원 또는 간병 등의 서비스나 이에 갈음하여 지급하는 현금 등을 말한다.

4 다음 중 장기요양급여 제공의 기본원칙에 대한 설명으로 옳지 않은 것은?

① 장기요양급여는 노인등의 심신상태나 건강 등이 악화되지 아니하도록 의료서비스와 연계하여 이를 제공하여야 한다.
② 장기요양급여는 노인등이 자신의 의사와 능력에 따라 최대한 자립적으로 일상생활을 수행할 수 있도록 제공하여야 한다.
③ 장기요양급여는 노인등의 심신상태·생활환경과 노인등 및 그 가족의 욕구·선택을 종합적으로 고려하여 필요한 범위 안에서 이를 적정하게 제공하여야 한다.
④ 장기요양급여는 노인등이 요양기관에서 생활하면서 요양급여를 우선적으로 제공하여야 한다.

TIP ④ 장기요양급여는 노인등이 가족과 함께 생활하면서 가정에서 장기요양을 받는 재가급여를 우선적으로 제공하여야 한다〈「노인장기요양보험법」 제3조 제3항〉.

Answer 1.① 2.① 3.② 4.④

5 다음 중 노인성질환예방사업을 실시하여야 할 기관은?

① 국가 및 지방자치단체　　　　　　　　② 보건복지부

③ 국립의료원　　　　　　　　　　　　　④ 국민건강보험공단

> **TIP** 국가 및 지방자치단체는 노인성질환예방사업을 실시하여야 한다〈「노인장기요양보험법」 제4조 제1항〉.
> ※ 노인성질환예방사업 … 노인이 일상생활을 혼자서 수행할 수 있는 온전한 심신상태를 유지하는데 필요한 사업을 말한다.

6 노인장기요양보험법상 국가 및 지방자치단체의 책무에 대한 설명으로 옳지 않은 것은?

① 국가 및 지방자치단체는 장기요양요원의 처우를 개선하고 복지를 증진하며 지위를 향상시키기 위하여 적극적으로 노력하여야 한다.

② 국가 및 지방자치단체는 인구밀도 등을 고려하여 장기요양급여가 원활하게 제공될 수 있도록 적정한 수의 장기요양기관을 설립·운영하여야 한다.

③ 국가는 노인성질환예방사업을 수행하는 지방자치단체 또는 국민건강보험공단에 대하여 이에 소요되는 비용을 지원할 수 있다.

④ 국가 및 지방자치단체는 지역의 특성에 맞는 장기요양사업의 표준을 개발·보급할 수 있다.

> **TIP** ② 국가 및 지방자치단체는 노인인구 및 지역특성 등을 고려하여 장기요양급여가 원활하게 제공될 수 있도록 적정한 수의 장기요양기관을 확충하고 장기요양기관의 설립을 지원하여야 한다〈「노인장기요양보험법」 제4조 제3항〉.

7 모든 국민을 대상으로 하는 장기요양급여에 관한 국가정책방향으로 옳지 않은 것은?

① 생활안정과 자립을 지원할 수 있는 시책을 강구하여야 한다.

② 장기요양급여를 제공 받을 수 있도록 노력하여야 한다.

③ 장기요양기관을 최대한 이용할 수 있도록 권장하여야 한다.

④ 신체활동지원서비스를 제공 받을 수 있도록 노력하여야 한다.

> **TIP** 장기요양급여에 관한 국가정책방향〈「노인장기요양보험법」 제5조〉 … 국가는 장기요양기본계획을 수립·시행함에 있어서 노인뿐만 아니라 장애인 등 일상생활을 혼자서 수행하기 어려운 모든 국민이 장기요양급여, 신체활동지원서비스 등을 제공받을 수 있도록 노력하고 나아가 이들의 생활안정과 자립을 지원할 수 있는 시책을 강구하여야 한다.

8 노인장기요양보험법상 국가는 노인성질환예방사업을 수행하는 기관에게 소요되는 비용을 지원할 수 있다. 다음 중 그에 해당하는 기관은?

① 병 · 의원   ② 요양기관

③ 심사평가원   ④ 공단

> **TIP** 국가는 노인성질환예방사업을 수행하는 지방자치단체 또는 「국민건강보험법」에 따른 국민건강보험공단(이하 "공단'이라 한다)에 대하여 이에 소요되는 비용을 지원할 수 있다〈「노인장기요양보험법」 제4조 제2항〉.

9 다음 중 장기요양기본계획에 포함되어야 할 사항으로 옳지 않은 것은?

① 장기요양요원의 처우에 관한 사항

② 연도별 장기요양급여 대상인원 및 재원조달 계획

③ 연도별 장기요양보험금의 지급 계획

④ 연도별 장기요양기관 및 장기요양전문인력 관리 방안

> **TIP** 장기요양기본계획에 포함되어야 할 사항〈「노인장기요양보험법」 제6조 제1항〉
> ㉠ 연도별 장기요양급여 대상인원 및 재원조달 계획
> ㉡ 연도별 장기요양기관 및 장기요양전문인력 관리 방안
> ㉢ 장기요양요원의 처우에 관한 사항
> ㉣ 그 밖에 노인등의 장기요양에 관한 사항으로서 대통령령으로 정하는 사항

10 다음 중 장기요양기본계획을 수립 · 시행하여야 하는 주기는?

① 1년   ② 3년

③ 5년   ④ 7년

> **TIP** 장기요양기본계획〈「노인장기요양보험법」 제6조 제1항〉 … 보건복지부장관은 노인등에 대한 장기요양급여를 원활하게 제공하기 위하여 5년 단위로 장기요양기본계획을 수립 · 시행하여야 한다.

Answer   5.①   6.②   7.③   8.④   9.③   10.③

11 다음 중 장기요양기본계획을 수립 · 시행하여야 하는 주체는?

① 지방자치단체장　　　　　　　　　　② 보건복지부장관

③ 국민건강보험공단　　　　　　　　　④ 심사평가원

> **TIP** 보건복지부장관은 장기요양기본계획을 수립 · 시행하여야 한다〈「노인장기요양보험법」 제6조 제1항〉.

12 장기요양사업의 실태를 파악하기 위한 실태조사는 몇 년마다 실시하여야 하는가?

① 1년　　　　　　　　　　　　　　　② 3년

③ 5년　　　　　　　　　　　　　　　④ 7년

> **TIP** 실태조사〈「노인장기요양보험법」 제6조의2 제1항〉 ⋯ 장기요양사업의 실태를 파악하기 위하여 3년마다 보건복지부장관이 실태조사를 정기적으로 실시한다.

13 노인장기요양보험법상 실태조사에 포함되어야 할 사항이 아닌 것은?

① 장기요양요원의 급여조건 및 퇴직 사유와 규모에 관한 사항

② 장기요양인정에 관한 사항

③ 장기요양등급판정위원회의 판정에 따라 장기요양급여를 받을 사람의 규모, 그 급여의 수준 및 만족도에 관한 사항

④ 장기요양기관에 관한 사항

> **TIP** 장기요양사업의 실태조사〈「노인장기요양보험법」 제6조의2 제1항〉 ⋯ 보건복지부장관은 장기요양사업의 실태를 파악하기 위하여 3년마다 다음의 사항에 관한 조사를 정기적으로 실시하고 그 결과를 공표하여야 한다.
> ㉠ 장기요양인정에 관한 사항
> ㉡ 장기요양등급판정위원회의 판정에 따라 장기요양급여를 받을 사람의 규모, 그 급여의 수준 및 만족도에 관한 사항
> ㉢ 장기요양기관에 관한 사항
> ㉣ 장기요양요원의 근로조건, 처우 및 규모에 관한 사항
> ㉤ 그 밖에 장기요양사업에 관한 사항으로서 보건복지부령으로 정하는 사항

14 다음 중 장기요양사업의 실태를 파악하기 위하여 정기적으로 실시해야 하는 실태조사에 대한 설명으로 가장 바르지 않은 것은?

① 실태조사는 보건복지부장관이 실시하여야 한다.
② 실태조사는 정기적으로 실시하여야 하며, 그 결과를 공표하여야 한다.
③ 실태조사에는 장기요양기관에 관한 사항이 포함되어야 한다.
④ 실태조사의 방법과 내용 등에 필요한 사항은 대통령령으로 정한다.

> **TIP** ④ 실태조사의 방법과 내용 등에 필요한 사항은 보건복지부령으로 정한다〈「노인장기요양보험법」 제6조의2 제2항〉.

15 국가 및 지방자치단체의 책무에 대한 설명 중 옳지 않은 것은

① 장기요양요원의 처우를 개선하고 복지를 증진하며 지위를 향상시키기 위하여 적극적으로 노력하여야 한다.
② 지역의 특성과 인구비례에 맞는 장기요양사업의 방향을 개발하고 보급하여야 한다.
③ 국·공립 장기요양기관을 확충하기 위하여 노력하여야 한다.
④ 장기요양급여가 원활히 제공될 수 있도록 공단에 필요한 행정적 또는 재정적 지원을 할 수 있다.

> **TIP** ② 국가 및 지방자치단체는 지역의 특성에 맞는 장기요양사업의 표준을 개발·보급할 수 있다〈「노인장기요양보험법」 제4조 제7항〉.
>
> ※ **국가 및 지방자치단체의 책무 등**〈「노인장기요양보험법」 제4조〉 **2025. 6. 21. 시행법률**
> ㉠ 국가 및 지방자치단체는 노인이 일상생활을 혼자서 수행할 수 있는 온전한 심신상태를 유지하는데 필요한 사업(이하 "노인성질환예방사업"이라 한다)을 실시하여야 한다.
> ㉡ 국가는 노인성질환예방사업을 수행하는 지방자치단체 또는 「국민건강보험법」에 따른 국민건강보험공단(이하 "공단"이라 한다)에 대하여 이에 소요되는 비용을 지원할 수 있다.
> ㉢ 국가 및 지방자치단체는 노인인구 및 지역특성 등을 고려하여 장기요양급여가 원활하게 제공될 수 있도록 적정한 수의 장기요양기관을 확충하고 장기요양기관의 설립을 지원하여야 한다.
> ㉣ 국가 및 지방자치단체는 국·공립 장기요양기관을 확충하기 위하여 노력하여야 한다.
> ㉤ 국가 및 지방자치단체는 장기요양급여가 원활히 제공될 수 있도록 공단에 필요한 행정적 또는 재정적 지원을 할 수 있다.
> ㉥ 국가 및 지방자치단체는 장기요양요원의 처우를 개선하고 복지를 증진하며 지위를 향상시키기 위하여 적극적으로 노력하여야 한다.
> ㉦ 국가 및 지방자치단체는 지역의 특성에 맞는 장기요양사업의 표준을 개발·보급할 수 있다.

Answer 11.② 12.② 13.① 14.④ 15.②

1 장기요양보험〈제7조〉

① **관장** : 장기요양보험사업은 보건복지부장관이 관장한다.

② **보험자** : 장기요양보험사업의 보험자는 공단으로 한다.

③ **가입자** : 장기요양보험의 가입자(이하 "장기요양보험가입자"라 한다)는 「국민건강보험법」 제5조 및 제109조에 따른 가입자로 한다.

> **조문참고**
>
> **국민건강보험법 제5조(적용 대상 등)**
>
> ① 국내에 거주하는 국민은 건강보험의 가입자 또는 피부양자가 된다. 다만, 다음 각 호의 어느 하나에 해당하는 사람은 제외한다.
> 1. 「의료급여법」에 따라 의료급여를 받는 사람(이하 "수급권자"라 한다)
> 2. 「독립유공자예우에 관한 법률」 및 「국가유공자 등 예우 및 지원에 관한 법률」에 따라 의료보호를 받는 사람(이하 "유공자등 의료보호대상자"라 한다). 다만, 다음 각 목의 어느 하나에 해당하는 사람은 가입자 또는 피부양자가 된다.
>   가. 유공자등 의료보호대상자 중 건강보험의 적용을 보험자에게 신청한 사람
>   나. 건강보험을 적용받고 있던 사람이 유공자등 의료보호대상자로 되었으나 건강보험의 적용배제 신청을 보험자에게 하지 아니한 사람
> ② 제1항의 피부양자는 다음 각 호의 어느 하나에 해당하는 사람 중 직장가입자에게 주로 생계를 의존하는 사람으로서 소득 및 재산이 보건복지부령으로 정하는 기준 이하에 해당하는 사람을 말한다.
> 1. 직장가입자의 배우자
> 2. 직장가입자의 직계존속(배우자의 직계존속을 포함한다)
> 3. 직장가입자의 직계비속(배우자의 직계비속을 포함한다)과 그 배우자
> 4. 직장가입자의 형제·자매
> ③ 제2항에 따른 피부양자 자격의 인정 기준, 취득·상실시기 및 그 밖에 필요한 사항은 보건복지부령으로 정한다.

> **조문참고**
>
> **국민건강보험법 제109조(외국인 등에 대한 특례)**
>
> ① 정부는 외국 정부가 사용자인 사업장의 근로자의 건강보험에 관하여는 외국 정부와 한 합의에 따라 이를 따로 정할 수 있다.
> ② 국내에 체류하는 재외국민 또는 외국인(이하 "국내체류 외국인등"이라 한다)이 적용대상사업장의 근로자, 공무원 또는 교직원이고 제6조 제2항 각 호의 어느 하나에 해당하지 아니하면서 다음 각 호의 어

느 하나에 해당하는 경우에는 제5조에도 불구하고 직장가입자가 된다.

1. 「주민등록법」 제6조 제1항 제3호에 따라 등록한 사람
2. 「재외동포의 출입국과 법적 지위에 관한 법률」 제6조에 따라 국내거소신고를 한 사람
3. 「출입국관리법」 제31조에 따라 외국인등록을 한 사람

③ 제2항에 따른 직장가입자에 해당하지 아니하는 국내체류 외국인등이 다음 각 호의 요건을 모두 갖춘 경우에는 제5조에도 불구하고 지역가입자가 된다.

1. 보건복지부령으로 정하는 기간 동안 국내에 거주하였거나 해당 기간 동안 국내에 지속적으로 거주할 것으로 예상할 수 있는 사유로서 보건복지부령으로 정하는 사유에 해당될 것
2. 다음 각 목의 어느 하나에 해당할 것
    가. 제2항 제1호 또는 제2호에 해당하는 사람
    나. 「출입국관리법」 제31조에 따라 외국인등록을 한 사람으로서 보건복지부령으로 정하는 체류자격이 있는 사람

④ 제2항 각 호의 어느 하나에 해당하는 국내체류 외국인등이 다음 각 호의 요건을 모두 갖춘 경우에는 제5조에도 불구하고 공단에 신청하면 피부양자가 될 수 있다.

1. 직장가입자와의 관계가 제5조 제2항 각 호의 어느 하나에 해당할 것
2. 제5조 제3항에 따른 피부양자 자격의 인정 기준에 해당할 것
3. 국내 거주기간 또는 거주사유가 제3항 제1호에 따른 기준에 해당할 것. 다만, 직장가입자의 배우자 및 19세 미만 자녀(배우자의 자녀를 포함한다)에 대해서는 그러하지 아니하다.

⑤ 제2항부터 제4항까지의 규정에도 불구하고 다음 각 호에 해당되는 경우에는 가입자 및 피부양자가 될 수 없다.

1. 국내체류가 법률에 위반되는 경우로서 대통령령으로 정하는 사유가 있는 경우
2. 국내체류 외국인등이 외국의 법령, 외국의 보험 또는 사용자와의 계약 등에 따라 제41조에 따른 요양급여에 상당하는 의료보장을 받을 수 있어 사용자 또는 가입자가 보건복지부령으로 정하는 바에 따라 가입 제외를 신청한 경우

⑥ 제2항부터 제5항까지의 규정에서 정한 사항 외에 국내체류 외국인등의 가입자 또는 피부양자 자격의 취득 및 상실에 관한 시기·절차 등에 필요한 사항은 제5조부터 제11조까지의 규정을 준용한다. 다만, 국내체류 외국인등의 특성을 고려하여 특별히 규정해야 할 사항은 대통령령으로 다르게 정할 수 있다.

⑦ 가입자인 국내체류 외국인등이 매월 2일 이후 지역가입자의 자격을 취득하고 그 자격을 취득한 날이 속하는 달에 보건복지부장관이 고시하는 사유로 해당 자격을 상실한 경우에는 제69조 제2항 본문에도 불구하고 그 자격을 취득한 날이 속하는 달의 보험료를 부과하여 징수한다.

⑧ 국내체류 외국인등(제9항 단서의 적용을 받는 사람에 한정한다)에 해당하는 지역가입자의 보험료는 제78조 제1항 본문에도 불구하고 그 직전 월 25일까지 납부하여야 한다. 다만, 다음 각 호에 해당되는 경우에는 공단이 정하는 바에 따라 납부하여야 한다.

1. 자격을 취득한 날이 속하는 달의 보험료를 징수하는 경우
2. 매월 26일 이후부터 말일까지의 기간에 자격을 취득한 경우

⑨ 제7항과 제8항에서 정한 사항 외에 가입자인 국내체류 외국인등의 보험료 부과·징수에 관한 사항은 제69조부터 제86조까지의 규정을 준용한다. 다만, 대통령령으로 정하는 국내체류 외국인등의 보험료 부과·징수에 관한 사항은 그 특성을 고려하여 보건복지부장관이 다르게 정하여 고시할 수 있다.

⑩ 공단은 지역가입자인 국내체류 외국인등(제9항 단서의 적용을 받는 사람에 한정한다)이 보험료를 대통령령으로 정하는 기간 이상 체납한 경우에는 제53조 제3항에도 불구하고 체납일부터 체납한 보험

료를 완납할 때까지 보험급여를 하지 아니한다. 이 경우 제53조 제3항 각 호 외의 부분 단서 및 같은 조 제5항·제6항은 적용하지 아니한다.

⑪ 제10항에도 불구하고 체류자격 및 체류기간 등 국내체류 외국인등의 특성을 고려하여 특별히 규정하여야 할 사항은 대통령령으로 다르게 정할 수 있다.

④ **외국인 근로자 등** : 공단은 「외국인근로자의 고용 등에 관한 법률」에 따른 외국인근로자 등 대통령령으로 정하는 외국인이 신청하는 경우 보건복지부령으로 정하는 바에 따라 장기요양보험가입자에서 제외할 수 있다.

2 장기요양보험료의 징수〈제8조〉

① **장기요양보험료 징수** : 공단은 장기요양사업에 사용되는 비용에 충당하기 위하여 장기요양보험료를 징수한다.

② **건강보험료와 통합하여 징수**
  ㉠ 장기요양보험료는 「국민건강보험법」에 따른 보험료(이하 이 조에서 "건강보험료"라 한다)와 통합하여 징수한다.
  ㉡ 통합하여 징수하는 경우 공단은 장기요양보험료와 건강보험료를 구분하여 고지하여야 한다.

③ **독립회계관리** : 공단은 통합 징수한 장기요양보험료와 건강보험료를 각각의 독립회계로 관리하여야 한다.

3 장기요양보험료의 산정〈제9조〉

① **장기요양보험료 산정** : 장기요양보험료는 「국민건강보험법」 제69조 제4항·제5항 및 제109조 제9항 단서에 따라 산정한 보험료액에서 같은 법 제74조 또는 제75조에 따라 경감 또는 면제되는 비용을 공제한 금액에 건강보험료율 대비 장기요양보험료율의 비율을 곱하여 산정한 금액으로 한다.

> **조문참고**
>
> **국민건강보험법 제69조(보험료)**
> ④ 직장가입자의 월별 보험료액은 다음 각 호에 따라 산정한 금액으로 한다.
>   1. 보수월액보험료 : 제70조에 따라 산정한 보수월액에 제73조 제1항 또는 제2항에 따른 보험료율을 곱하여 얻은 금액
>   2. 보수 외 소득월액보험료 : 제71조 제1항에 따라 산정한 보수 외 소득월액에 제73조 제1항 또는 제2항에 따른 보험료율을 곱하여 얻은 금액
> ⑤ 지역가입자의 월별 보험료액은 다음 각 호의 구분에 따라 산정한 금액을 합산한 금액으로 한다. 이 경우 보험료액은 세대 단위로 산정한다.

1. 소득 : 제71조 제2항에 따라 산정한 지역가입자의 소득월액에 제73조 제3항에 따른 보험료율을 곱하여 얻은 금액
2. 재산 : 제72조에 따라 산정한 재산보험료부과점수에 제73조 제3항에 따른 재산보험료부과점수당 금액을 곱하여 얻은 금액

조문참고
국민건강보험법 제109조(외국인 등에 대한 특례)

⑨ 다만, 대통령령으로 정하는 국내체류 외국인등의 보험료 부과 · 징수에 관한 사항은 그 특성을 고려하여 보건복지부장관이 다르게 정하여 고시할 수 있다.

조문참고
국민건강보험법 제74조(보험료의 면제)

① 공단은 직장가입자가 제54조 제2호부터 제4호까지의 어느 하나에 해당하는 경우(같은 조 제2호에 해당하는 경우에는 1개월 이상의 기간으로서 대통령령으로 정하는 기간 이상 국외에 체류하는 경우에 한정한다. 이하 이 조에서 같다) 그 가입자의 보험료를 면제한다. 다만, 제54조 제2호에 해당하는 직장가입자의 경우에는 국내에 거주하는 피부양자가 없을 때에만 보험료를 면제한다.
② 지역가입자가 제54조 제2호부터 제4호까지의 어느 하나에 해당하면 그 가입자가 속한 세대의 보험료를 산정할 때 그 가입자의 제71조 제2항에 따른 소득월액 및 제72조에 따른 재산보험료부과점수를 제외한다.
③ 제1항에 따른 보험료의 면제나 제2항에 따라 보험료의 산정에서 제외되는 소득월액 및 재산보험료부과점수에 대하여는 제54조 제2호부터 제4호까지의 어느 하나에 해당하는 급여정지 사유가 생긴 날이 속하는 달의 다음 달부터 사유가 없어진 날이 속하는 달까지 적용한다. 다만, 다음 각 호의 어느 하나에 해당하는 경우에는 그 달의 보험료를 면제하지 아니하거나 보험료의 산정에서 소득월액 및 재산보험료부과점수를 제외하지 아니한다.
1. 급여정지 사유가 매월 1일에 없어진 경우
2. 제54조 제2호에 해당하는 가입자 또는 그 피부양자가 국내에 입국하여 입국일이 속하는 달에 보험급여를 받고 그 달에 출국하는 경우

조문참고
국민건강보험법 제75조(보험료의 경감 등)

① 다음 각 호의 어느 하나에 해당하는 가입자 중 보건복지부령으로 정하는 가입자에 대하여는 그 가입자 또는 그 가입자가 속한 세대의 보험료의 일부를 경감할 수 있다.
1. 섬 · 벽지(僻地) · 농어촌 등 대통령령으로 정하는 지역에 거주하는 사람
2. 65세 이상인 사람
3. 「장애인복지법」에 따라 등록한 장애인
4. 「국가유공자 등 예우 및 지원에 관한 법률」 제4조 제1항 제4호, 제6호, 제12호, 제15호 및 제17호에 따른 국가유공자
5. 휴직자
6. 그 밖에 생활이 어렵거나 천재지변 등의 사유로 보험료를 경감할 필요가 있다고 보건복지부장관이 정하여 고시하는 사람

② 제77조에 따른 보험료 납부의무자가 다음 각 호의 어느 하나에 해당하는 경우에는 대통령령으로 정하는 바에 따라 보험료를 감액하는 등 재산상의 이익을 제공할 수 있다.
   1. 제81조의6 제1항에 따라 보험료의 납입 고지 또는 독촉을 전자문서로 받는 경우
   2. 보험료를 계좌 또는 신용카드 자동이체의 방법으로 내는 경우
③ 제1항에 따른 보험료 경감의 방법·절차 등에 필요한 사항은 보건복지부장관이 정하여 고시한다.

② **장기요양보험료율** : 장기요양보험료율은 장기요양위원회의 심의를 거쳐 대통령령으로 정한다.

③ **장기요양보험 공제 수준** : 장기요양보험의 특성을 고려하여 「국민건강보험법」 제74조 또는 제75조에 따라 경감 또는 면제되는 비용을 달리 적용할 필요가 있는 경우에는 대통령령으로 정하는 바에 따라 경감 또는 는 면제되는 비용의 공제 수준을 달리 정할 수 있다.

4 장애인 등에 대한 장기요양보험료의 감면〈제10조〉

공단은 「장애인복지법」에 따른 장애인 또는 이와 유사한 자로서 대통령령으로 정하는 자가 장기요양보험가입자 또는 그 피부양자인 경우 수급자로 결정되지 못한 때 대통령령으로 정하는 바에 따라 장기요양보험료의 전부 또는 일부를 감면할 수 있다.

5 장기요양보험가입 자격 등에 관한 준용〈제11조〉

「국민건강보험법」 제5조, 제6조, 제8조부터 제11조까지, 제69조 제1항부터 제3항까지, 제76조부터 제86조까지, 제109조 제1항부터 제9항까지 및 제110조는 장기요양보험가입자·피부양자의 자격취득·상실, 장기요양보험료 등의 납부·징수 및 결손처분 등에 관하여 이를 준용한다. 이 경우 "보험료"는 "장기요양보험료"로, "건강보험"은 "장기요양보험"으로, "가입자"는 "장기요양보험가입자"로 본다.

1 장기요양보험가입자

(1) **적용대상 등**〈국민건강보험법 제5조 준용〉

① **가입자 또는 피부양자** : 국내에 거주하는 국민은 건강보험의 가입자 또는 피부양자가 된다. 다만, 다음의 어느 하나에 해당하는 사람은 제외한다.
   ㉠ 「의료급여법」에 따라 의료급여를 받는 사람(이하 "수급권자"라 한다)
   ㉡ 「독립유공자예우에 관한 법률」 및 「국가유공자 등 예우 및 지원에 관한 법률」에 따라 의료보호를 받는 사람(이하 "유공자등 의료보호대상자"라 한다). 다만, 다음의 어느 하나에 해당하는 사람은 가입자 또는 피부양자가 된다.

- 유공자등 의료보호대상자 중 건강보험의 적용을 보험자에게 신청한 사람
- 건강보험을 적용받고 있던 사람이 유공자등 의료보호대상자로 되었으나 건강보험의 적용배제신청을 보험자에게 하지 아니한 사람

② **피부양자** : 피부양자는 다음의 어느 하나에 해당하는 사람 중 직장가입자에게 주로 생계를 의존하는 사람으로서 소득 및 재산이 보건복지부령으로 정하는 기준 이하에 해당하는 사람을 말한다.
  ㉠ 직장가입자의 배우자
  ㉡ 직장가입자의 직계존속(배우자의 직계존속을 포함한다)
  ㉢ 직장가입자의 직계비속(배우자의 직계비속을 포함한다)과 그 배우자
  ㉣ 직장가입자의 형제 · 자매

③ 피부양자 자격의 인정기준, 취득 · 상실시기 및 그 밖에 필요한 사항은 보건복지부령으로 정한다.

(2) 가입자의 종류〈국민건강보험법 제6조 준용〉

① **가입자** : 가입자는 직장가입자와 지역가입자로 구분한다.

② **직장가입자** : 모든 사업장의 근로자 및 사용자와 공무원 및 교직원은 직장가입자가 된다. 다만, 다음 각 호의 어느 하나에 해당하는 사람은 제외한다.
  ㉠ 고용 기간이 1개월 미만인 일용근로자
  ㉡ 「병역법」에 따른 현역병(지원에 의하지 아니하고 임용된 하사를 포함한다), 전환복무된 사람 및 군간부후보생
  ㉢ 선거에 당선되어 취임하는 공무원으로서 매월 보수 또는 보수에 준하는 급료를 받지 아니하는 사람
  ㉣ 그 밖에 사업장의 특성, 고용 형태 및 사업의 종류 등을 고려하여 대통령령으로 정하는 사업장의 근로자 및 사용자와 공무원 및 교직원

③ 지역가입자는 직장가입자와 그 피부양자를 제외한 가입자를 말한다.

(3) 자격의 취득시기 등〈국민건강보험법 제8조 준용〉

① **자격의 취득시기** : 가입자는 국내에 거주하게 된 날에 직장가입자 또는 지역가입자의 자격을 얻는다. 다만, 다음 각 호의 어느 하나에 해당하는 사람은 그 해당되는 날에 각각 자격을 얻는다.
  ㉠ 수급권자이었던 사람은 그 대상자에서 제외된 날
  ㉡ 직장가입자의 피부양자이었던 사람은 그 자격을 잃은 날
  ㉢ 유공자등 의료보호대상자이었던 사람은 그 대상자에서 제외된 날
  ㉣ 보험자에게 건강보험의 적용을 신청한 유공자등 의료보호대상자는 그 신청한 날

② **자격의 취득신고** : 자격을 얻은 경우 그 직장가입자의 사용자 및 지역가입자의 세대주는 그 명세를 보건복지부령으로 정하는 바에 따라 자격을 취득한 날부터 14일 이내에 보험자에게 신고하여야 한다.

(4) 자격의 변동시기 등〈국민건강보험법 제9조 준용〉

① **자격의 변동시기** : 가입자는 다음의 어느 하나에 해당하게 된 날에 그 자격이 변동된다.

　　㉠ 지역가입자가 적용대상사업장의 사용자로 되거나, 근로자·공무원 또는 교직원(이하 "근로자등"이라 한다)으로 사용된 날

　　㉡ 직장가입자가 다른 적용대상사업장의 사용자로 되거나 근로자등으로 사용된 날

　　㉢ 직장가입자인 근로자등이 그 사용관계가 끝난 날의 다음 날

　　㉣ 적용대상사업장에 휴업·폐업 등 보건복지부령으로 정하는 사유가 발생한 날의 다음 날

　　㉤ 지역가입자가 다른 세대로 전입한 날

② **자격의 변동신고** : 자격이 변동된 경우 직장가입자의 사용자와 지역가입자의 세대주는 다음호의 구분에 따라 그 명세를 보건복지부령으로 정하는 바에 따라 자격이 변동된 날부터 14일 이내에 보험자에게 신고하여야 한다.

　　㉠ ①의 ㉠ 및 ㉡에 따라 자격이 변동된 경우 : 직장가입자의 사용자

　　㉡ ①의 ㉢ ~ ㉤까지의 규정에 따라 자격이 변동된 경우 : 지역가입자의 세대주

③ **급여의 정지통보** : 법무부장관 및 국방부장관은 직장가입자나 지역가입자가 제54조 제3호 또는 제4호에 해당하면 보건복지부령으로 정하는 바에 따라 그 사유에 해당된 날부터 1개월 이내에 보험자에게 알려야 한다.

> **조문참고**
>
> 국민건강보험법 제54조(급여의 정지)
>
> 　3. 「병역법」에 따른 현역병(지원에 의하지 아니하고 임용된 하사를 포함한다), 전환복무된 사람 및 군간부후보생에 해당하게 된 경우
>
> 　4. 교도소, 그 밖에 이에 준하는 시설에 수용되어 있는 경우

> **◆ 자격 취득·변동 사항의 고지**〈국민건강보험법 제9조의2 준용〉
>
> • 공단은 제공받은 자료를 통하여 가입자 자격의 취득 또는 변동 여부를 확인하는 경우에는 자격 취득 또는 변동 후 최초로 납부의무자에게 보험료 납입 고지를 할 때 보건복지부령으로 정하는 바에 따라 자격 취득 또는 변동에 관한 사항을 알려야 한다.

(5) 자격의 상실시기 등〈국민건강보험법 제10조 준용〉

① **자격의 상실시기** : 가입자는 다음의 어느 하나에 해당하게 된 날에 그 자격을 잃는다.

　　㉠ 사망한 날의 다음 날

　　㉡ 국적을 잃은 날의 다음 날

　　㉢ 국내에 거주하지 아니하게 된 날의 다음 날

　　㉣ 직장가입자의 피부양자가 된 날

　　㉤ 수급권자가 된 날

ⓗ 건강보험을 적용받고 있던 사람이 유공자등 의료보호대상자가 되어 건강보험의 적용배제신청을 한 날

② 자격의 상실신고 : 자격을 잃은 경우 직장가입자의 사용자와 지역가입자의 세대주는 그 명세를 보건복지부령으로 정하는 바에 따라 자격을 잃은 날부터 14일 이내에 보험자에게 신고하여야 한다.

◆ 자격취득 등의 확인〈국민건강보험법 제11조 준용〉

• 가입자 자격의 취득·변동 및 상실은 제8조부터 제10조까지의 규정에 따른 자격의 취득·변동 및 상실의 시기로 소급하여 효력을 발생한다. 이 경우 보험자는 그 사실을 확인할 수 있다.
• 가입자나 가입자이었던 사람 또는 피부양자나 피부양자이었던 사람은 제1항에 따른 확인을 청구할 수 있다.

2 장기요양보험료

(1) 보험료〈국민건강보험법 제69조 준용〉

① 보험료의 징수 : 공단은 건강보험사업에 드는 비용에 충당하기 위하여 보험료의 납부의무자로부터 보험료를 징수한다.

② 징수시기 : 보험료는 가입자의 자격을 취득한 날이 속하는 달의 다음 달부터 가입자의 자격을 잃은 날의 전날이 속하는 달까지 징수한다. 다만, 가입자의 자격을 매월 1일에 취득한 경우 또는 제5조 제1항 제2호 가목에 따른 건강보험 적용 신청으로 가입자의 자격을 취득하는 경우에는 그 달부터 징수한다.

조문참고

국민건강보험법 제5조(적용대상 등) 제1항 제2호
　　가. 유공자등 의료보호대상자 중 건강보험의 적용을 보험자에게 신청한 사람

③ 징수기준 : 보험료를 징수할 때 가입자의 자격이 변동된 경우에는 변동된 날이 속하는 달의 보험료는 변동되기 전의 자격을 기준으로 징수한다. 다만, 가입자의 자격이 매월 1일에 변동된 경우에는 변동된 자격을 기준으로 징수한다.

(2) 보험료의 부담〈국민건강보험법 제76조 준용〉

① 보험료의 부담비율 : 직장가입자의 보수월액보험료는 직장가입자와 다음의 구분에 따른 자가 각각 보험료액의 100분의 50씩 부담한다. 다만, 직장가입자가 교직원으로서 사립학교에 근무하는 교원이면 보험료액은 그 직장가입자가 100분의 50을, 제3조 제2호 다목에 해당하는 사용자가 100분의 30을, 국가가 100분의 20을 각각 부담한다.
　ⓐ 직장가입자가 근로자인 경우에는 제3조 제2호 가목에 해당하는 사업주
　ⓑ 직장가입자가 공무원인 경우에는 그 공무원이 소속되어 있는 국가 또는 지방자치단체

ⓒ 직장가입자가 교직원(사립학교에 근무하는 교원은 제외한다)인 경우에는 제3조 제2호 다목에 해당하는 사용자

조문참고

국민건강보험법 제3조(정의) 제2호

가. 근로자가 소속되어 있는 사업장의 사업주

다. 교직원이 소속되어 있는 사립학교(「사립학교교직원 연금법」 제3조에 규정된 사립학교를 말한다. 이하 이 조에서 같다)를 설립·운영하는 자

② **직장가입자가 부담** : 직장가입자의 보수 외 소득월액보험료는 직장가입자가 부담한다.

③ **연대하여 부담** : 지역가입자의 보험료는 그 가입자가 속한 세대의 지역가입자 전원이 연대하여 부담한다.

④ **부담액 전부부담** : 직장가입자가 교직원인 경우 제3조 제2호 다목에 해당하는 사용자가 부담액 전부를 부담할 수 없으면 그 부족액을 학교에 속하는 회계에서 부담하게 할 수 있다.

(3) 보험료 납부의무⟨국민건강보험법 제77조 준용⟩

① **직장가입자의 보험료** : 다음의 구분에 따라 다음에서 정한 자가 납부한다.

ㄱ 보수월액보험료 : 사용자. 이 경우 사업장의 사용자가 2명 이상인 때에는 그 사업장의 사용자는 해당 직장가입자의 보험료를 연대하여 납부한다.

ㄴ 보수 외 소득월액보험료 : 직장가입자

② **지역가입자의 보험료** : 그 가입자가 속한 세대의 지역가입자 전원이 연대하여 납부한다. 다만, 소득 및 재산이 없는 미성년자와 소득 및 재산 등을 고려하여 대통령령으로 정하는 기준에 해당하는 미성년자는 납부의무를 부담하지 아니한다.

③ **보수에서 공제납부**

ㄱ 사용자는 보수월액보험료 중 직장가입자가 부담하여야 하는 그 달의 보험료액을 그 보수에서 공제하여 납부하여야 한다.

ㄴ 이 경우 직장가입자에게 공제액을 알려야 한다.

(4) 제2차 납부의무⟨국민건강보험법 제77조의2 준용⟩

① **제2차 납부의 범위**

ㄱ 법인의 재산으로 그 법인이 납부하여야 하는 보험료, 연체금 및 체납처분비를 충당하여도 부족한 경우에는 해당 법인에게 보험료의 납부의무가 부과된 날 현재의 무한책임사원 또는 과점주주(「국세기본법」 제39조 각 호의 어느 하나에 해당하는 자를 말한다)가 그 부족한 금액에 대하여 제2차 납부의무를 진다.

ⓛ 다만, 과점주주의 경우에는 그 부족한 금액을 그 법인의 발행주식 총수(의결권이 없는 주식은 제외한다) 또는 출자총액으로 나눈 금액에 해당 과점주주가 실질적으로 권리를 행사하는 주식 수(의결권이 없는 주식은 제외한다) 또는 출자액을 곱하여 산출한 금액을 한도로 한다.

② 제2차 납부의 한도
ⓚ 사업이 양도·양수된 경우에 양도일 이전에 양도인에게 납부의무가 부과된 보험료, 연체금 및 체납처분비를 양도인의 재산으로 충당하여도 부족한 경우에는 사업의 양수인이 그 부족한 금액에 대하여 양수한 재산의 가액을 한도로 제2차 납부의무를 진다.
ⓛ 이 경우 양수인의 범위 및 양수한 재산의 가액은 대통령령으로 정한다.

(5) 보험료의 납부기한〈국민건강보험법 제78조 준용〉

① 보험료의 납부기한
ⓚ 보험료 납부의무가 있는 자는 가입자에 대한 그 달의 보험료를 그 다음 달 10일까지 납부하여야 한다.
ⓛ 다만, 직장가입자의 보수 외 소득월액보험료 및 지역가입자의 보험료는 보건복지부령으로 정하는 바에 따라 분기별로 납부할 수 있다.

② 납부기한의 연장
ⓚ 공단은 납입 고지의 송달 지연 등 보건복지부령으로 정하는 사유가 있는 경우 납부의무자의 신청에 따라 납부기한부터 1개월의 범위에서 납부기한을 연장할 수 있다.
ⓛ 이 경우 납부기한 연장을 신청하는 방법, 절차 등에 필요한 사항은 보건복지부령으로 정한다.

(6) 가산금〈국민건강보험법 제78조의2 준용〉

① 가산금의 징수대상 : 사업장의 사용자가 대통령령으로 정하는 사유에 해당되어 직장가입자가 될 수 없는 자를 거짓으로 보험자에게 직장가입자로 신고한 경우 공단은 ⓚ의 금액에서 ⓛ의 금액을 뺀 금액의 100분의 10에 상당하는 가산금을 그 사용자에게 부과하여 징수한다.
ⓚ 사용자가 직장가입자로 신고한 사람이 직장가입자로 처리된 기간 동안 그 가입자가 제69조 제5항에 따라 부담하여야 하는 보험료의 총액
ⓛ ⓚ의 기간 동안 공단이 해당 가입자에 대하여 산정하여 부과한 보험료의 총액

② 징수예외 : 공단은 가산금이 소액이거나 그 밖에 가산금을 징수하는 것이 적절하지 아니하다고 인정되는 등 대통령령으로 정하는 경우에는 징수하지 아니할 수 있다.

(7) 보험료등의 납입고지〈국민건강보험법 제79조 준용〉

① 보험료의 납입고지 : 공단은 보험료등을 징수하려면 그 금액을 결정하여 납부의무자에게 다음의 사항을 적은 문서로 납입고지를 하여야 한다.

     ㉠ 징수하려는 보험료등의 종류

     ㉡ 납부해야 하는 금액

     ㉢ 납부기한 및 장소

② **2명 이상인 경우의 납입고지**: 직장가입자의 사용자가 2명 이상인 경우 또는 지역가입자의 세대가 2명 이상으로 구성된 경우 그 중 1명에게 한 고지는 해당 사업장의 다른 사용자 또는 세대 구성원인 다른 지역가입자 모두에게 효력이 있는 것으로 본다.

③ **납입고지의 유예**: 휴직자등의 보험료는 휴직 등의 사유가 끝날 때까지 보건복지부령으로 정하는 바에 따라 납입고지를 유예할 수 있다.

④ **제2차 납부의무자의 납입고지**: 공단은 제2차 납부의무자에게 납입의 고지를 한 경우에는 해당 법인인 사용자 및 사업 양도인에게 그 사실을 통지하여야 한다.

(8) 신용카드등으로 하는 보험료등의 납부〈국민건강보험법 제79조의2 준용〉

① **신용카드등의 납부**: 공단이 납입 고지한 보험료등을 납부하는 자는 보험료등의 납부를 대행할 수 있도록 대통령령으로 정하는 기관 등(이하 이 조에서 "보험료등납부대행기관"이라 한다)을 통하여 신용카드, 직불카드 등(이하 이 조에서 "신용카드등"이라 한다)으로 납부할 수 있다.

② **신용카드등의 납부일**: 신용카드등으로 보험료등을 납부하는 경우에는 보험료등납부대행기관의 승인일을 납부일로 본다.

③ **납부대행수수료**: 보험료등납부대행기관은 보험료등의 납부자로부터 보험료등의 납부를 대행하는 대가로 수수료를 받을 수 있다.

④ 보험료등납부대행기관의 지정 및 운영, 수수료 등에 필요한 사항은 대통령령으로 정한다.

(9) 연체금〈국민건강보험법 제80조 준용〉

① **연체금의 징수**: 공단은 보험료등의 납부의무자가 납부기한까지 보험료등을 내지 아니하면 그 납부기한이 지난날부터 매 1일이 경과할 때마다 다음에 해당하는 연체금을 징수한다.

     ㉠ 보험료 또는 보험급여 제한 기간 중 받은 보험급여에 대한 징수금을 체납한 경우: 해당 체납금액의 1천500분의 1에 해당하는 금액. 이 경우 연체금은 해당 체납금액의 1천분의 20을 넘지 못한다.

     ㉡ ㉠ 외에 이 법에 따른 징수금을 체납한 경우: 해당 체납금액의 1천분의 1에 해당하는 금액. 이 경우 연체금은 해당 체납금액의 1천분의 30을 넘지 못한다.

② **연체금에 더한 징수금**: 공단은 보험료등의 납부의무자가 체납된 보험료등을 내지 아니하면 납부기한 후 30일이 지난날부터 매 1일이 경과할 때마다 다음 각 호에 해당하는 연체금을 ①에 따른 연체금에 더하여 징수한다.

ㄱ 보험료 또는 제53조 제3항에 따른 보험급여 제한 기간 중 받은 보험급여에 대한 징수금을 체납한 경우 : 해당 체납금액의 6천분의 1에 해당하는 금액. 이 경우 연체금(ㄱ의 ㄱ의 연체금을 포함한 금액을 말한다)은 해당 체납금액의 1천분의 50을 넘지 못한다.

ㄴ ㄱ 외에 이 법에 따른 징수금을 체납한 경우 : 해당 체납금액의 3천분의 1에 해당하는 금액. 이 경우 연체금(ㄱ의 ㄴ의 연체금을 포함한 금액을 말한다)은 해당 체납금액의 1천분의 90을 넘지 못한다.

③ 연체금징수의 예외 : 공단은 천재지변이나 그 밖에 보건복지부령으로 정하는 부득이한 사유가 있으면 연체금을 징수하지 아니할 수 있다.

⑽ 보험료등의 독촉 및 체납처분〈국민건강보험법 제81조 준용〉

① 보험료등의 독촉

ㄱ 공단은 보험료등을 내야 하는 자가 보험료등을 내지 아니하면 기한을 정하여 독촉할 수 있다.

ㄴ 이 경우 직장가입자의 사용자가 2명 이상인 경우 또는 지역가입자의 세대가 2명 이상으로 구성된 경우에는 그 중 1명에게 한 독촉은 해당 사업장의 다른 사용자 또는 세대 구성원인 다른 지역가입자 모두에게 효력이 있는 것으로 본다.

② 독촉장발부 : 독촉할 때에는 10일 이상 15일 이내의 납부기한을 정하여 독촉장을 발부하여야 한다.

③ 독촉장수령 후 미납자 : 공단은 독촉을 받은 자가 그 납부기한까지 보험료등을 내지 아니하면 보건복지부장관의 승인을 받아 국세 체납처분의 예에 따라 이를 징수할 수 있다.

④ 압류금지사실 등의 통지

ㄱ 공단은 체납처분을 하기 전에 보험료등의 체납내역, 압류 가능한 재산의 종류, 압류예정사실 및 「국세징수법」에 따른 소액금융재산에 대한 압류금지사실 등이 포함된 통보서를 발송하여야 한다.

ㄴ 다만, 법인 해산 등 긴급히 체납처분을 할 필요가 있는 경우로서 대통령령으로 정하는 경우에는 그러하지 아니하다.

⑤ 공매의 대행

ㄱ 공단은 국세 체납처분의 예에 따라 압류하거나 압류한 재산의 공매에 대하여 전문지식이 필요하거나 그 밖에 특수한 사정으로 직접 공매하는 것이 적당하지 아니하다고 인정하는 경우에는 「한국자산관리공사 설립 등에 관한 법률」에 따라 설립된 한국자산관리공사(이하 "한국자산관리공사"라 한다)에 공매를 대행하게 할 수 있다.

ㄴ 이 경우 공매는 공단이 한 것으로 본다.

⑥ 공매수수료 지급 : 공단은 한국자산관리공사가 공매를 대행하면 보건복지부령으로 정하는 바에 따라 수수료를 지급할 수 있다.

(11) **부당이득 징수금의 압류**〈국민건강보험법 제81조의2 준용〉

① 압류 : 공단은 보험급여 비용을 받은 요양기관이 다음 각 호의 요건을 모두 갖춘 경우에는 징수금의 한
   도에서 해당 요양기관 또는 그 요양기관을 개설한 자(해당 요양기관과 연대하여 징수금을 납부하여야
   하는 자를 말한다)의 재산을 보건복지부장관의 승인을 받아 압류할 수 있다.
   ㉠ 「의료법」 또는 「약사법」을 위반하였다는 사실로 기소된 경우
   ㉡ 요양기관 또는 요양기관을 개설한 자에게 강제집행, 국세 강제징수 등 대통령령으로 정하는 사유가
      있어 그 재산을 압류할 필요가 있는 경우

② 압류사실통지 : 공단은 재산을 압류하였을 때에는 해당 요양기관 또는 그 요양기관을 개설한 자에게 문서
   로 그 압류사실을 통지하여야 한다.

③ 압류의 해제 : 공단은 다음의 어느 하나에 해당할 때에는 압류를 즉시 해제하여야 한다.
   ㉠ 통지를 받은 자가 징수금에 상당하는 다른 재산을 담보로 제공하고 압류 해제를 요구하는 경우
   ㉡ 법원의 무죄 판결이 확정되는 등 대통령령으로 정하는 사유로 해당 요양기관이 「의료법」 또는 「약사
      법」을 위반한 혐의가 입증되지 아니한 경우

④ 압류 및 압류해제에 관하여 국민건강보험법에서 규정한 것 외에는 「국세징수법」을 준용한다.

(12) **체납 또는 결손처분 자료의 제공**〈국민건강보험법 제81조의3 준용〉

① 자료제공
   ㉠ 공단은 보험료 징수 및 징수금(부당이득금)의 징수 또는 공익목적을 위하여 필요한 경우에 종합신용
      정보집중기관에 다음의 어느 하나에 해당하는 체납자 또는 결손처분자의 인적사항 · 체납액 또는 결
      손처분액에 관한 자료(이하 이 조에서 "체납등 자료"라 한다)를 제공할 수 있다.
      • 국민건강보험법에 따른 납부기한의 다음 날부터 1년이 지난 보험료 및 그에 따른 연체금과 체납처분
        비의 총액이 500만 원 이상인 자
      • 국민건강보험법에 따른 납부기한의 다음 날부터 1년이 지난 부당이득금 및 그에 따른 연체금과 체납
        처분비의 총액이 1억 원 이상인 자
      • 결손처분한 금액의 총액이 500만 원 이상인 자
   ㉡ 다만, 체납된 보험료나 부당이득금과 관련하여 행정심판 또는 행정소송이 계류 중인 경우, 분할납부
      를 승인받은 경우 중 대통령령으로 정하는 경우, 그 밖에 대통령령으로 정하는 사유가 있을 때에는
      그러하지 아니하다.

② 서면통지
   ㉠ 공단은 종합신용정보집중기관에 체납등 자료를 제공하기 전에 해당 체납자 또는 결손처분자에게 그
      사실을 서면으로 통지하여야 한다.

ⓛ 이 경우 통지를 받은 체납자가 체납액을 납부하거나 체납액 납부계획서를 제출하는 경우 공단은 종합신용정보집중기관에 체납등 자료를 제공하지 아니하거나 체납등 자료의 제공을 유예할 수 있다.

③ 체납등 자료의 제공절차에 필요한 사항은 대통령령으로 정한다.

④ 체납등 자료를 제공받은 자는 이를 업무 외의 목적으로 누설하거나 이용하여서는 아니 된다.

⒀ 보험료의 납부증명〈국민건강보험법 제81조의4 준용〉

① 납부사실의 증명
  ㉠ 보험료의 납부의무자는 국가, 지방자치단체 또는 공공기관으로부터 공사·제조·구매·용역 등 대통령령으로 정하는 계약의 대가를 지급받는 경우에는 보험료와 그에 따른 연체금 및 체납처분비의 납부사실을 증명하여야 한다.
  ㉡ 다만, 납부의무자가 계약대금의 전부 또는 일부를 체납한 보험료로 납부하려는 경우 등 대통령령으로 정하는 경우에는 그러하지 아니하다.

② 납부증명의 예외 : 납부의무자가 납부사실을 증명하여야 할 경우 계약을 담당하는 주무관서 또는 공공기관은 납부의무자의 동의를 받아 공단에 조회하여 보험료와 그에 따른 연체금 및 체납처분비의 납부여부를 확인하는 것으로 납부증명을 갈음할 수 있다.

◆ **서류의 송달**〈국민건강보험법 제81조의5 준용〉
  • 제79조 및 제81조에 관한 서류의 송달에 관한 사항과 전자문서에 의한 납입 고지 등에 관하여 제81조의6에서 정하지 아니한 사항에 관하여는 「국세기본법」 제8조(같은 조 제2항 단서는 제외한다)부터 제12조까지의 규정을 준용한다. 다만, 우편송달에 의하는 경우 그 방법은 대통령령으로 정하는 바에 따른다.

⒁ 전자문서에 의한 납입고지 등〈국민건강보험법 제81조의6 준용〉

① 전자문서 납입고지
  ㉠ 납부의무자가 납입고지 또는 독촉을 전자문서교환방식 등에 의한 전자문서로 해줄 것을 신청하는 경우에는 공단은 전자문서로 고지 또는 독촉할 수 있다.
  ㉡ 이 경우 전자문서 고지 및 독촉에 대한 신청 방법·절차 등에 필요한 사항은 보건복지부령으로 정한다.

② 전자문서의 송달 : 공단이 전자문서로 고지 또는 독촉하는 경우에는 전자문서가 보건복지부령으로 정하는 정보통신망에 저장되거나 납부의무자가 지정한 전자우편주소에 입력된 때에 납입고지 또는 독촉이 그 납부의무자에게 도달된 것으로 본다.

⒂ 체납보험료의 분할납부〈국민건강보험법 제82조 준용〉

① 분할납부 승인 : 공단은 보험료를 3회 이상 체납한 자가 신청하는 경우 보건복지부령으로 정하는 바에 따라 분할납부를 승인할 수 있다.

② **분할납부 통지** : 공단은 보험료를 3회 이상 체납한 자에 대하여 체납처분을 하기 전에 분할납부를 신청할 수 있음을 알리고, 보건복지부령으로 정하는 바에 따라 분할납부 신청의 절차·방법 등에 관한 사항을 안내하여야 한다.

③ **분할납부 승인취소** : 공단은 분할납부 승인을 받은 자가 정당한 사유 없이 5회(승인받은 분할납부 횟수가 5회 미만인 경우에는 해당 분할납부 횟수를 말한다) 이상 그 승인된 보험료를 납부하지 아니하면 그 분할납부의 승인을 취소한다.

④ 분할납부의 승인과 취소에 관한 절차·방법·기준 등에 필요한 사항은 보건복지부령으로 정한다.

⒃ 고액·상습체납자의 인적사항 공개〈국민건강보험법 제83조 준용〉

① **인적사항 공개**

　　㉠ 공단은 국민건강보험법에 따른 납부기한의 다음 날부터 1년이 경과한 보험료, 연체금과 체납처분비(결손처분한 보험료, 연체금과 체납처분비로서 징수권 소멸시효가 완성되지 아니한 것을 포함한다)의 총액이 1천만 원 이상인 체납자가 납부능력이 있음에도 불구하고 체납한 경우 그 인적사항·체납액 등(이하 이 조에서 "인적사항등"이라 한다)을 공개할 수 있다.

　　㉡ 다만, 체납된 보험료, 연체금과 체납처분비와 관련하여 이의신청, 심판청구가 제기되거나 행정소송이 계류 중인 경우 또는 그 밖에 체납된 금액의 일부 납부 등 대통령령으로 정하는 사유가 있는 경우에는 그러하지 아니하다.

② **보험료정보공개심의위원회** : 체납자의 인적사항등에 대한 공개 여부를 심의하기 위하여 공단에 보험료정보공개심의위원회를 둔다.

③ **소명기회의 부여**

　　㉠ 공단은 보험료정보공개심의위원회의 심의를 거친 인적사항등의 공개대상자에게 공개대상자임을 서면으로 통지하여 소명의 기회를 부여하여야 한다.

　　㉡ 통지일부터 6개월이 경과한 후 체납액의 납부이행 등을 감안하여 공개대상자를 선정한다.

④ 체납자 인적사항등의 공개는 관보에 게재하거나 공단 인터넷 홈페이지에 게시하는 방법에 따른다.

⑤ 체납자 인적사항등의 공개와 관련한 납부능력의 기준, 공개절차 및 위원회의 구성·운영 등에 필요한 사항은 대통령령으로 정한다.

⒄ 결손처분〈국민건강보험법 제84조 준용〉

① **결손처분** : 공단은 다음의 어느 하나에 해당하는 사유가 있으면 재정운영위원회의 의결을 받아 보험료등을 결손처분할 수 있다.

　　㉠ 체납처분이 끝나고 체납액에 충당될 배분금액이 그 체납액에 미치지 못하는 경우

　　㉡ 해당 권리에 대한 소멸시효가 완성된 경우

ⓒ 그 밖에 징수할 가능성이 없다고 인정되는 경우로서 대통령령으로 정하는 경우

② 체납처분 : 공단은 ①의 ⓒ에 따라 결손처분을 한 후 압류할 수 있는 다른 재산이 있는 것을 발견한 때에는 지체 없이 그 처분을 취소하고 체납처분을 하여야 한다.

◆ 보험료등의 징수 순위〈국민건강보험법 제85조 준용〉

• 보험료등은 국세와 지방세를 제외한 다른 채권에 우선하여 징수한다. 다만, 보험료등의 납부기한 전에 전세권·질권·저당권 또는 「동산·채권 등의 담보에 관한 법률」에 따른 담보권의 설정을 등기 또는 등록한 사실이 증명되는 재산을 매각할 때에 그 매각대금 중에서 보험료등을 징수하는 경우 그 전세권·질권·저당권 또는 「동산·채권 등의 담보에 관한 법률」에 따른 담보권으로 담보된 채권에 대하여는 그러하지 아니하다.

⑱ **보험료등의 충당과 환급**〈국민건강보험법 제86조 준용〉

① **충당** : 공단은 납부의무자가 보험료등·연체금 또는 체납처분비로 낸 금액 중 과오납부(過誤納付)한 금액이 있으면 대통령령으로 정하는 바에 따라 그 과오납금을 보험료등·연체금 또는 체납처분비에 우선 충당하여야 한다.

② **환급** : 공단은 충당하고 남은 금액이 있는 경우 대통령령으로 정하는 바에 따라 납부의무자에게 환급하여야 한다.

③ **과오납의 이자가산** : 과오납금에 대통령령으로 정하는 이자를 가산하여야 한다.

3 보칙

(1) **외국인 등에 대한 특례**〈국민건강보험법 제109조 준용〉

① **외국정부와의 합의** : 정부는 외국정부가 사용자인 사업장의 근로자의 건강보험에 관하여는 외국정부와 한 합의에 따라 이를 따로 정할 수 있다.

② **직장가입자** : 국내에 체류하는 재외국민 또는 외국인(이하 "국내체류 외국인등"이라 한다)이 적용대상사업장의 근로자, 공무원 또는 교직원이고 제6조 제2항 각 호의 어느 하나에 해당하지 아니하면서 다음의 어느 하나에 해당하는 경우에는 직장가입자가 된다.

조문참고

국민건강보험법 제6조(가입자의 종류)
  ② 모든 사업장의 근로자 및 사용자와 공무원 및 교직원은 직장가입자가 된다. 다만, 다음 각 호의 어느 하나에 해당하는 사람은 제외한다.
    1. 고용 기간이 1개월 미만인 일용근로자
    2. 「병역법」에 따른 현역병(지원에 의하지 아니하고 임용된 하사를 포함한다), 전환 복무된 사람 및 군간부후보생

3. 선거에 당선되어 취임하는 공무원으로서 매월 보수 또는 보수에 준하는 급료를 받지 아니하는 사람
4. 그 밖에 사업장의 특성, 고용 형태 및 사업의 종류 등을 고려하여 대통령령으로 정하는 사업장의 근로자 및 사용자와 공무원 및 교직원

㉠ 「주민등록법」 제6조 제1항 제3호에 따라 등록한 사람

조문참고

주민등록법 제6조

① 시장·군수 또는 구청장은 30일 이상 거주할 목적으로 그 관할 구역에 주소나 거소(이하 "거주지"라 한다)를 가진 다음 각 호의 사람(이하 "주민"이라 한다)을 이 법의 규정에 따라 등록하여야 한다. 다만, 외국인은 예외로 한다.
  3. 재외국민 : 「재외동포의 출입국과 법적 지위에 관한 법률」 제2조 제1호에 따른 국민으로서 「해외이주법」 제12조에 따른 영주귀국의 신고를 하지 아니한 사람 중 다음 각 목의 어느 하나의 경우
    가. 주민등록이 말소되었던 사람이 귀국 후 재등록 신고를 하는 경우
    나. 주민등록이 없었던 사람이 귀국 후 최초로 주민등록 신고를 하는 경우

㉡ 「재외동포의 출입국과 법적 지위에 관한 법률」 제6조에 따라 국내거소신고를 한 사람
㉢ 「출입국관리법」 제31조에 따라 외국인등록을 한 사람

③ **지역가입자** : 직장가입자에 해당하지 아니하는 국내체류 외국인등이 다음의 요건을 모두 갖춘 경우에는 지역가입자가 된다.
  ㉠ 보건복지부령으로 정하는 기간 동안 국내에 거주하였거나 해당 기간 동안 국내에 지속적으로 거주할 것으로 예상할 수 있는 사유로서 보건복지부령으로 정하는 사유에 해당될 것
  ㉡ 다음의 어느 하나에 해당할 것
    • 「주민등록법」 제6조 제1항 제3호에 따라 등록한 사람 또는 「재외동포의 출입국과 법적 지위에 관한 법률」 제6조에 따라 국내거소신고를 한 사람
    • 「출입국관리법」 제31조에 따라 외국인등록을 한 사람으로서 보건복지부령으로 정하는 체류자격이 있는 사람

④ **피부양자** : ②의 ㉠㉡㉢의 어느 하나에 해당하는 국내체류 외국인등이 다음의 요건을 모두 갖춘 경우에는 공단에 신청하면 피부양자가 될 수 있다.
  ㉠ 직장가입자와의 관계가 제5조 제2항 각 호의 어느 하나에 해당할 것

조문참고

국민건강보험법 제5조(적용 대상 등)

② 피부양자는 다음 각 호의 어느 하나에 해당하는 사람 중 직장가입자에게 주로 생계를 의존하는 사람으로서 소득 및 재산이 보건복지부령으로 정하는 기준 이하에 해당하는 사람을 말한다.
  1. 직장가입자의 배우자
  2. 직장가입자의 직계존속(배우자의 직계존속을 포함한다)
  3. 직장가입자의 직계비속(배우자의 직계비속을 포함한다)과 그 배우자
  4. 직장가입자의 형제·자매

ⓛ 피부양자 자격의 인정 기준에 해당할 것

ⓒ 국내 거주기간 또는 거주사유가 ③의 ㉠에 따른 기준에 해당할 것. 다만, 직장가입자의 배우자 및 19세 미만 자녀(배우자의 자녀를 포함한다)에 대해서는 그러하지 아니하다.

⑤ **가입자 및 피부양자가 될 수 없는 경우**

㉠ 국내체류가 법률에 위반되는 경우로서 대통령령으로 정하는 사유가 있는 경우

ⓛ 국내체류 외국인등이 외국의 법령, 외국의 보험 또는 사용자와의 계약 등에 따라 요양급여에 상당하는 의료보장을 받을 수 있어 사용자 또는 가입자가 보건복지부령으로 정하는 바에 따라 가입 제외를 신청한 경우

⑥ **국내체류 외국인등의 가입자 또는 피부양자 자격 등에 관한 준용법규**

㉠ ②~⑤까지의 규정에서 정한 사항 외에 국내체류 외국인등의 가입자 또는 피부양자 자격의 취득 및 상실에 관한 시기·절차 등에 필요한 사항은 제5조부터 제11조까지의 규정을 준용한다.

ⓛ 다만, 국내체류 외국인등의 특성을 고려하여 특별히 규정해야 할 사항은 대통령령으로 다르게 정할 수 있다.

⑦ **보험료의 부과징수** : 가입자인 국내체류 외국인등이 매월 2일 이후 지역가입자의 자격을 취득하고 그 자격을 취득한 날이 속하는 달에 보건복지부장관이 고시하는 사유로 해당 자격을 상실한 경우에는 그 자격을 취득한 날이 속하는 달의 보험료를 부과하여 징수한다.

⑧ **국내체류 외국인등의 보험료 납부일** : 국내체류 외국인등(제9항 단서의 적용을 받는 사람에 한정한다)에 해당하는 지역가입자의 보험료는 그 직전 월 25일까지 납부하여야 한다. 다만, 다음 각 호에 해당되는 경우에는 공단이 정하는 바에 따라 납부하여야 한다.

㉠ 자격을 취득한 날이 속하는 달의 보험료를 징수하는 경우

ⓛ 매월 26일 이후부터 말일까지의 기간에 자격을 취득한 경우

⑨ **국내체류 외국인등의 보험료 부과·징수에 관한 준용법규**

㉠ ⑦과 ⑧에서 정한 사항 외에 가입자인 국내체류 외국인등의 보험료 부과·징수에 관한 사항은 제69조부터 제86조까지의 규정을 준용한다.

ⓛ 다만, 대통령령으로 정하는 국내체류 외국인등의 보험료 부과·징수에 관한 사항은 그 특성을 고려하여 보건복지부장관이 다르게 정하여 고시할 수 있다.

(2) 실업자에 대한 특례〈국민건강보험법 제110조 준용〉

① **직장가입자로서의 자격유지신청** : 사용관계가 끝난 사람 중 직장가입자로서의 자격을 유지한 기간이 보건복지부령으로 정하는 기간 동안 통산 1년 이상인 사람은 지역가입자가 된 이후 최초로 지역가입자 보험료를 고지받은 날부터 그 납부기한에서 2개월이 지나기 이전까지 공단에 직장가입자로서의 자격을 유지할 것을 신청할 수 있다.

② 임의계속가입자 자격의 유지

　　㉠ 공단에 신청한 가입자(이하 "임의계속가입자"라 한다)는 대통령령으로 정하는 기간 동안 직장가입자의 자격을 유지한다.

　　㉡ 다만, ①에 따른 신청 후 최초로 내야 할 직장가입자 보험료를 그 납부기한부터 2개월이 지난 날까지 내지 아니한 경우에는 그 자격을 유지할 수 없다.

③ 임의계속가입자의 보수월액 : 임의계속가입자의 보수월액은 보수월액보험료가 산정된 최근 12개월간의 보수월액을 평균한 금액으로 한다.

④ 임의계속가입자의 보험료의 경감 : 임의계속가입자의 보험료는 보건복지부장관이 정하여 고시하는 바에 따라 그 일부를 경감할 수 있다.

⑤ 임의계속가입자의 보수월액보험료의 부담·납부 : 임의계속가입자의 보수월액보험료는 그 임의계속가입자가 전액을 부담하고 납부한다.

⑥ 임의계속가입자가 보험료를 납부기한까지 내지 아니하는 경우 그 급여제한에 관하여는 제53조 제3항·제5항 및 제6항을 준용한다. 이 경우 "제69조 제5항에 따른 세대단위의 보험료"는 "제110조 제5항에 따른 보험료"로 본다.

⑦ 임의계속가입자의 신청 방법·절차 등에 필요한 사항은 보건복지부령으로 정한다.

건강보험 가입자의 자격취득시기 · 변동시기 · 상실시기의 비교〈국민건강보험법〉		
자격의 취득 시기〈법 제8조〉	자격의 변동 시기〈법 제9조 제1항〉	자격의 상실 시기〈법 제10조〉
㉠ 국내에 거주하게 된 날 ㉡ 수급권자이었던 사람은 그 대상자에서 제외된 날 ㉢ 직장가입자의 피부양자이었던 사람은 그 자격을 잃은 날 ㉣ 유공자등 의료보호대상자이었던 사람은 그 대상자에서 제외된 날 ㉤ 보험자에게 건강보험의 적용을 신청한 유공자등 의료보호대상자는 그 신청한 날	㉠ 지역가입자가 적용대상사업장의 사용자로 되거나, 근로자·공무원 또는 교직원(근로자등)으로 사용된 날 ㉡ 직장가입자가 다른 적용대상사업장의 사용자로 되거나 근로자등으로 사용된 날 ㉢ 직장가입자인 근로자등이 그 사용관계가 끝난 날의 다음 날 ㉣ 적용대상사업장에 제7조 제2호에 따른 사유가 발생한 날의 다음 날 ㉤ 지역가입자가 다른 세대로 전입한 날	㉠ 사망한 날의 다음 날 ㉡ 국적을 잃은 날의 다음 날 ㉢ 국내에 거주하지 아니하게 된 날의 다음 날 ㉣ 직장가입자의 피부양자가 된 날 ㉤ 수급권자가 된 날 ㉥ 건강보험을 적용받고 있던 사람이 유공자등 의료보호대상자가 되어 건강보험의 적용배제신청을 한 날

(1) 장기요양보험사업은 _____이 관장한다.

(2) 장기요양보험사업의 보험자는 노인장기요양보험법상 ___으로 한다.

(3) 장기요양보험가입자는 「국민건강보험법」 제5조 및 제109조에 따른 _____로 한다.

(4) 공단은 외국인근로자 등 대통령령으로 정하는 외국인이 신청하는 경우 _____으로 정하는 바에 따라 장기요양보험가입자에서 제외할 수 있다.

(5) 장기요양사업에 사용되는 비용에 충당하기 위하여 장기요양보험료는 ___이 징수한다.

(6) 공단은 장기요양보험료와 건강보험료를 고지할 때에는 ___하여 고지하여야 한다.

(7) 장기요양보험료는 「국민건강보험법」에 따른 건강보험료와 ___하여 징수한다.

(8) 통합 징수한 장기요양보험료와 건강보험료를 각각의 _____로 관리하여야 한다.

(9) 장기요양보험료의 산정
   ㉠ 장기요양보험료는 「국민건강보험법」에 따라 산정한 보험료액에서 경감 또는 면제되는 비용을 공제한 금액에 건강보험료율 대비 장기요양보험료율의 비율을 곱하여 산정한 금액으로 한다.
   ㉡ 장기요양보험료율은 _____의 심의를 거쳐 _____으로 정한다.
   ㉢ 장기요양보험의 특성을 고려하여 「국민건강보험법」에 따라 경감 또는 면제되는 비용을 달리 적용할 필요가 있는 경우에는 대통령령으로 정하는 바에 따라 경감 또는 면제되는 비용의 공제 수준을 달리 정할 수 있다.

(10) 공단은 장애인 또는 이와 유사한 자로서 대통령령으로 정하는 자가 장기요양보험가입자 또는 그 피부양자인 경우 수급자로 결정되지 못한 때 _____으로 정하는 바에 따라 장기요양보험료의 전부 또는 일부를 ___할 수 있다.

(11) 장기요양보험가입자는 직장가입자와 지역가입자로 구분하며, 모든 사업장의 근로자 및 사용자와 공무원 및 교직원은 _____가 된다.

(12) 장기요양보험가입자에서 제외되는 대상
   ㉠ 고용 기간이 1개월 미만인 일용근로자
   ㉡ 현역병(지원에 의하지 아니하고 임용된 하사 포함), 전환복무된 사람 및 _____
   ㉢ 선거에 당선되어 취임하는 _____으로서 매월 보수 또는 보수에 준하는 급료를 받지 아니하는 사람
   ㉣ 그 밖에 사업장의 특성, 고용 형태 및 사업의 종류 등을 고려하여 대통령령으로 정하는 사업장의 근로자 및 사용자와 공무원 및 교직원

(13) 장기요양보험료 납부의무가 있는 자는 장기요양가입자에 대한 그 달의 보험료를 그 다음 달 ___까지 납부하여야 한다.

(14) 공단은 납입 고지의 송달 지연 등 보건복지부령으로 정하는 사유가 있는 경우 납부의무자의 신청에 따라 납부기한부터 ____의 범위에서 납부기한을 연장할 수 있다.

(1) 보건복지부장관
(2) 공단
(3) 가입자
(4) 보건복지부령
(5) 공단
(6) 구분
(7) 통합
(8) 독립회계
(9) 장기요양위원회, 대통령령
(10) 대통령령, 감면
(11) 직장가입자
(12) 군간부후보생, 공무원
(13) 10일
(14) 1개월

출제예상문제

1 다음 중 장기요양보험에 대한 설명으로 옳은 것은?

① 장기요양보험가입자는 「국민건강보험법」에 따른 건강보험의 가입자로 한다.

② 장기요양보험사업은 공단이 관장한다.

③ 장기요양보험사업의 보험자는 보건복지부로 한다.

④ 외국인근로자가 건강보험의 가입자인 경우에는 장기요양보험가입자에서 제외할 수 없다.

> **TIP** ② 장기요양보험사업은 보건복지부장관이 관장한다〈「노인장기요양보험법」 제7조 제1항〉.
> ③ 장기요양보험사업의 보험자는 공단으로 한다〈「노인장기요양보험법」 제7조 제2항〉.
> ④ 공단은 「외국인근로자의 고용 등에 관한 법률」에 따른 외국인근로자 등 대통령령으로 정하는 외국인이 신청하는 경우 장기요양보험가입자에서 제외할 수 있다〈「노인장기요양보험법」 제7조 제4항〉.

2 노인장기요양보험법상 장기요양보험사업의 보험자는?

① 보건복지부   ② 국민건강보험공단

③ 건강보험심사평가원   ④ 노인장기요양기관

> **TIP** 장기요양보험사업의 보험자〈「노인장기요양보험법」 제7조 제2항〉 … 장기요양보험사업의 보험자는 공단으로 한다.

3 다음은 장기요양보험료의 징수에 대한 설명이다. 옳지 않은 것은?

① 장기요양사업에 사용되는 비용에 충당하기 위하여 장기요양보험료를 징수한다.

② 장기요양보험료와 건강보험료를 징수할 경우 통합하여 고지한다.

③ 통합 징수한 장기요양보험료와 건강보험료를 각각의 독립회계로 관리하여야 한다.

④ 건강보험료와 장기요양보험료는 통합하여 징수한다.

> **TIP** ② 장기요양보험료는 「국민건강보험법」에 따른 건강보험료와 통합하여 징수한다. 이 경우 공단은 장기요양보험료와 건강보험료를 구분하여 고지하여야 한다〈「노인장기요양보험법」 제8조 제2항〉.

4 다음 중 장기요양보험료의 징수 및 산정에 대한 설명으로 옳지 않은 것은?

① 장기요양보험료는 「국민건강보험법」에 따라 산정한 보험료액에서 경감 또는 면제되는 비용을 공제한 금액에 건강보험료율 대비 장기요양보험료율의 비율을 곱하여 산정한 금액으로 한다.
② 공단은 통합 징수한 장기요양보험료와 건강보험료를 각각의 독립회계로 관리하여야 한다.
③ 장기요양보험료는 「국민건강보험법」에 따라 경감 또는 면제되는 비용의 공제수준을 달리 정할 수 없다.
④ 장기요양보험료는 건강보험료와 통합하여 징수한다.

TIP ③ 장기요양보험의 특성을 고려하여 「국민건강보험법」 제74조 또는 제75조에 따라 경감 또는 면제되는 비용을 달리 적용할 필요가 있는 경우에는 대통령령으로 정하는 바에 따라 경감 또는 면제되는 비용의 공제 수준을 달리 정할 수 있다〈「노인장기요양보험법」 제9조 제3항〉.

5 노인장기요양보험법상 장기요양보험료율을 정하는 기준으로 옳은 설명은

① 대통령령
② 보건복지부령
③ 공단이사회의 의결
④ 장기요양위원회의 의결

TIP 장기요양보험료율〈「노인장기요양보험법」 제9조 제2항〉 … 장기요양보험료율은 장기요양위원회의 심의를 거쳐 대통령령으로 정한다.

6 노인장기요양보험법 제10조에서 (   )은 「장애인복지법」에 따른 장애인 또는 이와 유사한 자로서 대통령령으로 정하는 자가 장기요양보험가입자 또는 그 피부양자인 경우 수급자로 결정되지 못한 때 법에 따라 장기요양보험료의 전부 또는 일부를 감면할 수 있다. (   ) 안에 알맞은 것은?

① 국회 상임위원장
② 지방자치단체장
③ 복건복지부장관
④ 건강보험공단

TIP 장애인 등에 대한 장기요양보험료의 감면〈「노인장기요양보험법」 제10조〉 … 공단은 「장애인복지법」에 따른 장애인 또는 이와 유사한 자로서 대통령령으로 정하는 자가 장기요양보험가입자 또는 그 피부양자인 경우 수급자로 결정되지 못한 때 대통령령으로 정하는 바에 따라 장기요양보험료의 전부 또는 일부를 감면할 수 있다.

Answer 1.① 2.② 3.② 4.③ 5.① 6.④

본 문제부터는 국민건강보험법을 준용한 법조항으로, "보험료"는 "장기요양보험료"로, "건강보험"은 "장기요양보험"으로, "가입자'는 "장기요양보험가입자"로 본다.

7 다음 중 국민건강보험법상 건강보험의 가입자 또는 피부양자가 될 수 있는 사람은?

① 유공자등 의료보호대상자 중 건강보험의 적용을 보험자에게 신청한 사람

② 「의료급여법」에 따라 의료급여를 받는 사람

③ 「국가유공자 등 예우 및 지원에 관한 법률」에 따라 의료보호를 받는 사람

④ 「독립유공자예우에 관한 법률」에 따라 의료보호를 받는 사람

> **TIP** 적용 대상 등〈「국민건강보험법」 제5조 제1항〉… 국내에 거주하는 국민은 건강보험의 가입자 또는 피부양자가 된다. 다만, 다음의 어느 하나에 해당하는 사람은 제외한다.
> ㉠ 「의료급여법」에 따라 의료급여를 받는 사람(이하 "수급권자"라 한다)
> ㉡ 「독립유공자예우에 관한 법률」 및 「국가유공자 등 예우 및 지원에 관한 법률」에 따라 의료보호를 받는 사람(이하 "유공자등 의료보호대상자"라 한다). 다만, 다음의 어느 하나에 해당하는 사람은 가입자 또는 피부양자가 된다.
> • 유공자등 의료보호대상자 중 건강보험의 적용을 보험자에게 신청한 사람
> • 건강보험을 적용받고 있던 사람이 유공자등 의료보호대상자로 되었으나 건강보험의 적용배제신청을 보험자에게 하지 아니한 사람

8 다음 중 국민건강보험법상 피부양자에 될 수 없는 사람은?

① 직장가입자의 직계비속과 그 배우자

② 직장가입자의 형제와 자매

③ 직장가입자의 직계존속(배우자의 직계존속 포함)

④ 지장가입자의 방계혈족

> **TIP** 적용 대상 등〈「국민건강보험법」 제5조 제2항〉… 피부양자는 다음에 해당하는 사람 중 직장가입자에게 주로 생계를 의존하는 사람으로서 소득 및 재산이 보건복지부령으로 정하는 기준 이하에 해당하는 사람을 말한다.
> ㉠ 직장가입자의 배우자
> ㉡ 직장가입자의 직계존속(배우자의 직계존속을 포함한다)
> ㉢ 직장가입자의 직계비속(배우자의 직계비속을 포함한다)과 그 배우자
> ㉣ 직장가입자의 형제 · 자매

9 다음 중 국민건강보험법 제5조에 따른 가입자와 피부양자에 대한 설명으로 틀린 것은?

① 사업장의 근로자와 사용자, 공무원, 교직원은 직장가입자가 된다.

② 가입자는 직장가입자와 지역가입자로 구분한다.

③ 지역가입자는 직장가입자와 그 피부양자를 포함한 가입자를 말한다.

④ 국내에 거주하는 국민은 건강보험의 가입자 또는 피부양자가 된다.

TIP ③ 지역가입자는 직장가입자와 그 피부양자를 제외한 가입자를 말한다〈「국민건강보험법」 제6조 제3항〉.

10 다음 중 국민건강보험법 제6조에 따른 직장가입자가 아닌 사람은?

① 사업장의 근로자   ② 현역병

③ 교직원   ④ 사용자

TIP **직장가입자**〈「국민건강보험법」 제6조 제2항〉 … 모든 사업장의 근로자 및 사용자와 공무원 및 교직원은 직장가입자가 된다. 다만, 다음에 해당하는 사람은 제외한다.
㉠ 고용 기간이 1개월 미만인 일용근로자
㉡ 「병역법」에 따른 현역병(지원에 의하지 않고 임용된 하사 포함), 전환복무된 사람 및 군간부후보생
㉢ 선거에 당선되어 취임하는 공무원으로서 매월 보수 또는 보수에 준하는 급료를 받지 아니하는 사람
㉣ 그 밖에 사업장의 특성, 고용 형태 및 사업의 종류 등을 고려하여 대통령령으로 정하는 사업장의 근로자 및 사용자와 공무원 및 교직원

11 다음 중 국민건강보험법상 자격의 취득시기가 옳지 않은 것은?

① 직장가입자의 피부양자이었던 사람은 그 자격을 잃은 날

② 국내에 거주하기로 확정한 날

③ 유공자등 의료보호대상자이었던 사람은 그 대상자에서 제외된 날

④ 수급권자이었던 사람은 그 대상자에서 제외된 날

TIP ② 가입자는 국내에 거주하게 된 날에 직장가입자 또는 지역가입자의 자격을 얻는다〈「국민건강보험법」 제8조 제1항〉.

Answer 7.① 8.④ 9.③ 10.② 11.②

12 다음 중 자격 변동신고를 해야 하는 주체가 다른 하나는?

① 지역가입자가 적용대상사업장의 사용자로 된 경우

② 지역가입자가 공무원 또는 교직원으로 사용된 경우

③ 직장가입자가 다른 적용대상사업장의 사용자로 된 경우

④ 직장가입자인 근로자등이 그 사용관계가 끝난 경우

> **TIP** ①②③은 직장가입자의 사용자가 자격변동시고를 하여야 한다〈「국민건강보험법」 제9조 제2항 제1호〉.
> ④는 지역가입자의 세대주가 자격변동신고를 하여야 한다〈「국민건강보험법」 제9조 제2항 제2호〉.

13 국민건강보험법상 가입자의 자격 상실시기로 옳지 않은 것은?

① 국내에 거주하지 아니하게 된 날　　② 국적을 잃은 날의 다음 날

③ 직장가입자의 피부양자가 된 날　　④ 수급권자가 된 날

> **TIP** 자격의 상실 시기 등〈「국민건강보험법」 제10조 제1항〉 … 가입자는 다음의 어느 하나에 해당하게 된 날에 그 자격을 잃는다.
> ㉠ 사망한 날의 다음 날
> ㉡ 국적을 잃은 날의 다음 날
> ㉢ 국내에 거주하지 아니하게 된 날의 다음 날
> ㉣ 직장가입자의 피부양자가 된 날
> ㉤ 수급권자가 된 날
> ㉥ 건강보험을 적용받고 있던 사람이 유공자등 의료보호대상자가 되어 건강보험의 적용배제신청을 한 날

14 다음 중 지역가입자의 세대주였던 A가 직장가입자 B의 피부양자가 된 경우 며칠 내에 보험자에게 신고하여야 하는가?

① 7일　　　　　　　　　　　　② 10일

③ 14일　　　　　　　　　　　④ 20일

> **TIP** ③ 가입자가 직장가입자의 피부양자가 된 것은 자격 상실의 사유가 된다. 따라서 A는 그 명세를 보건복지부령으로 정하는 바에 따라 자격을 잃은 날부터 14일 이내에 보험자에게 신고하여야 한다〈「국민건강보험법」 제10조 제2항〉.

15 다음은 국민건강보험법상 보험료에 대한 설명이다. 옳지 않은 것은?

① 보험료는 건강보험사업에 드는 비용에 충당하기 위하여 보험료의 납부의무자로부터 징수한다.

② 보험료는 가입자의 자격을 취득한 날이 속하는 달의 다음 달부터 가입자의 자격을 잃은 날의 전날이 속하는 달까지 징수한다.

③ 가입자의 자격을 매월 1일에 취득한 경우에는 취득한 달의 다음 달 1일부터 징수한다.

④ 보험료를 징수할 때 가입자의 자격이 변동된 경우에는 변동된 날이 속하는 달의 보험료는 변동되기 전의 자격을 기준으로 징수한다.

TIP ③ 보험료는 가입자의 자격을 취득한 날이 속하는 달의 다음 달부터 가입자의 자격을 잃은 날의 전날이 속하는 달까지 징수한다. 다만, 가입자의 자격을 매월 1일에 취득한 경우에는 그 달부터 징수한다〈「국민건강보험법」 제69조 제2항〉.

16 다음 빈칸에 들어갈 내용을 순서대로 가장 바르게 나열된 것은?

제76조(보험료의 부담) ① 직장가입자의 보수월액보험료는 직장가입자와 다음 각 호의 구분에 따른 자가 각각 보험료액의 100분의 50씩 부담한다. 다만, 직장가입자가 교직원으로서 사립학교에 근무하는 교원이면 보험료액은 그 직장가입자가 100분의 (   )을, 제3조 제2호 다목에 해당하는 사용자가 100분의 (   )을, 국가가 100분의 (   )을 각각 부담한다.
1. 직장가입자가 근로자인 경우에는 제3조 제2호 가목에 해당하는 사업주
2. 직장가입자가 공무원인 경우에는 그 공무원이 소속되어 있는 국가 또는 지방자치단체
3. 직장가입자가 교직원(사립학교에 근무하는 교원은 제외)인 경우에는 제3조 제2호 다목에 해당하는 사용자

---

① 50, 30, 20

② 50, 20, 30

③ 40, 30, 30

④ 30, 40, 30

TIP 보험료의 부담〈「국민건강보험법」 제76조 제1항〉 … 직장가입자의 보수월액보험료는 직장가입자와 다음의 구분에 따른 자가 각각 보험료액의 100분의 50씩 부담한다. 다만, 직장가입자가 교직원으로서 사립학교에 근무하는 교원이면 보험료액은 그 직장가입자가 100분의 <u>50</u>을, 제3조 제2호 다목에 해당하는 사용자가 100분의 <u>30</u>을, 국가가 100분의 <u>20</u>을 각각 부담한다.
※ 국민건강보험법 제3조 제2호 다목 … 교직원이 소속되어 있는 사립학교를 설립·운영하는 자

Answer   12.④   13.①   14.③   15.③   16.①

17 다음은 보험료 납부의무에 대한 설명이다. 옳지 않은 것은?

① 직장가입자의 보수월액보험료는 직장가입자가 납부하고 보수 외 소득월액보험료는 사용자가 납부한다.

② 지역가입자의 보험료는 그 가입자가 속한 세대의 지역가입자 전원이 연대하여 납부한다.

③ 소득 및 재산이 없는 미성년자와 소득 및 재산 등을 고려하여 대통령령으로 정하는 기준에 해당하는 미성년자는 납부의무를 부담하지 아니한다.

④ 사용자는 보수월액보험료 중 직장가입자가 부담하여야 하는 그 달의 보험료액을 그 보수에서 공제하여 납부하여야 한다.

TIP ① 보수월액보험료는 사용자가 납부하고 보수 외 소득월액보험료는 직장가입자가 납부한다〈「국민건강보험법」 제77조 제1항〉.

18 다음 중 국민건강보험법상 보험료의 납부기한은? (단, 그 달의 보험료를 그 다음 달에 납부하는 것을 기준으로 함)

① 5일   ② 10일
③ 15일   ④ 25일

TIP 보험료 납부의무가 있는 자는 가입자에 대한 그 달의 보험료를 그 다음 달 10일까지 납부하여야 한다. 다만, 직장가입자의 보수 외 소득월액보험료 및 지역가입자의 보험료는 보건복지부령으로 정하는 바에 따라 분기별로 납부할 수 있다〈「국민건강보험법」 제78조 제항〉.

19 보험료 납부의무자는 납입고지의 송달지연 등 보건복지부령으로 정하는 사유가 있는 경우 납부기한을 신청의 의하여 연장할 수 있다. 납부기한을 연장할 수 있는 범위는?

① 15일   ② 21일
③ 1개월   ④ 2개월

TIP 공단은 납입 고지의 송달 지연 등 보건복지부령으로 정하는 사유가 있는 경우 납부의무자의 신청에 따라 납부기한부터 1개월의 범위에서 납부기한을 연장할 수 있다. 이 경우 납부기한 연장을 신청하는 방법, 절차 등에 필요한 사항은 보건복지부령으로 정한다〈「국민건강보험법」 제78조 제2항〉.

20 공단은 보험료등을 징수하려면 그 금액을 결정하여 납부의무자에게 문서로 납입고지를 하여야 한다. 다음 중 납입고지에 포함되어야 하는 사항으로 옳지 않은 것은?

① 징수하려는 보험료의 종류
② 납부해야 하는 금액
③ 납부기한 및 장소
④ 납부 가능 시간

TIP 보험료의 납입고지서에 포함되어야 할 사항〈「국민건강보험법」 제79조 제1항〉
　　㉠ 징수하려는 보험료등의 종류
　　㉡ 납부해야 하는 금액
　　㉢ 납부기한 및 장소

21 다음 중 신용카드로 보험료를 납부하는 것에 대한 설명으로 옳지 않은 것은?

① 보험료등납부대행기관의 지정 및 운영, 수수료 등에 필요한 사항은 보건복지부령으로 정한다.
② 신용카드등으로 보험료등을 납부하는 경우에는 보험료등납부대행기관의 승인일을 납부일로 본다.
③ 보험료등의 납부는 신용카드, 직불카드 등으로 납부할 수 있다.
④ 보험료등납부대행기관은 납부자로부터 보험료등의 납부를 대행하는 수수료를 받을 수 있다.

TIP ① 보험료등납부대행기관의 지정 및 운영, 수수료 등에 필요한 사항은 대통령령으로 정한다〈「국민건강보험법」 제79조의2 제4항〉.

22 다음 중 보험료등의 독촉 및 체납처분에 대한 설명으로 옳지 않은 것은?

① 독촉을 받은 자가 보험료등을 내지 아니하면 국세 체납처분의 예에 따라 이를 징수할 수 있다.
② 공단은 보험료등을 내야 하는 자가 보험료등을 내지 아니하면 기한을 정하여 독촉할 수 있다.
③ 공단은 체납처분을 하기 전에 보험료등의 체납내역 및 소액금융재산에 대한 압류금지 사실 등이 포함된 통보서를 발송하여야 한다.
④ 보험료등을 독촉할 때에는 30일 이내의 납부기한을 정하여 독촉장을 발부하여야 한다.

TIP ④ 공단은 보험료등을 내야 하는 자가 보험료등을 내지 않아 독촉할 때에는 10일 이상 15일 이내의 납부기한을 정하여 독촉장을 발부하여야 한다〈「국민건강보험법」 제81조 제2항〉.

Answer　17.① 18.② 19.③ 20.④ 21.① 22.④

23 다음은 국민건강보험법 제80조 제2항 체납된 보험료등의 연체금에 대한 설명이다. 빈칸에 들어갈 숫자를 모두 더한 값은?

> 공단은 보험료등의 납부의무자가 체납된 보험료등을 내지 아니하면 납부기한 후 (   )일이 지난 날부터 매 1일이 경과할 때마다 다음 각 호에 해당하는 연체금을 제1항에 따른 연체금에 더하여 징수한다.
> 1. 제69조에 따른 보험료 또는 제53조 제3항에 따른 보험급여 제한 기간 중 받은 보험급여에 대한 징수금을 체납한 경우 : 해당 체납금액의 (   )천분의 1에 해당하는 금액. 이 경우 연체금(제1항 제1호의 연체금을 포함한 금액을 말한다)은 해당 체납금액의 1천분의 50을 넘지 못한다.
> 2. 제1호 외에 이 법에 따른 징수금을 체납한 경우 : 해당 체납금액의 3천분의 1에 해당하는 금액. 이 경우 연체금(제1항 제2호의 연체금을 포함한 금액을 말한다)은 해당 체납금액의 1천분의 (   )을 넘지 못한다.

① 123

② 124

③ 125

④ 126

TIP 연체금〈「국민건강보험법」 제80조 제2항〉 … 공단은 보험료등의 납부의무자가 체납된 보험료등을 내지 아니하면 납부기한 후 30일이 지난날부터 매 1일이 경과할 때마다 다음에 해당하는 연체금을 연체금에 더하여 징수한다.
ⓒ 보험료 또는 보험급여 제한 기간 중 받은 보험급여에 대한 징수금을 체납한 경우 : 해당 체납금액의 6천분의 1에 해당하는 금액. 이 경우 연체금(제1항 제1호의 연체금을 포함한 금액을 말한다)은 해당 체납금액의 1천분의 50을 넘지 못한다.
ⓛ ⓒ 외에 이 법에 따른 징수금을 체납한 경우 : 해당 체납금액의 3천분의 1에 해당하는 금액. 이 경우 연체금(제1항 제2호의 연체금을 포함한 금액을 말한다)은 해당 체납금액의 1천분의 90을 넘지 못한다.
※ 30 + 6 + 90 = 126

24 다음 중 체납보험료의 분할납부를 신청할 수 있는 사람은?

① 보험료를 1회 이상 체납한 자

② 보험료를 3회 이상 체납한 자

③ 보험료를 5회 이상 체납한 자

④ 보험료를 7회 이상 체납한 자

TIP ② 공단은 보험료를 3회 이상 체납한 자가 신청하는 경우 분할납부를 승인할 수 있다〈「국민건강보험법」 제82조 제1항〉.

25 다음의 경우에 해당하는 요양기관의 부당이득 징수금을 압류하고자 할 때 승인을 받아야 하는 주체는?

> • 「의료법」 제33조 제2항 또는 「약사법」 제20조 제1항을 위반하였다는 사실로 기소된 경우
> • 요양기관 또는 요양기관을 개설한 자에게 강제집행, 국세 강제징수 등 대통령령으로 정하는 사유가 있어 그 재산을 압류할 필요가 있는 경우

① 관할 검찰청
② 관할 법원
③ 보건복지부장관
④ 지방자치단체의 장

TIP 공단은 보험급여 비용을 받은 요양기관이 「의료법」 또는 「약사법」을 위반하였다는 사실로 기소된 경우와 요양기관 또는 요양기관을 개설한 자에게 강제집행, 국세 강제징수 등 대통령령으로 정하는 사유가 있어 그 재산을 압류할 필요가 있는 경우에는 징수금의 한도에서 해당 요양기관 또는 그 요양기관을 개설한 자의 재산을 보건복지부장관의 승인을 받아 압류할 수 있다〈「국민건강보험법」 제81조의2 제1항〉.

26 국민건강보험법 제83조(고액·상습체납자의 인적사항 공개) 제1항을 설명한 것이다. 다음 설명 중 가장 바르지 못한 것은?

① 납부기한의 다음 날부터 6개월이 경과한 보험료, 연체금과 체납처분비의 총액이 5백만 원 이상인 체납자가 납부능력이 있음에도 불구하고 체납한 경우 그 인적사항·체납액 등을 공개할 수 있다.
② 체납자의 인적사항등에 대한 공개 여부를 심의하기 위하여 공단에 보험료정보공개심의위원회를 둔다.
③ 체납자 인적사항등의 공개는 관보에 게재하거나 공단 인터넷 홈페이지에 게시하는 방법에 따른다.
④ 체납자 인적사항등의 공개와 관련한 납부능력의 기준, 공개절차 및 위원회의 구성·운영 등에 필요한 사항은 대통령령으로 정한다.

TIP ① 공단은 국민건강보험법에 따른 납부기한의 다음 날부터 1년이 경과한 보험료, 연체금과 체납처분비(결손처분한 보험료, 연체금과 체납처분비로서 징수권 소멸시효가 완성되지 아니한 것을 포함한다)의 총액이 1천만 원 이상인 체납자가 납부능력이 있음에도 불구하고 체납한 경우 그 인적사항·체납액 등을 공개할 수 있다. 다만, 체납된 보험료, 연체금과 체납처분비와 관련하여 이의신청, 심판청구가 제기되거나 행정소송이 계류 중인 경우 또는 그 밖에 체납된 금액의 일부 납부 등 대통령령으로 정하는 사유가 있는 경우에는 그러하지 아니하다〈「국민건강보험법」 제83조 제1항〉.

Answer 23.④ 24.② 25.③ 26.①

27 다음 중 재정운영위원회의 의결을 받아 보험료등을 결손처분할 수 있는 사유로 옳지 않은 것은?

① 체납처분이 끝나고 체납액에 충당될 배분금액이 그 체납액에 미치지 못하는 경우

② 해당 권리에 대한 소멸시효가 완성된 경우

③ 압류할 수 있는 다른 재산이 있는 경우

④ 징수할 가능성이 없다고 인정되는 경우로서 대통령령으로 정하는 경우

> **TIP** 재정운영위원회의 의결을 받아 보험료등을 결손처분할 수 있는 경우〈「국민건강보험법」 제84조〉
> ㉠ 체납처분이 끝나고 체납액에 충당될 배분금액이 그 체납액에 미치지 못하는 경우
> ㉡ 해당 권리에 대한 소멸시효가 완성된 경우
> ㉢ 그 밖에 징수할 가능성이 없다고 인정되는 경우로서 대통령령으로 정하는 경우

28 국민건강보험법상 보험료등의 충당과 환급에 있어서 과오납금에 대한 이자를 가산해야 하는 기준을 정하고 있는 법률은?

① 공단의 정관   ② 심의위원회의 의결
③ 보건복지부령   ④ 대통령령

> **TIP** 보험료등의 충당과 환급〈「국민건강보험법」 제86조〉
> ㉠ 공단은 납부의무자가 보험료등·연체금 또는 체납처분비로 낸 금액 중 과오납부한 금액이 있으면 대통령령으로 정하는 바에 따라 그 과오납금을 보험료등·연체금 또는 체납처분비에 우선 충당하여야 한다.
> ㉡ 공단은 충당하고 남은 금액이 있는 경우 대통령령으로 정하는 바에 따라 납부의무자에게 환급하여야 한다.
> ㉢ 과오납금에 대통령령으로 정하는 이자를 가산하여야 한다.

29 다음 중 외국인 등에 대한 특례에 대한 설명으로 옳지 않은 것은?

① 국내체류 외국인등은 지역가입자만 될 수 있다.

② 정부는 외국정부가 사용자인 사업장 근로자의 건강보험에 관하여는 합의에 따라 따로 정할 수 있다.

③ 국내체류 외국인등이 피부양자 자격의 인정 기준에 해당할 경우 피부양자가 될 수 있다.

④ 지역가입자인 국내체류 외국인등이 보험료를 대통령령으로 정하는 기간 이상 체납한 경우에는 체납일부터 체납한 보험료를 완납할 때까지 보험급여를 하지 아니한다.

> **TIP** ① 국내체류 외국인등도 직장가입자와 지역가입자로 구분한다〈「국민건강보험법」 제109조〉.

30 다음 중 외국인이 피부양자가 될 수 없는 경우는?

① 직장가입자와의 관계가 직장가입자의 형제·자매인 경우

② 피부양자 자격의 인정기준에 해당하는 경우

③ 국내체류가 법률에 위반되는 경우로서 대통령령으로 정하는 사유가 있는 경우

④ 직장가입자의 관계가 직장가입자의 직계존속인 경우

> **TIP** ③은 가입자 및 피부양자가 될 수 없다〈「국민건강보험법」 제109조 제5항 제1호〉.
>
> ※ 제109조(외국인 등에 대한 특례) 제2항 각 호의 어느 하나에 해당하는 국내체류 외국인등이 공단에 신청하면 피부양자가 될 수 있는 경우〈「국민건강보험법」 제109조 제4항〉.
> ㉠ 직장가입자와의 관계가 제5조 제2항 각 호의 어느 하나에 해당할 것
> ㉡ 피부양자 자격의 인정 기준에 해당할 것
> ㉢ 국내 거주기간 또는 거주사유가 제3항 제1호에 따른 기준에 해당할 것. 다만, 직장가입자의 배우자 및 19세 미만 자녀(배우자의 자녀를 포함한다)에 대해서는 그러하지 아니하다.
> > ※ 제5조 제2항 … 피부양자는 다음의 어느 하나에 해당하는 사람 중 직장가입자에게 주로 생계를 의존하는 사람으로서 소득 및 재산이 보건복지부령으로 정하는 기준 이하에 해당하는 사람을 말한다.
> > ㉠ 직장가입자의 배우자
> > ㉡ 직장가입자의 직계존속(배우자의 직계존속을 포함한다)
> > ㉢ 직장가입자의 직계비속(배우자의 직계비속을 포함한다)과 그 배우자
> > ㉣ 직장가입자의 형제·자매

31 다음은 국민건강보험법 제110조 실업자의 특례에 대한 설명이다. 빈칸에 알맞은 것은?

> 사용관계가 끝난 사람 중 직장가입자로서의 자격을 유지한 기간이 보건복지부령으로 정하는 기간 동안 통산 (   ) 이상인 사람은 지역가입자가 된 이후 최초로 제79조에 따라 지역가입자 보험료를 고지받은 날부터 그 납부기한에서 (   )이 지나기 이전까지 공단에 직장가입자로서의 자격을 유지할 것을 신청할 수 있다.

① 6개월, 2개월

② 9개월, 3개월

③ 1년, 2개월

④ 2년, 6개월

> **TIP** 사용관계가 끝난 사람 중 직장가입자로서의 자격을 유지한 기간이 보건복지부령으로 정하는 기간 동안 통산 <u>1년</u> 이상인 사람은 지역가입자가 된 이후 최초로 지역가입자 보험료를 고지받은 날부터 그 납부기한에서 <u>2개월</u>이 지나기 이전까지 공단에 직장가입자로서의 자격을 유지할 것을 신청할 수 있다〈「국민건강보험법」 제110조 제1항〉.

Answer 27.③ 28.④ 29.① 30.③ 31.③

Chapter 03 장기요양인정

1 장기요양인정의 신청자격〈제12조〉

장기요양인정을 신청할 수 있는 자는 노인등으로서 다음의 어느 하나에 해당하는 자격을 갖추어야 한다.
① 장기요양보험가입자 또는 그 피부양자
② 「의료급여법」 제3조 제1항에 따른 수급권자(이하 "의료급여수급권자"라 한다)

> **조문참고**
>
> **의료급여법 제3조(수급권자)**
>
> ① 이 법에 따른 수급권자는 다음 각 호와 같다.
>   1. 「국민기초생활 보장법」에 따른 의료급여 수급자
>   2. 「재해구호법」에 따른 이재민으로서 보건복지부장관이 의료급여가 필요하다고 인정한 사람
>   3. 「의사상자 등 예우 및 지원에 관한 법률」에 따라 의료급여를 받는 사람
>   4. 「국내입양에 관한 특별법」에 따라 입양된 18세 미만의 아동
>   5. 「독립유공자예우에 관한 법률」, 「국가유공자 등 예우 및 지원에 관한 법률」 및 「보훈보상대상자 지원에 관한 법률」의 적용을 받고 있는 사람과 그 가족으로서 국가보훈부장관이 의료급여가 필요하다고 추천한 사람 중에서 보건복지부장관이 의료급여가 필요하다고 인정한 사람
>   6. 「무형유산의 보전 및 진흥에 관한 법률」에 따라 지정된 국가무형유산의 보유자(명예보유자를 포함한다)와 그 가족으로서 국가유산청장이 의료급여가 필요하다고 추천한 사람 중에서 보건복지부장관이 의료급여가 필요하다고 인정한 사람
>   7. 「북한이탈주민의 보호 및 정착지원에 관한 법률」의 적용을 받고 있는 사람과 그 가족으로서 보건복지부장관이 의료급여가 필요하다고 인정한 사람
>   8. 「5·18민주화운동 관련자 보상 등에 관한 법률」 제8조에 따라 보상금등을 받은 사람과 그 가족으로서 보건복지부장관이 의료급여가 필요하다고 인정한 사람
>   9. 「노숙인 등의 복지 및 자립지원에 관한 법률」에 따른 노숙인 등으로서 보건복지부장관이 의료급여가 필요하다고 인정한 사람
>   10. 그 밖에 생활유지 능력이 없거나 생활이 어려운 사람으로서 대통령령으로 정하는 사람

2 장기요양인정의 신청〈제13조〉

① 장기요양인정 신청
  ㉠ 소견서 제출 : 장기요양인정을 신청하는 자(이하 "신청인"이라 한다)는 공단에 보건복지부령으로 정하는 바에 따라 장기요양인정신청서(이하 "신청서"라 한다)에 의사 또는 한의사가 발급하는 소견서(이하 "의사소견서"라 한다)를 첨부하여 제출하여야 한다.

ⓛ **제출시기**: 의사소견서는 공단이 등급판정위원회에 자료를 제출하기 전까지 제출할 수 있다.

② **거동이 불편한 자 등**: 거동이 현저하게 불편하거나 도서·벽지 지역에 거주하여 의료기관을 방문하기 어려운 자 등 대통령령으로 정하는 자는 의사소견서를 제출하지 아니할 수 있다.

③ **의사소견서**: 의사소견서의 발급비용·비용부담방법·발급자의 범위, 그 밖에 필요한 사항은 보건복지부령으로 정한다.

3 장기요양인정 신청의 조사〈제14조〉

① **신청사항의 조사**
  ㉠ 공단은 신청서를 접수한 때 보건복지부령으로 정하는 바에 따라 소속 직원으로 하여금 다음 사항을 조사하게 하여야 한다.
   • 신청인의 심신상태
   • 신청인에게 필요한 장기요양급여의 종류 및 내용
   • 그 밖에 장기요양에 관하여 필요한 사항으로서 보건복지부령으로 정하는 사항
  ㉡ 지리적 사정 등으로 직접 조사하기 어려운 경우 또는 조사에 필요하다고 인정하는 경우 특별자치시·특별자치도·시·군·구(자치구를 말한다)에 대하여 조사를 의뢰하거나 공동으로 조사할 것을 요청할 수 있다.

② **조사인원**: 공단은 신청사항을 조사하는 경우 2명 이상의 소속직원이 조사할 수 있도록 노력하여야 한다.

③ **조사 관련 통보**: 신청사항 조사를 하는 자는 조사일시, 장소 및 조사를 담당하는 자의 인적사항 등을 미리 신청인에게 통보하여야 한다.

④ **조사결과서 작성 및 송부**: 공단 또는 조사를 의뢰받은 특별자치시·특별자치도·시·군·구는 조사를 완료한 때 조사결과서를 작성하여야 한다. 조사를 의뢰받은 특별자치시·특별자치도·시·군·구는 지체 없이 공단에 조사결과서를 송부하여야 한다.

4 등급판정 등〈제15조〉

① **자료 제출**: 공단은 조사가 완료된 때 조사결과서, 신청서, 의사소견서, 그 밖에 심의에 필요한 자료를 등급판정위원회에 제출하여야 한다.

② **수급자 판정**: 등급판정위원회는 신청인이 신청자격요건을 충족하고 6개월 이상 동안 혼자서 일상생활을 수행하기 어렵다고 인정하는 경우 심신상태 및 장기요양이 필요한 정도 등 대통령령으로 정하는 등급판정기준에 따라 수급자로 판정한다.

③ **의견 수렴** : 등급판정위원회는 심의·판정을 하는 때 신청인과 그 가족, 의사소견서를 발급한 의사 등 관계인의 의견을 들을 수 있다.

④ **결과 제출** : 공단은 장기요양급여를 받고 있거나 받을 수 있는 자가 다음 어느 하나에 해당하는 것으로 의심되는 경우에는 신청 사항을 조사하여 그 결과를 등급판정위원회에 제출하여야 한다.
　　㉠ 거짓이나 그 밖의 부정한 방법으로 장기요양인정을 받은 경우
　　㉡ 고의로 사고를 발생하도록 하거나 본인의 위법행위에 기인하여 장기요양인정을 받은 경우

⑤ **수급자 등급조정 및 수급여부 판정** : 등급판정위원회는 제출된 조사 결과를 토대로 다시 수급자 등급을 조정하고 수급자 여부를 판정할 수 있다.

5 　장기요양등급판정기간〈제16조〉

① **장기요양등급판정 완료**
　　㉠ 등급판정위원회는 신청인이 신청서를 제출한 날부터 30일 이내에 장기요양등급판정을 완료하여야 한다.
　　㉡ 신청인에 대한 정밀조사가 필요한 경우 등 기간 이내에 등급판정을 완료할 수 없는 부득이한 사유가 있는 경우 30일 이내의 범위에서 이를 연장할 수 있다.

② **등급판정기간 연장** : 공단은 등급판정위원회가 장기요양인정심의 및 등급판정기간을 연장하고자 하는 경우 신청인 및 대리인에게 그 내용·사유 및 기간을 통보하여야 한다.

6 　장기요양인정서〈제17조〉

① **장기요양인정서 작성 및 송부** : 공단은 등급판정위원회가 장기요양인정 및 등급판정의 심의를 완료한 경우 지체 없이 다음의 사항이 포함된 장기요양인정서를 작성하여 수급자에게 송부하여야 한다.
　　㉠ 장기요양등급
　　㉡ 장기요양급여의 종류 및 내용
　　㉢ 그 밖에 장기요양급여에 관한 사항으로서 보건복지부령으로 정하는 사항

② **수급자 판정 받지 못한 사유 통보**
　　㉠ 공단은 등급판정위원회가 장기요양인정 및 등급판정의 심의를 완료한 경우 수급자로 판정받지 못한 신청인에게 그 내용 및 사유를 통보하여야 한다.

ⓛ 이 경우 특별자치시장·특별자치도지사·시장·군수·구청장(자치구의 구청장을 말한다. 이하 같다)은 공단에 대하여 이를 통보하도록 요청할 수 있고, 요청을 받은 공단은 이에 응하여야 한다.

③ **이용계획서 작성** : 공단은 장기요양인정서를 송부하는 때 장기요양급여를 원활히 이용할 수 있도록 월 한도액 범위 안에서 개인별장기요양이용계획서를 작성하여 이를 함께 송부하여야 한다.

④ **이용계획서 작성방법** : 장기요양인정서 및 개인별장기요양이용계획서의 작성방법에 관하여 필요한 사항은 보건복지부령으로 정한다.

7 장기요양인정서를 작성할 경우 고려사항〈제18조〉

공단은 장기요양인정서를 작성할 경우 장기요양급여의 종류 및 내용을 정하는 때 다음 사항을 고려하여 정하여야 한다.
① 수급자의 장기요양등급 및 생활환경
② 수급자와 그 가족의 욕구 및 선택
③ 시설급여를 제공하는 경우 장기요양기관이 운영하는 시설 현황

8 장기요양인정의 유효기간〈제19조〉

① **장기요양인정 유효기간** : 장기요양인정의 유효기간은 최소 1년 이상으로서 대통령령으로 정한다.

② **유효기간 산정방법** : 유효기간의 산정방법과 그 밖에 필요한 사항은 보건복지부령으로 정한다.

9 장기요양인정의 갱신〈제20조〉

① **갱신 신청** : 수급자는 장기요양인정의 유효기간이 만료된 후 장기요양급여를 계속하여 받고자 하는 경우 공단에 장기요양인정의 갱신을 신청하여야 한다.

② **신청유효기간** : 장기요양인정의 갱신 신청은 유효기간이 만료되기 전 30일까지 이를 완료하여야 한다.

③ **갱신절차 준용** : 장기요양인정의 신청자격, 장기요양인정의 신청, 장기요양인정 신청의 조사, 등급판정 등, 장기요양등급판정기간, 장기요양인정서, 장기요양인정서를 작성할 경우 고려사항, 장기요양인정의 유효기간의 규정은 장기요양인정의 갱신절차에 관하여 준용한다.

10 장기요양등급 등의 변경〈제21조〉

① **변경신청** : 장기요양급여를 받고 있는 수급자는 장기요양등급, 장기요양급여의 종류 또는 내용을 변경하여 장기요양급여를 받고자 하는 경우 공단에 변경신청을 하여야 한다.

② **변경절차 준용규정** : 장기요양인정의 신청자격, 장기요양인정의 신청, 장기요양인정 신청의 조사, 등급판정 등, 장기요양등급판정기간, 장기요양인정서, 장기요양인정서를 작성할 경우 고려사항, 장기요양인정의 유효기간의 규정은 장기요양등급의 변경절차에 관하여 준용한다.

11 장기요양인정 신청 등에 대한 대리〈제22조〉

① **이해관계인이 대리** : 장기요양급여를 받고자 하는 자 또는 수급자가 신체적·정신적인 사유로 이 법에 따른 장기요양인정의 신청, 장기요양인정의 갱신신청 또는 장기요양등급의 변경신청 등을 직접 수행할 수 없을 때 본인의 가족이나 친족, 그 밖의 이해관계인은 이를 대리할 수 있다.

② **동의 후 신청 대리** : 다음에 해당하는 사람은 관할 지역 안에 거주하는 사람 중 장기요양급여를 받고자 하는 사람 또는 수급자가 장기요양인정신청 등을 직접 수행할 수 없을 때 본인 또는 가족의 동의를 받아 그 신청을 대리할 수 있다:
ㄱ 사회복지전담공무원
ㄴ 치매안심센터의 장(장기요양급여를 받고자 하는 사람 또는 수급자가 치매환자인 경우로 한정)

③ **자치단체장 신청 대리** : 장기요양급여를 받고자 하는 자 또는 수급자가 장기요양인정신청 등을 할 수 없는 경우 특별자치시장·특별자치도지사·시장·군수·구청장이 지정하는 자는 이를 대리할 수 있다.

④ **신청방법 및 절차** : 장기요양인정신청 등의 방법 및 절차 등에 관하여 필요한 사항은 보건복지부령으로 정한다.

암기요약 ··· 핵심조문 빈칸 채우기

(1) 장기요양인정을 신청할 수 있는 자는 노인등으로서 다음의 어느 하나에 해당하는 자격을 갖추어야 한다.
   ㉠ 장기요양보험가입자 또는 그 _____
   ㉡ _____

(2) 장기요양인정을 신청하는 자는 공단에 보건복지부령으로 정하는 바에 따라 장기요양인정신청서에 의사 또는 한의사가 발급하는 의사소견서를 첨부하여 제출하여야 한다. 다만, 의사소견서는 공단이 _____에 자료를 제출하기 전까지 제출할 수 있다.

(3) 장기요양인정을 신청하는 자가 거동이 현저하게 불편하거나 _____ 지역에 거주하여 의료기관을 방문하기 어려운 자 등 대통령령으로 정하는 자는 의사소견서를 제출하지 아니할 수 있다.

(4) 공단은 신청서를 접수한 때에는 소속 직원으로 하여금 다음의 사항을 조사하게 하여야 한다.
   ㉠ 신청인의 _____
   ㉠ 신청인에게 필요한 장기요양급여의 종류 및 내용
   ㉢ 그 밖에 장기요양에 관하여 필요한 사항으로서 _____으로 정하는 사항

(5) 공단은 장기요양인정 신청사항을 조사하는 경우 ___ 이상의 소속 직원이 조사할 수 있도록 노력하여야 하며, 조사를 하는 자는 조사일시, 장소 및 조사를 담당하는 자의 인적사항 등을 미리 신청인에게 통보하여야 한다

(6) 공단은 장기요양인정 신청의 조사가 완료된 때 조사결과서, 신청서, _____, 그 밖에 심의에 필요한 자료를 등급판정위원회에 제출하여야 한다.

(7) 등급판정위원회는 신청인이 신청자격요건을 충족하고 ____ 이상 동안 혼자서 일상생활을 수행하기 어렵다고 인정하는 경우 심신상태 및 장기요양이 필요한 정도 등 대통령령으로 정하는 _____에 따라 수급자로 판정한다.

(8) 등급판정위원회는 제출된 조사 결과를 토대로 다시 수급자 ___을 ___하고 수급자 여부를 판정할 수 있다.

(9) 등급판정위원회는 신청인이 신청서를 제출한 날부터 ____ 이내에 장기요양등급판정을 완료하여야 한다.

(10) 공단은 등급판정위원회가 장기요양인정 및 등급판정의 심의를 완료한 경우 지체 없이 _____를 작성하여 수급자에게 송부하여야 한다.

(11) 장기요양인정의 유효기간은 최소 ___ 이상으로서 _____으로 정한다.

(12) 장기요양인정의 유효기간이 만료된 후 장기요양급여를 계속하여 받고자 하는 경우____에 장기요양인정의 갱신을 신청하여야 한다. 장기요양인정의 갱신 신청은 유효기간이 만료되기 전 ____까지 이를 완료하여야 한다.

(13) 장기요양급여를 받고자 하는 자 또는 수급자가 신체적·정신적인 사유로 노인장기요양보험법에 따른 장기요양인정의 신청, 장기요양인정의 갱신신청 또는 장기요양등급의 변경신청 등을 직접 수행할 수 없을 때 본인의 가족이나 ___, 그 밖의 _____은 이를 대리할 수 있다.

정답 및 해설

(1) 피부양자, 의료급여수급권자
(2) 등급판정위원회
(3) 도서·벽지
(4) 심신상태, 보건복지부령
(5) 2명
(6) 의사소견서
(7) 6개월, 등급판정기준
(8) 등급, 조정
(9) 30일
(10) 장기요양인정서
(11) 1년, 대통령령
(12) 공단, 30일
(13) 친족, 이해관계인

출제예상문제

1 노인장기요양보험법상 노인등으로 장기요양인정을 신청할 수 없는 사람은?

① 장기요양보험가입자 ② 건강보험가입자의 동거인
③ 의료급여수급권자 ④ 장기요양보험가입자의 피부양자

TIP 장기요양인정의 신청자격〈「노인장기요양보험법」 제12조〉 … 장기요양인정을 신청할 수 있는 자는 노인등으로서
다음의 어느 하나에 해당하는 자격을 갖추어야 한다.
㉠ 장기요양보험가입자 또는 그 피부양자
㉡ 의료급여수급권자

2 다음은 장기요양인정의 신청에 대하여 설명한 것이다. 옳지 않은 것은?

① 장기요양인정을 신청하는 자는 장기요양인정신청서에 의사소견서를 첨부하여 제출하여야 한다.
② 의사소견서는 공단이 등급판정위원회에 자료를 제출하기 전까지 제출할 수 있다.
③ 거동이 현저하게 불편하거나 도서 · 벽지 지역에 거주하여 의료기관을 방문하기 어려운 자는 우편
을 통하여 의사소견서를 제출하여야 한다.
④ 의사소견서의 발급비용 · 비용부담방법 · 발급자의 범위 등에 관한 보건복지부령으로 정한다.

TIP ③ 거동이 현저하게 불편하거나 도서 · 벽지 지역에 거주하여 의료기관을 방문하기 어려운 자 등 대통령령으
로 정하는 자는 의사소견서를 제출하지 아니할 수 있다〈「노인장기요양보험법」 제13조 제2항〉.

3 장기요양인정신청서를 제출해야 하는 기관은?

① 보건복지부 ② 관할 시 · 군 · 구청
③ 관할 사회복지센터 ④ 공단

TIP 장기요양인정을 신청하는 자는 공단에 보건복지부령으로 정하는 바에 따라 장기요양인정신청서에 의사소견서
를 첨부하여 제출하여야 한다〈「노인장기요양보험법」 제13조 제1항〉.

4 다음 중 장기요양인정신청의 조사에 대한 설명으로 옳지 않은 것은?

① 공단은 신청서를 접수한 때 보건복지부령으로 정하는 바에 따라 소속 직원으로 하여금 법이 정한 사항을 조사하게 하여야 한다.

② 공단은 지리적 사정 등으로 직접 조사하기 어려운 경우 또는 조사에 필요하다고 인정하는 경우 특별자치시·특별자치도·시·군·구 등 자치구에 대하여 조사를 의뢰할 수 있다.

③ 장기요양인정신청을 조사하는 자는 조사일시, 장소 및 조사신청 자의 인적사항 등을 미리 공단에 알린 후 후 조사하여야 한다.

④ 조사를 의뢰받은 특별자치시·특별자치도·시·군·구는 지체 없이 공단에 조사결과서를 송부하여야 한다.

TIP ③ 조사를 하는 자는 조사일시, 장소 및 조사를 담당하는 자의 인적사항 등을 미리 신청인에게 통보하여야 한다〈「노인장기요양보험법」 제14조 제3항〉.

5 공단이 장기요양인정의 신청서를 접수한 때 소속직원이 조사하여야 할 사항으로 옳지 않은 것은?

① 신청인의 심신상태   ② 신청인에게 필요한 장기요양급여의 종류

③ 신청인에게 필요한 장기요양급여의 내용   ④ 신청인의 건강보험가입 여부

TIP 장기요양인정 신청 시 소속직원이 조사해야 할 사항〈「노인장기요양보험법」 제14조 제1항〉
ㄱ 신청인의 심신상태
ㄴ 신청인에게 필요한 장기요양급여의 종류 및 내용
ㄷ 그 밖에 장기요양에 관하여 필요한 사항으로서 보건복지부령으로 정하는 사항

6 공단은 장기요양인정 신청서조사를 할 경우 최소한의 조사인원은 몇 명이어야 하는가?

① 1명   ② 2명

③ 3명   ④ 5명

TIP 공단은 장기요양인정 신청의 조사를 할 경우 2명 이상의 소속 직원이 조사할 수 있도록 노력하여야 한다〈「노인장기요양보험법」 제14조 제2항〉.

Answer   1.②   2.③   3.④   4.③   5.④   6.②

7 노인장기요양보험법 제15조 등급판정 등에 대한 법조항이다. 다음 중 가장 바르지 않게 설명하고 있는 것을 고르면?

① 공단은 장기요양인정의 신청조사가 완료된 때 심의에 필요한 자료를 등급판정위원회에 제출하여야 한다.

② 등급판정위원회는 심의·판정을 하는 때 신청인과 그 가족, 의사소견서를 발급한 의사 등 관계인의 의견을 들을 수 있다.

③ 등급판정위원회는 제출된 조사결과를 토대로 다시 수급자등급을 조정하고 수급자여부를 판정할 수 있다.

④ 공단은 장기요양급여를 받고 있는 자가 부정한 방법으로 장기요양인정을 받은 경우 즉시 장기요양급여를 중단하고 등급판정위원회에 조사를 의뢰하여야 한다.

TIP 등급판정 등〈「노인장기요양보험법」제15조 제4항〉… 공단은 장기요양급여를 받고 있거나 받을 수 있는 자가 다음 어느 하나에 해당하는 것으로 의심되는 경우에는 장기요양인정 신청사항을 조사하여 그 결과를 등급판정위원회에 제출하여야 한다.
ⓐ 거짓이나 그 밖의 부정한 방법으로 장기요양인정을 받은 경우
ⓑ 고의로 사고를 발생하도록 하거나 본인의 위법행위에 기인하여 장기요양인정을 받은 경우

8 다음 ( ) 안에 알맞은 기간은?

> 노인장기요양보험법 제15조 제2항 등급판정위원회는 신청인이 장기요양인정의 신청자격요건을 충족하고 ( ) 이상 동안 혼자서 일상생활을 수행하기 어렵다고 인정하는 경우 심신상태 및 장기요양이 필요한 정도 등 대통령령으로 정하는 등급판정기준에 따라 수급자로 판정한다.

① 3개월 　　　　　　　　　　　② 6개월
③ 9개월 　　　　　　　　　　　④ 12개월

TIP 등급판정 등〈「노인장기요양보험법」제15조 제2항〉… 등급판정위원회는 신청인이 장기요양인정의 신청자격 요건을 충족하고 6개월 이상 동안 혼자서 일상생활을 수행하기 어렵다고 인정하는 경우 심신상태 및 장기요양이 필요한 정도 등 대통령령으로 정하는 등급판정기준에 따라 수급자로 판정한다.
※ 등급판정위원회는 심의·판정을 하는 때 신청인과 그 가족, 의사소견서를 발급한 의사 등 관계인의 의견을 들을 수 있다〈「노인장기요양보험법」제15조 제3항〉.

9 다음 중 장기요양인정의 신청의 조사가 완료된 때 등급판정위원회에 제출하여야 서류가 아닌 것은?

① 신청서   ② 의사소견서

③ 조사결과서   ④ 보험가입증명서

TIP 공단은 장기요양인정 신청의 조사가 완료된 때 조사결과서, 신청서, 의사소견서, 그 밖에 심의에 필요한 자료를 등급판정위원회에 제출하여야 한다〈「노인장기요양보험법」 제15조 제1항〉.

10 다음 중 장기요양등급판정기간에 대한 설명으로 옳지 않은 것은?

① 등급판정위원회는 신청서를 제출받은 날부터 15일 이내에 장기요양등급판정을 완료하여야 한다.

② 신청인에 대한 정밀조사가 필요한 경우에는 장기요양등급판정을 연장할 수 있다.

③ 등급판정위원회가 장기요양인정심의를 연장하고자 할 경우에는 신청인 및 대리인에게 그 내용·사유 및 기간을 통보하여야 한다.

④ 장기요양인정심의 및 등급판정기간을 연장에 관한 통보는 공단이 하여야 한다.

TIP ① 등급판정위원회는 신청인이 신청서를 제출한 날부터 30일 이내에 장기요양등급판정을 완료하여야 한다〈「노인장기요양보험법」 제16조 제1항〉.

11 다음 ( ) 안에 들어갈 알맞은 기간은?

> 등급판정위원회는 신청인이 신청서를 제출한 날부터 (㉠) 이내에 장기요양등급판정을 완료하여야 한다. 다만, 신청인에 대한 정밀조사가 필요한 경우 등 기간 이내에 등급판정을 완료할 수 없는 부득이한 사유가 있는 경우 (㉡) 이내의 범위에서 이를 연장할 수 있다.

① ㉠ 15일 – ㉡ 30일   ② ㉠ 15일 – ㉡ 45일

③ ㉠ 15일 – ㉡ 15일   ④ ㉠ 30일 – ㉡ 30일

TIP 등급판정위원회는 신청인이 신청서를 제출한 날부터 <u>30일</u> 이내에 장기요양등급판정을 완료하여야 한다. 다만, 신청인에 대한 정밀조사가 필요한 경우 등 기간 이내에 등급판정을 완료할 수 없는 부득이한 사유가 있는 경우 <u>30일</u> 이내의 범위에서 이를 연장할 수 있다〈「노인장기요양보험법」 제16조 제1항〉.

Answer   7.④   8.②   9.④   10.①   11.④

12 다음 중 장기요양인정서에 대한 설명으로 옳지 않은 것은?

① 특별자치시장·특별자치도지사·시장·군수·구청장은 공단에 대하여 수급자로 판정받지 못한 신청인에게 그 내용 및 사유를 통보하도록 요청할 수 있다.

② 공단은 등급판정위원회가 장기요양인정 및 등급판정의 심의를 완료한 경우 수급자로 판정받지 못한 신청인에게 그 내용 및 사유를 통보하여야 한다.

③ 공단은 장기요양인정서를 송부하는 때 장기요양급여를 원활히 이용할 수 있도록 월 한도액 범위 안에서 개인별장기요양이용계획서를 작성하여 이를 함께 송부하여야 한다.

④ 공단은 장기요양인정서 및 개인별장기요양이용계획서의 작성방법에 관하여 필요한 사항을 정하여야 한다.

TIP ④ 장기요양인정서 및 개인별장기요양이용계획서의 작성방법에 관하여 필요한 사항은 보건복지부령으로 정한다〈「노인장기요양보험법」 제17조 제4항〉.

13 등급판정위원회가 장기요양인정 및 등급판정심의를 완료한 후 작성해야 하는 것은?

① 장기요양이용계획서　　　　　　② 등급판정서
③ 장기요양인정서　　　　　　　　④ 장기요양급여내역서

TIP 공단은 등급판정위원회가 장기요양인정 및 등급판정의 심의를 완료한 경우 지체 없이 장기요양인정서를 작성하여 수급자에게 송부하여야 한다〈「노인장기요양보험법」 제17조 제1항〉.

14 공단은 등급판정위원회가 장기요양인정 및 등급판정의 심의를 완료한 후 장기요양인정서를 작성해야 한다. 이 때 포함되어야 할 사항이 아닌 것은?

① 장기요양등급　　　　　　　　　② 장기요양급여의 종류
③ 장기요양급여의 내용　　　　　　④ 장기요양기관의 구성원

TIP 장기요양인정서 작성 시 포함되어야 할 사항〈「노인장기요양보험법」 제17조 제1항〉
　　㉠ 장기요양등급
　　㉡ 장기요양급여의 종류 및 내용
　　㉢ 그 밖에 장기요양급여에 관한 사항으로서 보건복지부령으로 정하는 사항

15 다음 중 장기요양인정서를 작성할 경우 고려사항으로 옳지 않은 것은?

① 수급자와 그 가족의 욕구 및 선택

② 시설급여를 제공하는 경우 장기요양기관이 운영하는 시설 현황

③ 수급자의 장기요양등급 및 생활환경

④ 시설급여를 제공하는 경우 장기요양기관의 운영요원 인적사항

> **TIP** 장기요양인정서를 작성할 경우 고려사항〈「노인장기요양보험법」 제18조〉
> ㉠ 수급자의 장기요양등급 및 생활환경
> ㉡ 수급자와 그 가족의 욕구 및 선택
> ㉢ 시설급여를 제공하는 경우 장기요양기관이 운영하는 시설 현황

16 다음 중 장기요양인정의 최소 유효기간은?

① 1년 ② 2년

③ 3년 ④ 5년

> **TIP** 장기요양인정의 유효기간〈「노인장기요양보험법」 제19조〉
> ㉠ 장기요양인정의 유효기간은 최소 1년 이상으로서 대통령령으로 정한다.
> ㉡ 유효기간의 산정방법과 그 밖에 필요한 사항은 보건복지부령으로 정한다.

17 다음 중 노인장기요양보험법상 장기요양인정의 갱신신청을 완료해야 하는 기한은? (단, 만료되기 전일을 기준으로 함)

① 7일 ② 15일

③ 25일 ④ 30일

> **TIP** 장기요양인정의 갱신〈「노인장기요양보험법」 제20조 제2항〉 … 장기요양인정의 갱신신청은 유효기간이 만료되기 전 30일까지 이를 완료하여야 한다.
> ※ 수급자는 장기요양인정의 유효기간이 만료된 후 장기요양급여를 계속하여 받고자 하는 경우 공단에 장기요양인정의 갱신을 신청하여야 한다〈「노인장기요양보험법」 제20조 제1항〉.

Answer 12.④ 13.③ 14.④ 15.④ 16.① 17.④

18 다음 중 장기요양급여를 받고 있는 수급자는 장기요양등급, 장기요양급여의 내용을 변경하여 장기요양급여를 받고자 할 경우 변경신청을 하여야 할 기관은?

① 건강보험심사평가원   ② 국민건강보험공단

③ 지방자치단체   ④ 보건복지부

> **TIP** 장기요양등급 등의 변경〈「노인장기요양보험법」 제21조 제1항〉 … 장기요양급여를 받고 있는 수급자는 장기요양등급, 장기요양급여의 종류 또는 내용을 변경하여 장기요양급여를 받고자 하는 경우 공단에 변경신청을 하여야 한다.

19 다음은 장기요양인정 신청 등에 대한 대리에 대하여 설명한 것이다. 옳지 않은 것은?

① 장기요양급여를 받고자 하는 수급자가 장기요양인정신청 등을 할 수 없는 경우 특별자치시장 · 특별자치도지사 · 시장 · 군수 · 구청장이 지정하는 자는 이를 대리할 수 있다.
② 사회복지전담공무원은 지역 안에 거주하는 사람 중 장기요양급여를 받고자 하는 사람이 장기요양인정신청 등을 직접 수행할 수 없을 때 본인의 동의를 받아 신청을 대리할 수 있다.
③ 장기요양급여를 받고자 하는 수급자가 신체적 · 정신적인 사유로 장기요양인정의 신청을 직접 수행할 수 없을 때 본인의 가족이나 친족이 신청을 대리할 수 있다.
④ 장기요양인정신청 등의 방법 및 절차 등에 관하여 필요한 사항은 대통령령으로 정한다.

> **TIP** ④ 장기요양인정신청 등의 방법 및 절차 등에 관하여 필요한 사항은 보건복지부령으로 정한다〈「노인장기요양보험법」 제22조 제4항〉.

20 다음 중 장기요양인정 신청 등에 대하여 대리를 할 수 없는 사람은?

① 시장 · 군수 · 구청장   ② 수급자 본인의 친족

③ 특별자치시장이 지정하는 자   ④ 가족의 동의를 받은 사회복지전담공무원

> **TIP** 특별자치시장 · 특별자치도지사 · 시장 · 군수 · 구청장이 지정하는 자가 대리할 수 있다.
>
> ※ 장기요양급여를 받고자 하는 자 또는 수급자가 장기요양인정신청 등을 할 수 없는 경우 특별자치시장 · 특별자치도지사 · 시장 · 군수 · 구청장이 지정하는 자는 이를 대리할 수 있다〈「노인장기요양보험법」 제22조 제3항〉.

21 노인장기요양보험법 제22조(장기요양인정신청 등에 대한 대리)에서 장기요양급여를 받고자 하는 자가 장기요양인정신청을 할 수 없을 때, 다음 중 이를 대리할 수 있는 사람은? (단, 가족동의를 받은 경우로 한정함)

① 노인장기요양기관의 장   ② 등급판정위원장
③ 치매안심센터의 장   ④ 사회복지시설원의 장

TIP 다음의 어느 하나에 해당하는 사람은 관할 지역 안에 거주하는 사람 중 장기요양급여를 받고자 하는 사람 또는 수급자가 제1항에 따른 장기요양인정신청 등을 직접 수행할 수 없을 때 본인 또는 가족의 동의를 받아 그 신청을 대리할 수 있다〈「노인장기요양보험법」 제22조 제2항〉.
   ㉠ 「사회보장급여의 이용·제공 및 수급권자 발굴에 관한 법률」 제43조에 따른 사회복지전담공무원
   ㉡ 「치매관리법」 제17조에 따른 치매안심센터의 장(장기요양급여를 받고자 하는 사람 또는 수급자가 같은 법 제2조 제2호에 따른 치매환자인 경우로 한정한다)

1 장기요양급여의 종류〈제23조〉

① 장기요양급여의 종류

　㉠ 재가급여

　• 방문요양 : 장기요양요원이 수급자의 가정 등을 방문하여 신체활동 및 가사활동 등을 지원하는 장기
요양급여

　• 방문목욕 : 장기요양요원이 목욕설비를 갖춘 장비를 이용하여 수급자의 가정 등을 방문하여 목욕을
제공하는 장기요양급여

　• 방문간호 : 장기요양요원인 간호사 등이 의사, 한의사 또는 치과의사의 지시서(이하 "방문간호지시서"
라 한다)에 따라 수급자의 가정 등을 방문하여 간호, 진료의 보조, 요양에 관한 상담 또는 구강위생
등을 제공하는 장기요양급여

　• 주 · 야간보호 : 수급자를 하루 중 일정한 시간 동안 장기요양기관에 보호하여 신체활동 지원 및 심신
기능의 유지 · 향상을 위한 교육 · 훈련 등을 제공하는 장기요양급여

　• 단기보호 : 수급자를 보건복지부령으로 정하는 범위 안에서 일정 기간 동안 장기요양기관에 보호하여
신체활동 지원 및 심신기능의 유지 · 향상을 위한 교육 · 훈련 등을 제공하는 장기요양급여

　• 기타재가급여 : 수급자의 일상생활 · 신체활동 지원 및 인지기능의 유지 · 향상에 필요한 용구(소프트
웨어를 포함한다)를 제공하거나 가정을 방문하여 재활에 관한 지원 등을 제공하는 장기요양급여로서
대통령령으로 정하는 것

> **개정법령 : 2025. 6. 21. 시행**
>
> **제23조(국가 및 지방자치단체의 책무 등) 제1항 제1호 바목**
>
> 바. 기타재가급여 : 수급자의 일상생활 · 신체활동 지원 및 인지기능의 유지 · 향상에 필요한 용구(소프트웨어
> 를 포함한다)를 제공하거나 가정을 방문하여 재활에 관한 지원 등을 제공하는 장기요양급여로서 대통령
> 령으로 정하는 것

　㉡ 시설급여 : 장기요양기관에 장기간 입소한 수급자에게 신체활동 지원 및 심신기능의 유지 · 향상을 위
한 교육 · 훈련 등을 제공하는 장기요양급여

　㉢ 특별현금급여

　• 가족요양비 : 가족장기요양급여

　• 특례요양비 : 특례장기요양급여

　• 요양병원간병비 : 요양병원장기요양급여

② **장기요양급여 관련 사항 결정** : 장기요양급여를 제공할 수 있는 장기요양기관의 종류 및 기준과 장기요양급여 종류별 장기요양요원의 범위 · 업무 · 보수교육 등에 관하여 필요한 사항은 대통령령으로 정한다.

③ **통합재가서비스 제공** : 장기요양기관은 방문요양, 방문목욕, 방문간호, 주 · 야간보호, 단기보호의 재가급여 전부 또는 일부를 통합하여 제공하는 서비스(이하 이 조에서 "통합재가서비스"라 한다)를 제공할 수 있다.

④ **통합재가서비스를 제공하는 장기요양기관** : 통합재가서비스를 제공하는 장기요양기관은 보건복지부령으로 정하는 인력, 시설, 운영 등의 기준을 준수하여야 한다.

⑤ **장기요양급여의 제공 기준 · 절차 · 방법 · 범위** : 장기요양급여의 제공 기준 · 절차 · 방법 · 범위, 그 밖에 필요한 사항은 보건복지부령으로 정한다.

2 가족요양비〈제24조〉

① **가족요양비 지급** : 공단은 다음 어느 하나에 해당하는 수급자가 가족 등으로부터 방문요양에 상당한 장기요양급여를 받은 때 대통령령으로 정하는 기준에 따라 해당 수급자에게 가족요양비를 지급할 수 있다.
　㉠ 도서 · 벽지 등 장기요양기관이 현저히 부족한 지역으로서 보건복지부장관이 정하여 고시하는 지역에 거주하는 자
　㉡ 천재지변이나 그 밖에 이와 유사한 사유로 인하여 장기요양기관이 제공하는 장기요양급여를 이용하기가 어렵다고 보건복지부장관이 인정하는 자
　㉢ 신체 · 정신 또는 성격 등 대통령령으로 정하는 사유로 인하여 가족 등으로부터 장기요양을 받아야 하는 자

② **가족요양비의 지급절차** : 가족요양비의 지급절차와 그 밖에 필요한 사항은 보건복지부령으로 정한다.

3 특례요양비〈제25조〉

① **특례요양비 지급** : 공단은 수급자가 장기요양기관이 아닌 노인요양시설 등의 기관 또는 시설에서 재가급여 또는 시설급여에 상당한 장기요양급여를 받은 경우 대통령령으로 정하는 기준에 따라 해당 장기요양급여비용의 일부를 해당 수급자에게 특례요양비로 지급할 수 있다.

② **지급절차** : 장기요양급여가 인정되는 기관 또는 시설의 범위, 특례요양비의 지급절차, 그 밖에 필요한 사항은 보건복지부령으로 정한다.

4 요양병원간병비〈제26조〉

① 요양병원간병비 지급 : 공단은 수급자가 「의료법」에 따른 요양병원에 입원한 때 대통령령으로 정하는 기준에 따라 장기요양에 사용되는 비용의 일부를 요양병원간병비로 지급할 수 있다.

② 지급절차 : 요양병원간병비의 지급절차와 그 밖에 필요한 사항은 보건복지부령으로 정한다.

장기요양보험의 종류		
구분		내용
재가 급여	방문요양	장기요양요원이 수급자의 가정 등을 방문하여 신체활동 및 가사활동 등을 지원하는 장기요양급여
	방문목욕	장기요양요원이 목욕설비를 갖춘 장비를 이용하여 수급자의 가정 등을 방문하여 목욕을 제공하는 장기요양급여
	방문간호	장기요양요원인 간호사 등이 의사, 한의사 또는 치과의사의 지시서(이하 "방문간호지시서"라 한다)에 따라 수급자의 가정 등을 방문하여 간호, 진료의 보조, 요양에 관한 상담 또는 구강위생 등을 제공하는 장기요양급여
	주ㆍ야간보호	수급자를 하루 중 일정한 시간 동안 장기요양기관에 보호하여 신체활동 지원 및 심신기능의 유지ㆍ향상을 위한 교육ㆍ훈련 등을 제공하는 장기요양급여
	단기보호	수급자를 보건복지부령으로 정하는 범위 안에서 일정 기간 동안 장기요양기관에 보호하여 신체활동 지원 및 심신기능의 유지ㆍ향상을 위한 교육ㆍ훈련 등을 제공하는 장기요양급여
	기타재가급여	수급자의 일상생활ㆍ신체활동 지원 및 인지기능의 유지ㆍ향상에 필요한 용구(소프트웨어를 포함한다)를 제공하거나 가정을 방문하여 재활에 관한 지원 등을 제공하는 장기요양급여로서 대통령령으로 정하는 것
시설 급여	장기요양기관에 장기간 입소한 수급자에게 신체활동 지원 및 심신기능의 유지ㆍ향상을 위한 교육ㆍ훈련 등을 제공하는 장기요양급여	
특별 현금 급여	가족요양비	제24조에 따라 지급하는 가족장기요양급여
	특례요양비	제25조에 따라 지급하는 특례장기요양급여
	요양병원간병비	제26조에 따라 지급하는 요양병원장기요양급여

암기요약 … 핵심조문 빈칸 채우기

(1) 노인장기요양보험법에 따른 _____는 재가급여, 시설급여, 특별현금급여가 있다.

(2) 재가급여는 방문요양, _____, 방문간호, 주·야간보호, _____, 기타재가급여로 구분된다.

(3) 재가급여

  ㉠ _____ : 장기요양요원이 수급자의 가정 등을 방문하여 신체활동 및 가사활동 등을 지원하는 장기요양급여

  ㉡ 방문간호 : 장기요양요원인 간호사 등이 의사, 한의사 또는 치과의사의 지시서(이하 "방문간호지시서"라 한다)에 따라 수급자의 가정 등을 방문하여 간호, 진료의 보조, 요양에 관한 상담 또는 _____ 등을 제공하는 장기요양급여

  ㉢ 단기보호 : 수급자를 보건복지부령으로 정하는 범위 안에서 일정 기간 동안 장기요양기관에 보호하여 신체활동 지원 및 심신기능의 유지·향상을 위한 _____ 등을 제공하는 장기요양급여

(4) 장기요양기관에 장기간 입소한 수급자에게 신체활동 지원 및 _____의 유지·향상을 위한 교육·훈련 등을 제공하는 장기요양급여를 _____라 한다.

(5) 특별현금급여의 종류는 가족요양비, 특례요양비, _____가 있다.

(6) 장기요양급여를 제공할 수 있는 장기요양기관의 종류 및 기준과 장기요양급여 종류별 장기요양요원의 범위·업무·보수교육 등에 관하여 필요한 사항은 _____령으로 정한다.

(7) 통합재가서비스를 제공하는 장기요양기관은 _____으로 정하는 인력, 시설, 운영 등의 기준을 준수하여야 한다.

(8) 장기요양기관은 재가급여 전부 또는 일부를 _____를 제공할 수 있다.

(9) 통합재가서비스를 제공하는 장기요양기관은 _____으로 정하는 인력, 시설, 운영 등의 기준을 준수해야 한다.

(10) 장기요양급여의 제공 기준·절차·방법·범위, 그 밖에 필요한 사항은 _____으로 정한다.

(11) 공단은 도서·벽지 등 장기요양기관이 현저히 부족한 지역으로서 보건복지부장관이 정하여 고시하는 지역에 거주하는 수급자가 가족 등으로부터 _____에 상당한 장기요양급여를 받은 때 대통령령으로 정하는 기준에 따라 해당 수급자에게 _____를 지급할 수 있다.

(12) 수급자가 장기요양기관이 아닌 노인요양시설 등의 기관 또는 시설에서 재가급여 또는 시설급여에 상당한 장기요양급여를 받은 경우 대통령령으로 정하는 기준에 따라 해당 장기요양급여비용의 일부를 해당 수급자에게 _____로 지급할 수 있다.

(13) 공단은 수급자가 요양병원에 입원한 때 대통령령으로 정하는 기준에 따라 _____에 사용되는 비용의 일부를 요양병원간병비로 지급할 수 있다.

(14) 요양병원간병비의 지급절차와 그 밖에 필요한 사항은 _____으로 정한다.

정답 및 해설

(1) 장기요양급여
(2) 방문목욕, 단기보호
(3) 방문요양, 구강위생, 교육·훈련
(4) 심신기능, 시설급여
(5) 요양병원간병비
(6) 대통령
(7) 보건복지부령
(8) 통합재가서비스
(9) 보건복지부령
(10) 보건복지부령
(11) 방문요양, 가족요양비
(12) 특례요양비
(13) 장기요양
(14) 보건복지부령

출제예상문제

1 다음 중 노인장기요양보험법상 장기요양급여의 종류에 해당되지 않는 것은?

① 재가급여   ② 복지급여

③ 특별현금급여   ④ 시설급여

> **TIP** 장기요양급여의 종류〈「노인장기요양보험법」 제23조 제1항〉… 장기요양급여의 종류는 크게 재가급여, 시설급여, 특별현금급여로 나눈다〈「노인장기요양보험법」 제23조 제1항〉.

2 다음 장기요양급여 중 재가급여에 해당하지 않는 것은?

① 방문요양   ② 방문목욕

③ 방문간호   ④ 방문검진

> **TIP** ④ 방문검진은 장기요양급여의 종류에 포함되지 않는다〈「노인장기요양보험법」 제23조 제1항 제1호〉.

3 다음에서 급여의 종류가 다른 하나를 바르게 고른 것은?

㉠ 방문요양	㉡ 주·야간보호
㉢ 단기보호	㉣ 방문목욕
㉤ 시설급여	㉥ 방문간호

① ㉡   ② ㉢

③ ㉤   ④ ㉥

> **TIP** ㉠㉡㉢㉣㉥은 장기요양급여 중 재가급여에 해당하며, ㉤은 장기요양급여 중 시설급여에 해당한다〈「노인장기요양보험법」 제23조 제1항〉

4 다음 중 장기요양급여의 종류에 대한 설명으로 옳지 않은 것은?

① 재가급여 전부 또는 일부를 통합하여 제공하는 서비스를 장기요양급여통합서비스라 한다.

② 방문요양이란 장기요양요원이 수급자의 가정 등을 방문하여 신체활동 및 가사활동 등을 지원하는 장기요양급여를 말한다.

③ 시설급여란 장기요양기관에 장기간 입소한 수급자에게 신체활동 지원 및 심신기능의 유지 · 향상을 위한 교육 · 훈련 등을 제공하는 장기요양급여를 말한다.

④ 특별현금급여에는 가족요양비, 특례요양비, 요양병원간병비가 있다.

TIP ① 재가급여 전부 또는 일부를 통합하여 제공하는 서비스(이하 이 조에서 "통합재가서비스"라 한다)를 제공할 수 있다〈「노인장기요양보험법」 제23조 제3항〉.

5 노인장기요양보험법상 다음에서 설명하고 있는 장기요양급여는?

> 보건복지부령으로 정하는 범위 안에서 일정 기간 동안 수급자를 장기요양기관에 보호하여 신체활동 지원 및 심신기능의 유지 · 향상을 위한 교육 · 훈련 등을 제공하는 장기요양급여를 말한다.

① 주 · 야간보호   ② 단기보호
③ 시설급여   ④ 방문간호

TIP ① 주 · 야간보호 : 수급자를 하루 중 일정한 시간 동안 장기요양기관에 보호하여 신체활동 지원 및 심신기능의 유지 · 향상을 위한 교육 · 훈련 등을 제공하는 장기요양급여를 말한다〈「노인장기요양보험법」 제23조 제1항 제1호 라목〉.

③ 시설급여 : 장기요양기관에 장기간 입소한 수급자에게 신체활동 지원 및 심신기능의 유지 · 향상을 위한 교육 · 훈련 등을 제공하는 장기요양급여를 말한다〈「노인장기요양보험법」 제23조 제1항 제2호〉.

④ 방문간호 : 장기요양요원인 간호사 등이 의사, 한의사 또는 치과의사의 지시서(이하 "방문간호지시서"라 한다)에 따라 수급자의 가정 등을 방문하여 간호, 진료의 보조, 요양에 관한 상담 또는 구강위생 등을 제공하는 장기요양급여를 말한다〈「노인장기요양보험법」 제23조 제1항 제1호 다목〉.

Answer   1.② 2.④ 3.③ 4.① 5.②

6 다음 중 장기요양급여에서 재가급여로 옳지 않은 것은?

① 방문목욕   ② 주·야간보호

③ 특례요양   ④ 단기보호

TIP 재가급여〈「노인장기요양보험법」 제23조 제1항 제1호〉… 재가급여에는 방문요양, 방문목욕, 방문간호, 주·야간보호, 단기보호, 기타재가급여가 있다.

7 다음 재가급여 중 기타재가급여에 대한 설명으로 옳은 것은?

① 장기요양기관에 장기간 입소한 수급자에게 신체활동 지원 및 심신기능의 유지·향상을 위한 교육·훈련 등을 제공하는 장기요양급여를 말한다.
② 수급자의 일상생활·신체활동 지원 및 인지기능의 유지·향상에 필요한 용구를 제공하거나 가정을 방문하여 재활에 관한 지원 등을 제공하는 장기요양급여로서 대통령령으로 정하는 급여를 말한다.
③ 수급자를 보건복지부령으로 정하는 범위 안에서 일정 기간 동안 장기요양기관에 보호하여 신체활동 지원 및 심신기능의 유지·향상을 위한 교육·훈련 등을 제공하는 장기요양급여를 말한다.
④ 수급자를 하루 중 일정한 시간 동안 장기요양기관에 보호하여 신체활동 지원 및 심신기능의 유지·향상을 위한 교육·훈련 등을 제공하는 장기요양급여를 말한다.

TIP ① 시설급여   ③ 단기보호   ④ 주·야간보호

8 다음 장기요양급여 중 특별현금급여에 해당하지 않는 것은?

① 특례요양비   ② 요양병원간병비

③ 가족요양비   ④ 가족방문지원비

TIP 특별현금급여〈「노인장기요양보험법」 제23조 제1항〉
    ㉠ 가족요양비 : 법 제24조에 따라 지급하는 가족장기요양급여
    ㉡ 특례요양비 : 법 제25조에 따라 지급하는 특례장기요양급여
    ㉢ 요양병원간병비 : 법 제26조에 따라 지급하는 요양병원장기요양급여

9 다음은 노인장기요양보험법 제23조 제2항으로 ( ) 안에 알맞은 것은?

> 장기요양급여를 제공할 수 있는 장기요양기관의 ( )과 장기요양급여 종류별 장기요양요원의 범위 · 업무 · 보수교육 등에 관하여 필요한 사항은 ( )으로 정한다.

① 설립 및 기준 – 보건복지부령   ② 설립 및 기준 – 대통령령

③ 종류 및 기준 – 보건복지부령   ④ 종류 및 기준 – 대통령령

TIP 장기요양급여를 제공할 수 있는 장기요양기관의 <u>종류 및 기준</u>과 장기요양급여 종류별 장기요양요원의 범위 · 업무 · 보수교육 등에 관하여 필요한 사항은 <u>대통령령</u>으로 정한다〈「노인장기요양보험법」 제23조 제2항〉.

10 다음에서 ( ) 안에 알맞은 것은?

> 노인장기요양보험법 제23조
> 제3항 : 장기요양기관은 제1항 제1호 가목에서 마목까지의 ( ) 전부 또는 일부를 통합하여 제공하는 서비스를 제공할 수 있다.
> 제4항 : ( )를 제공하는 장기요양기관은 보건복지부령으로 정하는 인력, 시설, 운영 등의 기준을 준수하여야 한다.

① 재가급여 – 통합재가서비스   ② 시설급여 – 통합재가서비스

③ 특별현금급여 – 가족요양비   ④ 특별현금급여 – 요양병원간병비

TIP 장기요양급여의 종류〈「노인장기요양보험법」 제23조 제3항, 제4항〉
    ⊙ 장기요양기관은 <u>재가급여</u> 전부 또는 일부를 통합하여 제공하는 서비스("통합재가서비스"라 한다)를 제공할 수 있다.
    ⓒ <u>통합재가서비스</u>를 제공하는 장기요양기관은 보건복지부령으로 정하는 인력, 시설, 운영 등의 기준을 준수하여야 한다.

Answer   6.③   7.②   8.④   9.④   10.①

11 노인장기요양보험법상 가족 등으로부터 방문요양에 상당한 장기요양급여를 받은 때 해당 수급자에게 지급하는 요양비는?

① 요양병원간병비　　　　　　　　　　③ 특례요양비

③ 방문요양비　　　　　　　　　　　　④ 가족요양비

　TIP　공단은 가족 등으로부터 방문요양에 상당한 장기요양급여를 받은 때 대통령령으로 정하는 기준에 따라 해당 수급자에게 가족요양비를 지급할 수 있다〈「노인장기요양보험법」제24조 제1항〉.

12 다음에 해당하는 수급자는 대통령령으로 정하는 기준에 따라 공단에서 가족요양비를 지급 받을 수 있다. 다음 중 ( ) 안에 알맞은 것은?

> • 도서·벽지 등 장기요양기관이 현저히 부족한 지역으로서 ( )이 정하여 고시하는 지역에 거주하는 자
> • 천재지변이나 그 밖에 이와 유사한 사유로 인하여 장기요양기관이 제공하는 장기요양급여를 이용하기가 어렵다고 ( )이 인정하는 자
> • 신체·정신 또는 성격 등 ( )으로 정하는 사유로 인하여 가족 등으로부터 장기요양을 받아야 하는 자

① 지방자치단체장 - 지방자치단체장 - 보건복지부령

② 보건복지부장관 - 보건복지부장관 - 대통령령

③ 지방자치단체장 - 보건복지부장관 - 보건복지부령

④ 보건복지부장관 - 지방자치단체장 - 대통령령

　TIP　가족요양비를 지급할 수 있는 수급자〈「노인장기요양보험법」제24조 제1항〉
　　㉠ 도서·벽지 등 장기요양기관이 현저히 부족한 지역으로서 <u>보건복지부장관</u>이 정하여 고시하는 지역에 거주하는 자
　　㉡ 천재지변이나 그 밖에 이와 유사한 사유로 인하여 장기요양기관이 제공하는 장기요양급여를 이용하기가 어렵다고 <u>보건복지부장관</u>이 인정하는 자
　　㉢ 신체·정신 또는 성격 등 <u>대통령령</u>으로 정하는 사유로 인하여 가족 등으로부터 장기요양을 받아야 하는 자

13 다음 중 특례요양비에 대한 설명으로 옳은 것은?

① 장기요양급여가 인정되는 기관 및 특례요양비의 지급절차 등 필요한 사항은 대통령령으로 정한다.

② 특례요양비는 대통령령으로 정하는 기준에 따라 보건복지부에서 지급한다.

③ 수급자가 노인요양시설에서 재가급여에 상당한 장기요양급여를 받은 경우 해당 장기요양급여비용의 일부를 해당 수급자에게 지급한다.

④ 도서·벽지 등 장기요양기관이 현저히 부족한 지역으로서 보건복지부장관이 정하여 고시하는 지역에 거주하는 자에게 지급한다.

TIP ① 장기요양급여가 인정되는 기관 또는 시설의 범위, 특례요양비의 지급절차, 그 밖에 필요한 사항은 보건복지부령으로 정한다〈「노인장기요양보험법」 제25조 제2항〉.
② 특례요양비는 공단이 지급한다.
④ 가족요양비 지급대상이다〈「노인장기요양보험법」 제24조 제1항 제1호〉.

14 다음 중 요양병원간병비에 설명으로 옳지 않은 것은?

① 수급자가 요양병원에 입원한 경우에 한하여 지급할 수 있다.

② 대통령령으로 정하는 기준에 따라 장기요양에 사용되는 비용의 전부를 지급할 수 있다.

② 요양병원간병비의 지급절차에 관한 사항은 보건복지부령으로 정한다.

④ 장기요양급여의 종류로는 특별현금급여에 해당한다.

TIP 요양병원간병비〈「노인장기요양보험법」 제26조〉
㉠ 공단은 수급자가 요양병원에 입원한 때 대통령령으로 정하는 기준에 따라 장기요양에 사용되는 비용의 일부를 요양병원간병비로 지급할 수 있다.
㉡ 요양병원간병비의 지급절차와 그 밖에 필요한 사항은 보건복지부령으로 정한다.

Answer 11.④ 12.② 13.③ 14.②

Chapter

05 장기요양급여의 제공

1 장기요양급여의 제공〈제27조〉

① **장기요양급여 수령** : 수급자는 장기요양인정서와 개인별장기요양이용계획서가 도달한 날부터 장기요양급여를 받을 수 있다.

② **장기요양급여의 제공** : 수급자는 돌볼 가족이 없는 경우 등 대통령령으로 정하는 사유가 있는 경우 신청서를 제출한 날부터 장기요양인정서가 도달되는 날까지의 기간 중에도 장기요양급여를 받을 수 있다.

③ **서류 및 자격 확인**
   ㉠ **서류제시** : 수급자는 장기요양급여를 받으려면 장기요양기관에 장기요양인정서와 개인별장기요양이용계획서를 제시하여야 한다.
   ㉡ **자격 확인** : 수급자가 장기요양인정서 및 개인별장기요양이용계획서를 제시하지 못하는 경우 장기요양기관은 공단에 전화나 인터넷 등을 통하여 그 자격 등을 확인할 수 있다.

④ **제공 계획서 통보** : 장기요양기관은 수급자가 제시한 장기요양인정서와 개인별장기요양이용계획서를 바탕으로 장기요양급여 제공 계획서를 작성하고 수급자의 동의를 받아 그 내용을 공단에 통보하여야 한다.

⑤ **구체적인 사항의 결정** : 장기요양급여 인정 범위와 절차, 장기요양급여 제공 계획서 작성 절차에 관한 구체적인 사항 등은 대통령령으로 정한다.

2 특별현금급여수급계좌〈제27조의2〉

① **특별현금급여 입금**
   ㉠ **지정 계좌 입금** : 공단은 특별현금급여를 받는 수급자의 신청이 있는 경우에는 특별현금급여를 수급자 명의의 지정된 계좌(이하 "특별현금급여수급계좌"라 한다)로 입금하여야 한다.
   ㉡ **현금 지급 등** : 정보통신장애나 그 밖에 대통령령으로 정하는 불가피한 사유로 특별현금급여수급계좌로 이체할 수 없을 때에는 현금 지급 등 대통령령으로 정하는 바에 따라 특별현금급여를 지급할 수 있다.

② **특별현금급여수급계좌 관리** : 특별현금급여수급계좌가 개설된 금융기관은 특별현금급여만이 특별현금급여수급계좌에 입금되도록 관리하여야 한다.

③ **신청방법 · 절차** : 신청방법 및 절차와 특별현금급여수급계좌의 관리에 필요한 사항은 대통령령으로 정한다.

3 장기요양급여의 월 한도액〈제28조〉

① **장기요양급여 한도** : 장기요양급여는 월 한도액 범위 안에서 제공한다. 이 경우 월 한도액은 장기요양등급 및 장기요양급여의 종류 등을 고려하여 산정한다.

② **월 한도액의 산정** : 월 한도액의 산정기준 및 방법, 그 밖에 필요한 사항은 보건복지부령으로 정한다.

4 급여외행위의 제공 금지〈제28조의2〉

① **급여외행위** : 수급자 또는 장기요양기관은 장기요양급여를 제공받거나 제공할 경우 다음 행위(이하 "급여외행위"라 한다)를 요구하거나 제공하여서는 아니 된다.
　　㉠ 수급자의 가족만을 위한 행위
　　㉡ 수급자 또는 그 가족의 생업을 지원하는 행위
　　㉢ 그 밖에 수급자의 일상생활에 지장이 없는 행위

② **급여외행위의 범위 등** : 급여외행위의 범위 등에 관한 구체적인 사항은 보건복지부령으로 정한다.

5 장기요양급여의 제한〈제29조〉

① **전부 또는 일부 제한** : 공단은 장기요양급여를 받고 있는 자가 정당한 사유 없이 조사나 제60조(자료의 제출 등) 또는 제61조(보고 및 검사)에 따른 요구에 응하지 아니하거나 답변을 거절한 경우 장기요양급여의 전부 또는 일부를 제공하지 아니하게 할 수 있다.

② **횟수 또는 제공 기간 제한** : 공단은 장기요양급여를 받고 있거나 받을 수 있는 자가 장기요양기관이 거짓이나 그 밖의 부정한 방법으로 장기요양급여비용을 받는 데에 가담한 경우 장기요양급여를 중단하거나 1년의 범위에서 장기요양급여의 횟수 또는 제공 기간을 제한할 수 있다.

③ **중단 및 제한 기준** : 장기요양급여의 중단 및 제한 기준과 그 밖에 필요한 사항은 보건복지부령으로 정한다.

6 장기요양급여의 제한 등에 관한 준용〈제30조〉

「국민건강보험법」 제53조 제1항 제4호, 같은 조 제2항부터 제6항까지, 제54조 및 제109조 제10항은 이 법에 따른 보험료 체납자 등에 대한 장기요양급여의 제한 및 장기요양급여의 정지에 관하여 준용한다. 이 경우 "가입자"는 "장기요양보험가입자"로, "보험급여"는 "장기요양급여"로 본다.

① 급여의 제한〈국민건강보험법 제53조 준용〉
　㉠ 공단은 보험급여를 받을 수 있는 사람이 업무 또는 공무로 생긴 질병·부상·재해로 다른 법령에 따른 장기요양급여나 보상(報償) 또는 보상(補償)을 받게 되는 경우에는 보험급여를 하지 아니한다.
　㉡ 공단은 보험급여를 받을 수 있는 사람이 다른 법령에 따라 국가나 지방자치단체로부터 보험급여에 상당하는 급여를 받거나 보험급여에 상당하는 비용을 지급받게 되는 경우에는 그 한도에서 보험급여를 하지 아니한다.
　㉢ 공단은 가입자가 대통령령으로 정하는 기간 이상 다음의 보험료를 체납한 경우 그 체납한 보험료를 완납할 때까지 그 가입자 및 피부양자에 대하여 보험급여를 실시하지 아니할 수 있다. 다만, 월별 보험료의 총체납횟수(이미 납부된 체납보험료는 총체납횟수에서 제외하며, 보험료의 체납기간은 고려하지 아니한다)가 대통령령으로 정하는 횟수 미만이거나 가입자 및 피부양자의 소득·재산 등이 대통령령으로 정하는 기준 미만인 경우에는 그러하지 아니하다.
　• 보수 외 소득월액보험료
　• 세대단위의 보험료
　㉣ 공단은 납부의무를 부담하는 사용자가 보수월액보험료를 체납한 경우에는 그 체납에 대하여 직장가입자 본인에게 귀책사유가 있는 경우에 한하여 ㉢의 규정을 적용한다. 이 경우 해당 직장가입자의 피부양자에게도 ㉢의 규정을 적용한다.
　㉤ 공단으로부터 분할납부 승인을 받고 그 승인된 보험료를 1회 이상 낸 경우에는 보험급여를 할 수 있다. 다만, 분할납부 승인을 받은 사람이 정당한 사유 없이 5회(승인받은 분할납부 횟수가 5회 미만인 경우에는 해당 분할납부 횟수를 말한다) 이상 그 승인된 보험료를 내지 아니한 경우에는 그러하지 아니하다.
　㉥ 보험급여를 하지 아니하는 기간(급여제한기간)에 받은 보험급여는 다음의 어느 하나에 해당하는 경우에만 보험급여로 인정한다.
　• 공단이 급여제한기간에 보험급여를 받은 사실이 있음을 가입자에게 통지한 날부터 2개월이 지난날이 속한 달의 납부기한 이내에 체납된 보험료를 완납한 경우
　• 공단이 급여제한기간에 보험급여를 받은 사실이 있음을 가입자에게 통지한 날부터 2개월이 지난날이 속한 달의 납부기한 이내에 분할납부 승인을 받은 체납보험료를 1회 이상 낸 경우. 다만, 분할납부 승인을 받은 사람이 정당한 사유 없이 5회 이상 그 승인된 보험료를 내지 아니한 경우에는 그러하지 아니하다.

② 급여의 정지〈국민건강보험법 제54조 준용〉: 보험급여를 받을 수 있는 사람이 다음의 어느 하나에 해당하면 그 기간에는 보험급여를 하지 아니한다. 다만, ㉡ 및 ㉢의 경우에는 요양급여를 실시한다.
　㉠ 국외에 체류하는 경우
　㉡ 현역병(지원에 의하지 않은 임용된 하사 포함), 전환복무된 사람 및 군간부후보생인 경우
　㉢ 교도소, 그 밖에 이에 준하는 시설에 수용되어 있는 경우

③ 외국인 등에 대한 특례〈국민건강보험법 제109조 준용〉: 공단은 지역가입자인 국내체류 외국인등(제109조 제9항 단서의 적용을 받는 사람에 한정한다)이 보험료를 대통령령으로 정하는 기간 이상 체납한 경우에는 체납일부터 체납한 보험료를 완납할 때까지 보험급여를 하지 아니한다.

암기요약 … 핵심조문 빈칸 채우기

(1) 수급자는 장기요양인정서와 _____가 도달한 날부터 장기요양급여를 받을 수 있다.

(2) 수급자는 돌볼 가족이 없는 경우 등 대통령령으로 정하는 사유가 있는 경우 신청서를 제출한 날부터 _____가 도달되는 날까지의 기간 중에도 장기요양급여를 받을 수 있다.

(3) 수급자는 장기요양급여를 받으려면 장기요양기관에 장기요양인정서와 개인별장기요양이용계획서를 제시하여야 한다. 다만, 수급자가 장기요양인정서 및 개인별장기요양이용계획서를 제시하지 못하는 경우 _____은 공단에 전화나 인터넷 등을 통하여 그 자격 등을 확인할 수 있다.

(4) 장기요양급여 인정범위와 절차, 장기요양급여 제공계획서 작성절차에 관한 구체적인 사항 등은 _____으로 정한다.

(5) 공단은 특별현금급여를 받는 수급자의 신청이 있는 경우에는 _____로 입금하여야 한다.

(6) 특별현금급여수급계좌가 개설된 금융기관은 _____만이 특별현금급여수급계좌에 입금되도록 관리하여야 한다.

(7) 장기요양급여는 _____ 범위 안에서 제공한다. 이 경우 월 한도액은 장기요양등급 및 장기요양급여의 종류 등을 고려하여 산정한다.

(8) 수급자 또는 장기요양기관은 장기요양급여를 제공받거나 제공할 경우 다음 의 행위(이하 "_____"라 한다)를 요구하거나 제공하여서는 아니 된다.
  ㉠ 수급자의 가족만을 위한 행위
  ㉡ 수급자 또는 그 가족의 생업을 지원하는 행위
  ㉢ 그 밖에 수급자의 일상생활에 지장이 없는 행위

(9) 공단은 장기요양급여를 받고 있거나 받을 수 있는 자가 장기요양기관이 거짓이나 그 밖의 부정한 방법으로 장기요양급여비용을 받는 데에 가담한 경우 장기요양급여를 중단하거나 ___의 범위에서 장기요양급여의 ____ 또는 제공기간을 제한할 수 있다.

(10) 장기요양급여의 중단 및 제한 기준과 그 밖에 필요한 사항은 _____으로 정한다.

(11) 공단은 장기요양급여를 받을 수 있는 사람이 ____ 또는 ____로 생긴 질병·부상·재해로 다른 법령에 따른 장기요양급여나 보상(報償) 또는 보상(補償)을 받게 되는 경우에는 장기요양급여를 하지 아니한다.

(12) 공단은 장기요양급여를 받을 수 있는 사람이 다른 법령에 따라 국가나 _____로부터 장기요양급여에 상당하는 급여를 받거나 장기요양급여에 상당하는 비용을 지급받게 되는 경우에는 그 한도에서 장기요양급여를 하지 아니한다.

(13) 공단은 장기요양보험가입자가 대통령령으로 정하는 기간 이상 _____, 세대단위의 보험료를 체납한 경우 그 체납한 보험료를 완납할 때까지 그 장기요양보험가입자 및 피부양자에 대하여 장기요양급여를 실시하지 아니할 수 있다.

(14) 장기요양급여를 받을 수 있는 사람이 국외에 체류하는 경우 그 기간에는 _____를 하지 아니한다.

정답 및 해설

(1) 개인별장기요양이용계획서
(2) 장기요양인정서
(3) 장기요양기관
(4) 대통령령
(5) 특별현금급여수급계좌
(6) 특별현금급여
(7) 월 한도액
(8) 급여외행위
(9) 1년, 횟수
(10) 보건복지부령
(11) 업무, 공무
(12) 지방자치단체
(13) 보수 외 소득월액보험료
(14) 장기요양급여

출제예상문제

1 다음 중 노인장기요양보험법상 장기요양급여 제공에 대한 설명으로 옳지 않은 것은?

① 수급자는 장기요양인정서와 개인별장기요양이용계획서가 도달한 날로부터 7일 후에 장기요양급여를 받을 수 있다.

② 수급자는 장기요양급여를 받으려면 장기요양인정서와 개인별장기요양이용계획서를 장기요양기관에 제출하여야 한다.

③ 수급자는 대통령령으로 정하는 사유가 있는 경우 신청서를 제출한 날부터 장기요양급여를 받을 수 있다.

④ 수급자가 장기요양인정서 등을 제시하지 못하는 경우 장기요양기관은 공단에 전화나 인터넷 등을 통하여 자격여부 등을 확인할 수 있다.

TIP ① 수급자는 장기요양인정서와 개인별장기요양이용계획서가 도달한 날부터 장기요양급여를 받을 수 있다〈「노인장기요양보험법」 제27조 제1항〉.

2 다음 중 장기요양급여를 받기 위해서 장기요양기관에 제시해야 할 서류로만 묶여진 것은?

㉠ 장기요양급여신청서	㉡ 장기요양인정서
㉢ 개인별장기요양이용계획서	㉣ 장기요양급여수급계좌

① ㉠㉡ ② ㉠㉢

③ ㉡㉢ ④ ㉡㉣

TIP 수급자는 장기요양급여를 받으려면 장기요양기관에 장기요양인정서와 개인별장기요양이용계획서를 제시하여야 한다. 다만, 수급자가 장기요양인정서 및 개인별장기요양이용계획서를 제시하지 못하는 경우 장기요양기관은 공단에 전화나 인터넷 등을 통하여 그 자격 등을 확인할 수 있다〈「노인장기요양보험법」 제27조 제3항〉.

3 다음 중 수급자가 제시한 장기요양인정서와 개인별장기요양이용계획서를 바탕으로 장기요양기관이 작성한 후 공단에 통보하는 서류는?

① 장기요양급여 청구내역서　　　　　　② 장기요양급여 제공계획서
③ 장기요양급여 인정범위확인서　　　　④ 장기요양 이용계획서

TIP 장기요양기관은 수급자가 제시한 장기요양인정서와 개인별장기요양이용계획서를 바탕으로 장기요양급여 제공계획서를 작성하고 수급자의 동의를 받아 그 내용을 공단에 통보하여야 한다〈「노인장기요양보험법」 제27조 제4항〉.

4 다음 중 특별현금급여수급계좌에 대한 설명으로 옳지 않은 것은?

① 특별현금급여를 받는 수급자에게는 특별현금급여수급계좌로만 입금하여야 한다.
② 특별현금급여를 받는 수급자의 신청이 있는 경우에 공단이 입금한다.
③ 특별현금급여를 수급자 명의의 지정된 계좌를 특별현금급여수급계좌라 한다.
④ 특별현금급여수급계좌가 개설된 금융기관은 특별현금급여만이 특별현금급여수급계좌에 입금되도록 관리하여야 한다.

TIP 공단은 특별현금급여를 받는 수급자의 신청이 있는 경우에는 특별현금급여수급계좌로 입금하여야 한다. 다만, 정보통신장애나 그 밖에 대통령령으로 정하는 불가피한 사유로 특별현금급여수급계좌로 이체할 수 없을 때에는 현금 지급 등 대통령령으로 정하는 바에 따라 특별현금급여를 지급할 수 있다〈「노인장기요양보험법」 제27조의2 제1항〉.

5 다음 중 특별현금급여수급계좌의 관리에 필요한 사항을 정하는 기준은?

① 공단의 정관　　　　　　　　　　　② 보건복지부령
③ 지방자치단체의 조례　　　　　　　④ 대통령령

TIP 특별현금급여를 받는 수급자의 신청방법·절차와 특별현금급여수급계좌의 관리에 필요한 사항은 대통령령으로 정한다〈「노인장기요양보험법」 제27조의2 제3항〉.

Answer　1.① 2.③ 3.② 4.① 5.④

6 다음 중 장기요양급여의 제공범위는?

① 건강보험 납부금액   ② 장기요양급여 직전 수급액

③ 연간 한도액   ④ 월 한도액

TIP 장기요양급여는 월 한도액 범위 안에서 제공한다. 이 경우 월 한도액은 장기요양등급 및 장기요양급여의 종류 등을 고려하여 산정한다〈「노인장기요양보험법」 제28조 제1항〉.

7 다음은 노인장기요양보험법 제29조이다. (   ) 안에 알맞은 기간은?

> 공단은 장기요양급여를 받을 수 있는 자가 장기요양기관이 부정한 방법으로 장기요양급여비용을 받는 데에 가담한 경우 장기요양급여를 (   )의 범위에서 장기요양급여의 제공 기간을 제한할 수 있다

① 3개월   ② 6개월
③ 1년   ④ 2년

TIP 공단은 장기요양급여를 받고 있거나 받을 수 있는 자가 장기요양기관이 거짓이나 그 밖의 부정한 방법으로 장기요양급여비용을 받는 데에 가담한 경우 장기요양급여를 중단하거나 <u>1년</u>의 범위에서 장기요양급여의 횟수 또는 제공 기간을 제한할 수 있다〈「노인장기요양보험법」 제29조 제2항〉.

8 장기요양기관이나 수급자가 장기요양급여를 제공하거나 제공받을 경우 급여외행위로 볼 수 없는 것은?

① 수급자의 가족만을 위한 행위
② 수급자 자격을 인터넷을 통해 공단에 확인하는 행위
③ 수급자나 그 가족의 생업을 지원하는 행위
④ 수급자의 일상생활에 지장이 없는 행위

TIP 급여외행위의 제공 금지〈「노인장기요양보험법」 제28조의2 제1항〉 … 수급자 또는 장기요양기관은 장기요양급여를 제공받거나 제공할 경우 다음의 행위(이하 "급여외행위"라 한다)를 요구하거나 제공하여서는 아니 된다.
ⓐ 수급자의 가족만을 위한 행위
ⓑ 수급자 또는 그 가족의 생업을 지원하는 행위
ⓒ 그 밖에 수급자의 일상생활에 지장이 없는 행위

9 다음 중 장기요양급여의 제한에 대한 설명으로 옳지 않은 것은?

① 공단은 장기요양급여를 받고 있는 자가 정당한 사유 없이 조사나 자료제출에 응하지 아니할 경우 장기요양급여의 일부를 제공하지 아니하게 할 수 있다.

② 공단은 장기요양급여를 받고 있는 자가 장기요양기관이 거짓으로 장기요양급여비용을 받는 데에 가담한 경우 장기요양급여를 중단할 수 있다.

③ 장기요양기관이 부정한 방법으로 장기요양급여비용을 받는 데에 가담한 경우 1년의 범위에서 장기요양급여의 제공 기간을 제한할 수 있다.

④ 장기요양급여의 중단에 필요한 사항은 대통령령으로 정한다.

TIP ④ 장기요양급여의 중단 및 제한 기준과 그 밖에 필요한 사항은 보건복지부령으로 정한다〈「노인장기요양보험법」 제29조 제3항〉.

10 다음은 급여제한기간에 받은 보험급여를 인정하는 경우에 대한 법조항이다. 빈칸에 공통으로 들어갈 내용으로 적절한 것은?

> 1. 공단이 급여제한기간에 보험급여를 받은 사실이 있음을 가입자에게 통지한 날부터 (   )이 지난 날이 속한 달의 납부기한 이내에 체납된 보험료를 완납한 경우
> 2. 공단이 급여제한기간에 보험급여를 받은 사실이 있음을 가입자에게 통지한 날부터 (   )이 지난 날이 속한 달의 납부기한 이내에 제82조에 따라 분할납부 승인을 받은 체납보험료를 1회 이상 낸 경우

① 1개월   ② 2개월

③ 3개월   ④ 4개월

TIP 급여제한기간에 받은 보험급여를 인정하는 경우〈「국민건강보험법」 제53조 제6항 준용〉

  ⊙ 공단이 급여제한기간에 보험급여를 받은 사실이 있음을 가입자에게 통지한 날부터 <u>2개월</u>이 지난날이 속한 달의 납부기한 이내에 체납된 보험료를 완납한 경우

  ⊙ 공단이 급여제한기간에 보험급여를 받은 사실이 있음을 가입자에게 통지한 날부터 <u>2개월</u>이 지난날이 속한 달의 납부기한 이내에 제82조에 따라 분할납부 승인을 받은 체납보험료를 1회 이상 낸 경우. 다만, 제82조에 따른 분할납부 승인을 받은 사람이 정당한 사유 없이 5회 이상 그 승인된 보험료를 내지 아니한 경우에는 그러하지 아니하다.

Answer   6.④   7.③   8.②   9.④   10.②

장기요양기관

1 장기요양기관의 지정〈제31조〉

① **장기요양기관의 지정** : 재가급여 또는 시설급여를 제공하는 장기요양기관을 운영하려는 자는 보건복지부령으로 정하는 장기요양에 필요한 시설 및 인력을 갖추어 소재지를 관할 구역으로 하는 특별자치시장 · 특별자치도지사 · 시장 · 군수 · 구청장으로부터 지정을 받아야 한다.

② **지정시설** : 장기요양기관으로 지정을 받을 수 있는 시설은 「노인복지법」 제31조에 따른 노인복지시설 중 대통령령으로 정하는 시설로 한다.

> **조문참고**
> **노인복지법 제31조(노인복지시설의 종류)**
> ㉠ 노인주거복지시설
> ㉡ 노인의료복지시설
> ㉢ 노인여가복지시설
> ㉣ 재가노인복지시설
> ㉤ 노인보호전문기관
> ㉥ 노인일자리지원기관
> ㉦ 학대피해노인 전용쉼터

③ **장기요양기관을 지정하려는 경우**
  ㉠ **검토사항** : 특별자치시장 · 특별자치도지사 · 시장 · 군수 · 구청장이 장기요양기관 지정을 하려는 경우에는 다음 사항을 검토하여 장기요양기관을 지정하여야 한다.
  • 장기요양기관을 운영하려는 자의 장기요양급여 제공 이력
  • 장기요양기관을 운영하려는 자 및 그 기관에 종사하려는 자가 「노인장기요양보험법」, 「사회복지사업법」 또는 「노인복지법」 등 장기요양기관의 운영과 관련된 법에 따라 받은 행정처분의 내용
  • 장기요양기관의 운영 계획
  • 해당 지역이 노인인구 수, 치매 등 노인성질환 환자 수 및 장기요양급여 수요 등 지역 특성
  • 그 밖에 특별자치시장 · 특별자치도지사 · 시장 · 군수 · 구청장이 장기요양기관으로 지정하는 데 필요하다고 인정하여 정하는 사항
  ㉡ **자료 제출 요청** : 장기요양기관을 지정하려는 경우 특별자치시장 · 특별자치도지사 · 시장 · 군수 · 구청장은 공단에 관련 자료의 제출을 요청하거나 그 의견을 들을 수 있다.

④ **지정 명세 통보** : 특별자치시장·특별자치도지사·시장·군수·구청장은 장기요양기관을 지정한 때 지체 없이 지정 명세를 공단에 통보하여야 한다.

⑤ **방문간호의 관리책임자** : 재가급여를 제공하는 장기요양기관 중 의료기관이 아닌 자가 설치·운영하는 장기요양기관이 방문간호를 제공하는 경우에는 방문간호의 관리책임자로서 간호사를 둔다.

⑥ **장기요양기관의 지정절차** : 장기요양기관의 지정절차와 그 밖에 필요한 사항은 보건복지부령으로 정한다.

2 결격사유〈제32조의2〉

다음에 해당하는 자는 장기요양기관으로 지정받을 수 없다.
① 미성년자, 피성년후견인 또는 피한정후견인
② 정신질환자. 전문의가 장기요양기관 설립·운영 업무에 종사하는 것이 적합하다고 인정하는 사람은 그러하지 아니하다.
③ 마약류에 중독된 사람
④ 파산선고를 받고 복권되지 아니한 사람
⑤ 금고 이상의 실형을 선고받고 그 집행이 종료(집행이 종료된 것으로 보는 경우를 포함한다)되거나 집행이 면제된 날부터 5년이 경과되지 아니한 사람
⑥ 금고 이상의 형의 집행유예를 선고받고 그 유예기간 중에 있는 사람
⑦ 대표자가 ①~⑥의 규정 중 어느 하나에 해당하는 법인

3 장기요양기관 지정의 유효기간〈제32조의3〉

장기요양기관 지정의 유효기간은 지정을 받은 날부터 6년으로 한다.

4 장기요양기관 지정의 갱신〈제32조의4〉

① **갱신 신청** : 장기요양기관의 장은 지정의 유효기간이 끝난 후에도 계속하여 그 지정을 유지하려는 경우에는 소재지를 관할구역으로 하는 특별자치시장·특별자치도지사·시장·군수·구청장에게 지정 유효기간이 끝나기 90일 전까지 지정 갱신을 신청하여야 한다.

② **현장심사** : 신청을 받은 특별자치시장·특별자치도지사·시장·군수·구청장은 갱신 심사에 필요하다고 판단되는 경우에는 장기요양기관에 추가자료의 제출을 요구하거나 소속 공무원으로 하여금 현장심사를 하게 할 수 있다.

③ **지정 유효** : 지정 갱신이 지정 유효기간 내에 완료되지 못한 경우에는 심사 결정이 이루어질 때까지 지정이 유효한 것으로 본다.

④ **결과 통보** : 특별자치시장·특별자치도지사·시장·군수·구청장은 갱신 심사를 완료한 경우 그 결과를 지체 없이 해당 장기요양기관의 장에게 통보하여야 한다.

⑤ **수급자의 권익 보호** : 특별자치시장·특별자치도지사·시장·군수·구청장이 지정의 갱신을 거부하는 경우 그 내용의 통보 및 수급자의 권익을 보호하기 위한 조치에 관하여는 제37조 제2항 및 제5항을 준용한다.

> **조문참고**
> **제37조(장기요양기관 지정의 취소 등)**
> ② 특별자치시장·특별자치도지사·시장·군수·구청장은 지정을 취소하거나 업무정지명령을 한 경우에는 지체 없이 그 내용을 공단에 통보하고, 보건복지부령으로 정하는 바에 따라 보건복지부장관에게 통보한다. 이 경우 시장·군수·구청장은 관할 특별시장·광역시장 또는 도지사를 거쳐 보건복지부장관에게 통보하여야 한다.
> ⑤ 특별자치시장·특별자치도지사·시장·군수·구청장은 장기요양기관이 지정취소 또는 업무정지되는 경우에는 해당 장기요양기관을 이용하는 수급자의 권익을 보호하기 위하여 적극적으로 노력하여야 한다.

⑥ **지정 갱신의 기준 등** : 그 밖에 지역별 장기요양급여의 수요 등 지정 갱신의 기준, 절차 및 방법 등에 필요한 사항은 보건복지부령으로 정한다.

5 **장기요양기관의 시설·인력에 관한 변경**〈제33조〉

① **중요한 사항 변경 지정** : 장기요양기관의 장은 시설 및 인력 등 보건복지부령으로 정하는 중요한 사항을 변경하려는 경우에는 보건복지부령으로 정하는 바에 따라 특별자치시장·특별자치도지사·시장·군수·구청장의 변경지정을 받아야 한다.

② **변경신고** : ① 외의 사항을 변경하려는 경우에는 보건복지부령으로 정하는 바에 따라 특별자치시장·특별자치도지사·시장·군수·구청장에게 변경신고를 하여야 한다.

③ **변경 사항 통보** : 변경지정을 하거나 변경신고를 받은 특별자치시장·특별자치도지사·시장·군수·구청장은 지체 없이 해당 변경 사항을 공단에 통보하여야 한다.

6 **폐쇄회로 텔레비전의 설치 등**〈제33조의2〉

① **폐쇄회로 텔레비전 설치·관리** : 장기요양기관을 운영하는 자는 노인학대 방지 등 수급자의 안전과 장기요양기관의 보안을 위하여 「개인정보 보호법」 및 관련 법령에 따른 폐쇄회로 텔레비전(이하 "폐쇄회로

텔레비전"이라 한다)을 설치·관리하여야 한다. 다만, 다음 어느 하나에 해당하는 경우에는 그러하지 아니하다.

　㉠ 재가급여만을 제공하는 경우

　㉡ 장기요양기관을 운영하는 자가 수급자 전원 또는 그 보호자 전원의 동의를 받아 특별자치시장·특별자치도지사·시장·군수·구청장에게 신고한 경우

　㉢ 장기요양기관을 설치·운영하는 자가 수급자, 그 보호자 및 장기요양기관 종사자 전원의 동의를 받아 「개인정보 보호법」 및 관련 법령에 따른 네트워크 카메라를 설치한 경우

② **폐쇄회로 텔레비전 준수사항** : 폐쇄회로 텔레비전을 설치·관리하는 자는 수급자 및 장기요양기관 종사자 등 정보주체의 권리가 침해되지 아니하도록 다음의 사항을 준수하여야 한다.

　㉠ 노인학대 방지 등 수급자의 안전과 장기요양기관의 보안을 위하여 최소한의 영상정보만을 적법하고 정당하게 수집하고, 목적 외의 용도로 활용하지 아니하도록 할 것

　㉡ 수급자 및 장기요양기관 종사자 등 정보주체의 권리가 침해받을 가능성과 그 위험 정도를 고려하여 영상정보를 안전하게 관리할 것

　㉢ 수급자 및 장기요양기관 종사자 등 정보주체의 사생활 침해를 최소화하는 방법으로 영상정보를 처리할 것

③ **폐쇄회로 텔레비전 기록보관** : 장기요양기관을 운영하는 자는 폐쇄회로 텔레비전에 기록된 영상정보를 60일 이상 보관하여야 한다.

④ **폐쇄회로 텔레비전 설치비 지원** : 국가 또는 지방자치단체는 폐쇄회로 텔레비전 설치비의 전부 또는 일부를 지원할 수 있다.

⑤ 폐쇄회로 텔레비전의 설치·관리 기준 및 동의 또는 신고의 방법·절차·요건, 영상 정보의 보관기준 및 보관기간 등에 필요한 사항은 보건복지부령으로 정한다.

7 영상정보의 열람금지 등〈제33조의3〉

① **폐쇄회로 텔레비전 열람금지·관리** : 폐쇄회로 텔레비전을 설치·관리하는 자는 다음의 어느 하나에 해당하는 경우를 제외하고는 제33조의2 제3항의 영상정보를 열람하게 하여서는 아니 된다.

　　조문참고
　제33조의2(폐쇄회로 텔레비전의 설치 등)
　　③ 장기요양기관을 운영하는 자는 폐쇄회로 텔레비전에 기록된 영상정보를 60일 이상 보관하여야 한다.

　㉠ 수급자가 자신의 생명·신체·재산상의 이익을 위하여 본인과 관련된 사항을 확인할 목적으로 열람 시기·절차 및 방법 등 보건복지부령으로 정하는 바에 따라 요청하는 경우

ⓛ 수급자의 보호자가 수급자의 안전을 확인할 목적으로 열람 시기·절차 및 방법 등 보건복지부령으로 정하는 바에 따라 요청하는 경우

ⓒ 「개인정보 보호법」 제2조 제6호 가목에 따른 공공기관이 「노인복지법」 제39조의11 등 법령에서 정하는 노인의 안전업무 수행을 위하여 요청하는 경우

> **조문참고**
>
> 개인정보 보호법 제2조 제6호 가목(정의) 6. "공공기관"이란 다음 각 목의 기관을 말한다.
>
> 가. 국회, 법원, 헌법재판소, 중앙선거관리위원회의 행정사무를 처리하는 기관, 중앙행정기관(대통령 소속 기관과 국무총리 소속 기관을 포함한다) 및 그 소속 기관, 지방자치단체

> **조문참고**
>
> 노인복지법 제39조의11(조사 등)
>
> ① 보건복지부장관, 시·도지사 또는 시장·군수·구청장은 필요하다고 인정하는 때에는 관계공무원 또는 노인복지상담원으로 하여금 노인복지시설과 노인의 주소·거소, 노인의 고용장소 또는 제39조의9의 금지행위를 위반할 우려가 있는 장소에 출입하여 노인 또는 관계인에 대하여 필요한 조사를 하거나 질문을 하게 할 수 있다.
>
> ② 경찰청장, 시·도지사 또는 시장·군수·구청장은 실종노인의 발견을 위하여 필요한 때에는 보호시설의 장 또는 그 종사자에게 필요한 보고 또는 자료제출을 명하거나 소속 공무원으로 하여금 보호시설에 출입하여 관계인 또는 노인에 대하여 필요한 조사 또는 질문을 하게 할 수 있다.
>
> ③ 제1항 및 제2항의 경우 관계공무원, 노인복지상담원은 그 권한을 표시하는 증표 및 조사기간, 조사범위, 조사담당자, 관계 법령 등 보건복지부령으로 정하는 사항이 기재된 서류를 지니고 이를 노인 또는 관계인에게 내보여야 한다.
>
> ④ 제1항 및 제2항에 따른 조사 또는 질문의 절차·방법 등에 관하여는 이 법에서 정하는 사항을 제외하고는 「행정조사기본법」에서 정하는 바에 따른다.

ⓔ 범죄의 수사와 공소의 제기 및 유지, 법원의 재판업무 수행을 위하여 필요한 경우

ⓜ 그 밖에 노인 관련 안전업무를 수행하는 기관으로서 보건복지부령으로 정하는 자가 업무의 수행을 위하여 열람 시기·절차 및 방법 등 보건복지부령으로 정하는 바에 따라 요청하는 경우

② **장기요양기관 운영 금지 행위**: 장기요양기관을 운영하는 자는 다음의 어느 하나에 해당하는 행위를 하여서는 아니 된다.

ⓐ 설치목적과 다른 목적으로 폐쇄회로 텔레비전을 임의로 조작하거나 다른 곳을 비추는 행위

ⓑ 녹음기능을 사용하거나 보건복지부령으로 정하는 저장장치 이외의 장치 또는 기기에 영상정보를 저장하는 행위

③ **장기요양기관 안전성 확보 조치**: 장기요양기관을 운영하는 자는 제33조의2제3항의 영상정보가 분실·도난·유출·변조 또는 훼손되지 아니하도록 내부 관리계획의 수립, 접속기록 보관 등 대통령령으로 정하는 바에 따라 안전성 확보에 필요한 기술적·관리적·물리적 조치를 하여야 한다.

④ **장기요양기관 조사 및 점검** : 국가 및 지방자치단체는 장기요양기관에 설치한 폐쇄회로 텔레비전의 설치·관리와 그 영상정보의 열람으로 수급자 및 장기요양기관 종사자 등 정보주체의 권리가 침해되지 아니하도록 설치·관리 및 열람 실태를 보건복지부령으로 정하는 바에 따라 매년 1회 이상 조사·점검하여야 한다.

⑤ 폐쇄회로 텔레비전의 설치·관리와 그 영상정보의 열람에 관하여 이 법에서 규정된 것을 제외하고는 「개인정보 보호법」(제25조는 제외한다)을 적용한다.

8 장기요양기관 정보의 안내 등〈제34조〉

① **홈페이지 게시** : 장기요양기관은 수급자가 장기요양급여를 쉽게 선택하도록 하고 장기요양기관이 제공하는 급여의 질을 보장하기 위하여 장기요양기관별 급여의 내용, 시설·인력 등 현황자료 등을 공단이 운영하는 인터넷 홈페이지에 게시하여야 한다.

② **게시 내용, 방법, 절차** : 게시 내용, 방법, 절차, 그 밖에 필요한 사항은 보건복지부령으로 정한다.

9 장기요양기관의 의무 등〈제35조〉

① **장기요양급여 제공 거부 금지**
   ㉠ 장기요양기관은 수급자로부터 장기요양급여신청을 받은 때 장기요양급여의 제공을 거부하여서는 아니 된다.
   ㉡ 다만, 입소정원에 여유가 없는 경우 등 정당한 사유가 있는 경우는 그러하지 아니하다.

② **장기요양급여 제공** : 장기요양기관은 장기요양급여의 제공 기준·절차 및 방법 등에 따라 장기요양급여를 제공하여야 한다.

③ **명세서 교부** : 장기요양기관의 장은 장기요양급여를 제공한 수급자에게 장기요양급여비용에 대한 명세서를 교부하여야 한다.

④ **자료 기록·관리 및 거짓 자료 작성 금지**
   ㉠ **자료 기록·관리** : 장기요양기관의 장은 장기요양급여 제공에 관한 자료를 기록·관리하여야 한다.
   ㉡ **거짓 자료 작성 금지** : 장기요양기관의 장 및 그 종사자는 장기요양급여 제공에 관한 자료를 거짓으로 작성하여서는 아니 된다.

⑤ **영리 목적의 면제 및 감경 금지** : 장기요양기관은 면제받거나 감경받는 금액 외에 영리를 목적으로 수급자가 부담하는 재가 및 시설 급여비용(이하 "본인부담금"이라 한다)을 면제하거나 감경하는 행위를 하여서는 아니 된다.

⑥ **영리 목적 행위 금지** : 누구든지 영리를 목적으로 금전, 물품, 노무, 향응, 그 밖의 이익을 제공하거나 제공할 것을 약속하는 방법으로 수급자를 장기요양기관에 소개, 알선 또는 유인하는 행위 및 이를 조장하는 행위를 하여서는 아니 된다.

⑦ **장기요양급여비용의 명세서 등** : 장기요양급여비용의 명세서, 기록·관리하여야 할 장기요양급여 제공 자료의 내용 및 보존기한, 그 밖에 필요한 사항은 보건복지부령으로 정한다.

10 장기요양기관 재무 · 회계기준〈제35조의2〉

① **재무 · 회계 기준에 따른 운영** : 장기요양기관의 장은 보건복지부령으로 정하는 재무·회계에 관한 기준(이하 "장기요양기관 재무·회계기준"이라 한다)에 따라 장기요양기관을 투명하게 운영하여야 한다. 다만, 장기요양기관 중 사회복지시설은 재무·회계에 관한 기준에 따른다.

② **특성 및 시행시기 등 고려** : 보건복지부장관은 장기요양기관 재무·회계기준을 정할 때에는 장기요양기관의 특성 및 그 시행시기 등을 고려하여야 한다.

11 인권교육〈제35조의3〉

① **인권교육 이수** : 장기요양기관 중 대통령령으로 정하는 기관을 운영하는 자와 그 종사자는 인권에 관한 교육(이하 이 조에서 "인권교육"이라 한다)을 받아야 한다.

② **인권교육 실시** : 장기요양기관 중 대통령령으로 정하는 기관을 운영하는 자는 해당 기관을 이용하고 있는 장기요양급여 수급자에게 인권교육을 실시할 수 있다.

③ **인권교육기관 지정**
    ㉠ 보건복지부장관은 인권교육을 효율적으로 실시하기 위하여 인권교육기관을 지정할 수 있다.
    ㉡ 인권교육기관을 지정할 경우 예산의 범위에서 인권교육에 소요되는 비용을 지원할 수 있다.
    ㉢ 지정을 받은 인권교육기관은 보건복지부장관의 승인을 받아 인권교육에 필요한 비용을 교육대상자로부터 징수할 수 있다.

④ **지정 취소 및 업무의 정지**
    ㉠ 보건복지부장관은 지정을 받은 인권교육기관이 다음의 어느 하나에 해당하면 그 지정을 취소하거나 6개월 이내의 기간을 정하여 업무의 정지를 명할 수 있다.
      • 거짓이나 그 밖의 부정한 방법으로 지정을 받은 경우
      • 보건복지부령으로 정하는 지정요건을 갖추지 못하게 된 경우
      • 인권교육의 수행능력이 현저히 부족하다고 인정되는 경우

ⓛ 거짓이나 그 밖의 부정한 방법으로 지정을 받은 경우에 해당하면 그 지정을 취소하여야 한다.

⑤ **인권교육 대상 · 내용 · 방법** : 인권교육의 대상 · 내용 · 방법, 인권교육기관의 지정 및 인권교육기관의 지정 취소 · 업무정지 처분의 기준 등에 필요한 사항은 보건복지부령으로 정한다.

12 장기요양요원의 보호〈제35조의4〉

① **장기요양요원에 대한 적절한 조치** : 장기요양기관의 장은 장기요양요원이 다음 어느 하나에 해당하는 경우로 인한 고충의 해소를 요청하는 경우 업무의 전환 등 대통령령으로 정하는 바에 따라 적절한 조치를 하여야 한다.
ⓐ 수급자 및 그 가족이 장기요양요원에게 폭언 · 폭행 · 상해 또는 성희롱 · 성폭력 행위를 하는 경우
ⓛ 수급자 및 그 가족이 장기요양요원에게 급여외행위의 제공을 요구하는 경우

② **장기요양요원에 대한 금지 행위** : 장기요양기관의 장은 장기요양요원에게 다음 행위를 하여서는 아니 된다.
ⓐ 장기요양요원에게 급여외행위의 제공을 요구하는 행위
ⓛ 수급자가 부담하여야 할 본인부담금의 전부 또는 일부를 부담하도록 요구하는 행위

③ **권익보호를 위한 사항 안내** : 장기요양기관의 장은 보건복지부령으로 정하는 바에 따라 장기요양 수급자와 그 가족에게 장기요양요원의 업무 범위, 직무상 권리와 의무 등 권익보호를 위한 사항을 안내할 수 있다.

④ **시정 신청** : 장기요양요원은 장기요양기관의 장이 적절한 조치를 하지 아니한 경우에는 장기요양기관을 지정한 특별자치시장 · 특별자치도지사 · 시장 · 군수 · 구청장에게 그 시정을 신청할 수 있다.

⑤ **적절한 조치** : 신청을 받은 특별자치시장 · 특별자치도지사 · 시장 · 군수 · 구청장은 장기요양요원의 고충에 대한 사실확인을 위한 조사를 실시한 후 필요하다고 인정되는 경우에는 장기요양기관의 장에게 적절한 조치를 하도록 통보하여야 한다. 이 경우 적절한 조치를 하도록 통보받은 장기요양기관의 장은 특별한 사유가 없으면 이에 따라야 한다

⑥ **시정신청의 절차, 사실확인 조사 및 통보 등** : 시정신청의 절차, 사실확인 조사 및 통보 등에 필요한 사항은 대통령령으로 정한다.

13 보험 가입〈제35조의5〉

① **전문인 배상책임보험 가입** : 장기요양기관은 종사자가 장기요양급여를 제공하는 과정에서 발생할 수 있는 수급자의 상해 등 법률상 손해를 배상하는 보험(이하 "전문인 배상책임보험"이라 한다)에 가입할 수 있다.

② 배상책임보험에 가입하지 않은 경우 : 공단은 장기요양기관이 전문인 배상책임보험에 가입하지 않은 경우 그 기간 동안 해당 장기요양기관에 지급하는 장기요양급여비용의 일부를 감액할 수 있다.

③ 장기요양급여비용 감액 기준 등 : 장기요양급여비용의 감액 기준 등에 관하여 필요한 사항은 보건복지부령으로 정한다.

14 장기요양기관의 폐업 등의 신고 등〈제36조〉

① 장기요양기관 폐업 및 휴업
　㉠ 신고 : 장기요양기관의 장은 폐업하거나 휴업하고자 하는 경우 폐업이나 휴업 예정일 전 30일까지 특별자치시장·특별자치도지사·시장·군수·구청장에게 신고하여야 한다.
　㉡ 신고 명세 통보 : 신고를 받은 특별자치시장·특별자치도지사·시장·군수·구청장은 지체 없이 신고 명세를 공단에 통보하여야 한다.

② 유효기간 경과시 통보 : 특별자치시장·특별자치도지사·시장·군수·구청장은 장기요양기관의 장이 유효기간이 끝나기 30일 전까지 지정 갱신 신청을 하지 아니하는 경우 그 사실을 공단에 통보하여야 한다.

③ 수급자 권익 보호를 위한 조치 : 장기요양기관의 장은 장기요양기관을 폐업하거나 휴업하려는 경우 또는 장기요양기관의 지정 갱신을 하지 아니하려는 경우 보건복지부령으로 정하는 바에 따라 수급자의 권익을 보호하기 위하여 다음의 조치를 취하여야 한다.
　㉠ 해당 장기요양기관을 이용하는 수급자가 다른 장기요양기관을 선택하여 이용할 수 있도록 계획을 수립하고 이행하는 조치
　㉡ 해당 장기요양기관에서 수급자가 부담한 비용 중 정산하여야 할 비용이 있는 경우 이를 정산하는 조치
　㉢ 그 밖에 수급자의 권익 보호를 위하여 필요하다고 인정되는 조치로서 보건복지부령으로 정하는 조치

④ 수급자 권익 보호를 위한 조치 시행 여부 확인
　㉠ 특별자치시장·특별자치도지사·시장·군수·구청장은 폐업·휴업 신고를 접수한 경우 또는 장기요양기관의 장이 유효기간이 끝나기 30일 전까지 지정 갱신 신청을 하지 아니한 경우 장기요양기관의 장이 수급자의 권익을 보호하기 위한 조치를 취하였는지의 여부를 확인하여야 한다.
　㉡ 인근지역에 대체 장기요양기관이 없는 경우 등 장기요양급여에 중대한 차질이 우려되는 때에는 장기요양기관의 폐업·휴업 철회 또는 지정 갱신 신청을 권고하거나 그 밖의 다른 조치를 강구하여야 한다.

⑤ 사업정지 및 폐지 명령시 통보 : 특별자치시장·특별자치도지사·시장·군수·구청장은 「노인복지법」에 따라 노인의료복지시설 등(장기요양기관이 운영하는 시설인 경우에 한한다)에 대하여 사업정지 또는 폐지 명령을 하는 경우 지체 없이 공단에 그 내용을 통보하여야 한다.

⑥ 장기요양급여 제공 자료 공단으로 이관
　㉠ 장기요양기관의 장은 폐업·휴업 신고를 할 때 또는 장기요양기관의 지정 갱신을 하지 아니하여 유효기간이 만료될 때 보건복지부령으로 정하는 바에 따라 장기요양급여 제공 자료를 공단으로 이관하여야 한다.
　㉡ 다만, 휴업 신고를 하는 장기요양기관의 장이 휴업 예정일 전까지 공단의 허가를 받은 경우에는 장기요양급여 제공 자료를 직접 보관할 수 있다.

15 시정명령〈제36조의2〉

특별자치시장·특별자치도지사·시장·군수·구청장은 다음의 어느 하나에 해당하는 장기요양기관에 대하여 6개월 이내의 범위에서 일정한 기간을 정하여 시정을 명할 수 있다.
① 폐쇄회로 텔레비전의 설치·관리 및 영상정보의 보관기준을 위반한 경우
② 장기요양기관 재무·회계기준을 위반한 경우

16 장기요양기관 지정의 취소 등〈제37조〉

① 지정취소 및 업무정지
　㉠ 지정의 취소 등 처분권자 : 특별자치시장·특별자치도지사·시장·군수·구청장은 지정 취소나 업무정지를 명할 수 있다.
　㉡ 6개월 업무정지 : 다음의 어느 하나에 해당하는 경우 6개월의 범위에서 업무정지를 명할 수 있다.
　　• 급여외 행위를 제공한 경우. 장기요양기관의 장이 그 위반행위를 방지하기 위하여 해당 업무에 관하여 상당한 주의와 감독을 게을리하지 아니한 경우는 제외한다.
　　• 지정기준에 적합하지 아니한 경우
　　• 장기요양급여를 거부한 경우
　　• 본인부담금을 면제하거나 감경하는 행위를 한 경우
　　• 수급자를 소개, 알선 또는 유인하는 행위 및 이를 조장하는 행위를 한 경우
　　• 다음의 어느 하나를 위반한 경우
　　　- 장기요양요원에게 급여외행위의 제공을 요구하는 행위
　　　- 수급자가 부담하여야 할 본인부담금의 전부 또는 일부를 부담하도록 요구하는 행위
　　• 시정명령을 이행하지 아니하거나 회계부정 행위가 있는 경우
　　• 정당한 사유 없이 평가를 거부·방해 또는 기피하는 경우
　　• 거짓이나 그 밖의 부정한 방법으로 재가 및 시설 급여비용을 청구한 경우

- 자료제출 명령에 따르지 아니하거나 거짓으로 자료제출을 한 경우나 질문 또는 검사를 거부 · 방해 또는 기피하거나 거짓으로 답변한 경우
- 장기요양기관의 종사자 등이 다음의 어느 하나에 해당하는 행위를 한 경우. 장기요양기관의 장이 그 행위를 방지하기 위하여 해당 업무에 관하여 상당한 주의와 감독을 게을리 하지 아니한 경우는 제외한다.
  - 수급자의 신체에 폭행을 가하거나 상해를 입히는 행위
  - 수급자에게 성적 수치심을 주는 성폭행, 성희롱 등의 행위
  - 자신의 보호 · 감독을 받는 수급자를 유기하거나 의식주를 포함한 기본적 보호 및 치료를 소홀히 하는 방임행위
  - 수급자를 위하여 증여 또는 급여된 금품을 그 목적 외의 용도에 사용하는 행위
  - 폭언, 협박, 위협 등으로 수급자의 정신건강에 해를 끼치는 정서적 학대행위
ⓒ 지정 취소 : 다음의 어느 하나에 해당하는 경우에는 지정을 취소하여야 한다.
- 거짓이나 그 밖의 부정한 방법으로 지정을 받은 경우
- 결격사유의 어느 하나에 해당하게 된 경우. 대표자가 결격사유의 어느 하나에 해당하는 법인의 경우 3개월 이내에 그 대표자를 변경하는 때에는 그러하지 아니다.
- 폐업 또는 휴업 신고를 하지 아니하고 1년 이상 장기요양급여를 제공하지 아니한 경우
- 업무정지기간 중에 장기요양급여를 제공한 경우
- 「부가가치세법」에 따른 사업자등록 또는 「소득세법」에 따른 사업자등록이나 고유번호가 말소된 경우

② 지정의 취소 등 후 통보
ⓐ 특별자치시장 · 특별자치도지사 · 시장 · 군수 · 구청장은 지정을 취소하거나 업무정지명령을 한 경우에는 지체 없이 그 내용을 공단에 통보하고, 보건복지부령으로 정하는 바에 따라 보건복지부장관에게 통보한다.
ⓑ 장기요양기관이 지정취소 또는 업무정지되는 경우 시장 · 군수 · 구청장은 관할 특별시장 · 광역시장 또는 도지사를 거쳐 보건복지부장관에게 통보하여야 한다.

③ 수급자의 권익 보호를 위해 노력 : 특별자치시장 · 특별자치도지사 · 시장 · 군수 · 구청장은 장기요양기관이 지정취소 또는 업무정지되는 경우에는 해당 장기요양기관을 이용하는 수급자의 권익을 보호하기 위하여 적극적으로 노력하여야 한다.

④ 수급자 권익 보호를 위한 조치 : 특별자치시장 · 특별자치도지사 · 시장 · 군수 · 구청장은 수급자의 권익을 보호하기 위하여 보건복지부령으로 정하는 바에 따라 다음 조치를 하여야 한다.
ⓐ 행정처분의 내용을 우편 또는 정보통신망 이용 등의 방법으로 수급자 또는 그 보호자에게 통보하는 조치
ⓑ 해당 장기요양기관을 이용하는 수급자가 다른 장기요양기관을 선택하여 이용할 수 있도록 하는 조치

⑤ 비용 정산 : 지정취소 또는 업무정지되는 장기요양기관의 장은 해당 기관에서 수급자가 부담한 비용 중 정산하여야 할 비용이 있는 경우 이를 정산하여야 한다.

⑥ 장기요양기관으로 지정받을 수 없는 자 : 다음의 어느 하나에 해당하는 자는 장기요양기관으로 지정받을 수 없다.
  ㉠ 지정취소를 받은 후 3년이 지나지 아니한 자(법인인 경우 그 대표자를 포함한다)
  ㉡ 업무정지명령을 받고 업무정지기간이 지나지 아니한 자(법인인 경우 그 대표자를 포함한다)

⑦ 행정처분의 기준 : 행정처분의 기준은 보건복지부령으로 정한다.

17 과징금의 부과 등〈제37조의2〉

① 2억 원 이하의 과징금 부과
  ㉠ 특별자치시장·특별자치도지사·시장·군수·구청장은 제37조 제1항 각 호의 어느 하나(같은 항 제4호는 제외한다)에 해당하는 행위를 이유로 업무정지명령을 하여야 하는 경우로서 그 업무정지가 해당 장기요양기관을 이용하는 수급자에게 심한 불편을 줄 우려가 있는 등 보건복지부장관이 정하는 특별한 사유가 있다고 인정되는 경우에는 업무정지명령을 갈음하여 2억 원 이하의 과징금을 부과할 수 있다.

조문참고
제37조(급여의 정지) 제1항
1. 거짓이나 그 밖의 부정한 방법으로 지정을 받은 경우
1의2. 급여외 행위를 제공한 경우. 장기요양기관의 장이 그 위반행위를 방지하기 위하여 해당 업무에 관하여 상당한 주의와 감독을 게을리 하지 아니한 경우는 제외한다.
2. 지정기준에 적합하지 아니한 경우
2의2. 결격사유의 어느 하나에 해당하게 된 경우. 대표자가 결격사유의 어느 하나에 해당하는 법인의 경우 3개월 이내에 그 대표자를 변경하는 때에는 그러하지 아니하다.
3. 장기요양급여를 거부한 경우
3의2. 본인부담금을 면제하거나 감경하는 행위를 한 경우
3의3. 수급자를 소개, 알선 또는 유인하는 행위 및 이를 조장하는 행위를 한 경우
3의4. 다음의 어느 하나를 위반한 경우
  • 장기요양요원에게 급여 외 행위의 제공을 요구하는 행위
  • 수급자가 부담하여야 할 본인부담금의 전부 또는 일부를 부담하도록 요구하는 행위
3의5. 폐업 또는 휴업 신고를 하지 아니하고 1년 이상 장기요양급여를 제공하지 아니한 경우
3의6. 시정명령을 이행하지 아니하거나 회계부정 행위가 있는 경우
3의7. 정당한 사유 없이 평가를 거부·방해 또는 기피하는 경우
5. 자료제출 명령에 따르지 아니하거나 거짓으로 자료제출을 한 경우나 질문 또는 검사를 거부·방해 또는 기피하거나 거짓으로 답변한 경우

6. 장기요양기관의 종사자 등이 다음의 어느 하나에 해당하는 행위를 한 경우. 다만, 장기요양기관의 장이 그 행위를 방지하기 위하여 해당 업무에 관하여 상당한 주의와 감독을 게을리 하지 아니한 경우는 제외한다.
  • 수급자의 신체에 폭행을 가하거나 상해를 입히는 행위
  • 수급자에게 성적 수치심을 주는 성폭행, 성희롱 등의 행위
  • 자신의 보호 · 감독을 받는 수급자를 유기하거나 의식주를 포함한 기본적 보호 및 치료를 소홀히 하는 방임행위
  • 수급자를 위하여 증여 또는 급여된 금품을 그 목적 외의 용도에 사용하는 행위
  • 폭언, 협박, 위협 등으로 수급자의 정신건강에 해를 끼치는 정서적 학대행위
7. 업무정지기간 중에 장기요양급여를 제공한 경우
8. 「부가가치세법」에 따른 사업자등록 또는 「소득세법」에 따른 사업자등록이나 고유번호가 말소된 경우

ⓛ 다만, 제37조 제1항 제6호를 위반한 행위로서 보건복지부령으로 정하는 경우에는 그러하지 아니하다.

조문참고

법 제37조 제1항 제6호

6. 장기요양기관의 종사자 등이 다음 각 목의 어느 하나에 해당하는 행위를 한 경우. 다만, 장기요양기관의 장이 그 행위를 방지하기 위하여 해당 업무에 관하여 상당한 주의와 감독을 게을리하지 아니한 경우는 제외한다.
  가. 수급자의 신체에 폭행을 가하거나 상해를 입히는 행위
  나. 수급자에게 성적 수치심을 주는 성폭행, 성희롱 등의 행위
  다. 자신의 보호 · 감독을 받는 수급자를 유기하거나 의식주를 포함한 기본적 보호 및 치료를 소홀히 하는 방임행위
  라. 수급자를 위하여 증여 또는 급여된 금품을 그 목적 외의 용도에 사용하는 행위
  마. 폭언, 협박, 위협 등으로 수급자의 정신건강에 해를 끼치는 정서적 학대행위

② **청구한 금액의 5배 이하 과징금 부과** : 특별자치시장 · 특별자치도지사 · 시장 · 군수 · 구청장은 거짓이나 그 밖의 부정한 방법으로 재가 및 시설 급여비용을 청구한 경우에 해당하는 행위를 이유로 업무정지명령을 하여야 하는 경우로서 그 업무정지가 해당 장기요양기관을 이용하는 수급자에게 심한 불편을 줄 우려가 있는 등 보건복지부장관이 정하는 특별한 사유가 있다고 인정되는 경우에는 업무정지명령을 갈음하여 거짓이나 그 밖의 부정한 방법으로 청구한 금액의 5배 이하의 금액을 과징금으로 부과할 수 있다.

③ **과징금 금액과 과징금 부과절차** : 과징금을 부과하는 위반행위의 종류 및 위반의 정도 등에 따른 과징금의 금액과 과징금의 부과절차 등에 필요한 사항은 대통령령으로 정한다.

④ **과징금의 미납자** : 특별자치시장 · 특별자치도지사 · 시장 · 군수 · 구청장은 과징금을 내야 할 자가 납부기한까지 내지 아니한 경우에는 지방세 체납처분의 예에 따라 징수한다.

⑤ **과징금 부과 징수에 관한 사항 기록 · 관리** : 특별자치시장 · 특별자치도지사 · 시장 · 군수 · 구청장은 과징금의 부과와 징수에 관한 사항을 보건복지부령으로 정하는 바에 따라 기록 · 관리하여야 한다.

18 위반사실 등의 공표〈제37조의3〉

① 장기요양기관이 거짓으로 재가 · 시설 급여비용을 청구하였다는 이유로 처분이 확정된 경우
　㉠ 보건복지부장관 또는 특별자치시장 · 특별자치도지사 · 시장 · 군수 · 구청장은 장기요양기관이 거짓으로 재가 · 시설 급여비용을 청구하였다는 이유로 처분이 확정된 경우로서 다음의 어느 하나에 해당하는 경우에는 위반사실, 처분내용, 장기요양기관의 명칭 · 주소, 장기요양기관의 장의 성명, 그 밖에 다른 장기요양기관과의 구별에 필요한 사항으로서 대통령령으로 정하는 사항을 공표하여야 한다.
　　• 거짓으로 청구한 금액이 1천만 원 이상인 경우
　　• 거짓으로 청구한 금액이 장기요양급여비용 총액의 100분의 10 이상인 경우
　㉡ 장기요양기관의 폐업 등으로 공표의 실효성이 없는 경우에는 그러하지 아니하다.

② 장기요양기관이 자료제출 명령에 따르지 아니하거나 거짓으로 자료제출을 한 경우나 질문 또는 검사를 거부 · 방해 또는 기피하거나 거짓으로 답변하였다는 이유로 처분이 확정된 경우
　㉠ 보건복지부장관 또는 특별자치시장 · 특별자치도지사 · 시장 · 군수 · 구청장은 장기요양기관이 자료제출 명령에 따르지 아니하거나 거짓으로 자료제출을 한 경우나 질문 또는 검사를 거부 · 방해 또는 기피하거나 거짓으로 답변하였다는 이유로 처분이 확정된 경우 위반사실, 처분내용, 장기요양기관의 명칭 · 주소, 장기요양기관의 장의 성명, 그 밖에 다른 장기요양기관과의 구별에 필요한 사항으로서 대통령령으로 정하는 사항을 공표하여야 한다.
　㉡ 장기요양기관의 폐업 등으로 공표의 실효성이 없는 경우 또는 장기요양기관이 위반사실 등의 공표 전에 자료를 제출하거나 질문 또는 검사에 응하는 경우에는 그러하지 아니하다.

③ **공표심의위원회 설치 · 운영** : 보건복지부장관 또는 특별자치시장 · 특별자치도지사 · 시장 · 군수 · 구청장은 공표 여부 등을 심의하기 위하여 공표심의위원회를 설치 · 운영할 수 있다.

④ **공표 여부의 결정 방법** : 공표 여부의 결정 방법, 공표 방법 · 절차 및 공표심의위원회의 구성 · 운영 등에 필요한 사항은 대통령령으로 정한다.

19 행정제재처분 효과의 승계〈제37조의4〉

① **처분한 날부터 3년간 승계** : 장기요양기관 지정의 취소 등에 해당하는 행위를 이유로 한 행정제재처분(이하 "행정제재처분"이라 한다)의 효과는 그 처분을 한 날부터 3년간 다음 어느 하나에 해당하는 자에게 승계된다.
　㉠ 장기요양기관을 양도한 경우 양수인
　㉡ 법인이 합병된 경우 합병으로 신설되거나 합병 후 존속하는 법인
　㉢ 장기요양기관 폐업 후 같은 장소에서 장기요양기관을 운영하는 자 중 종전에 행정제재처분을 받은 자(법인인 경우 그 대표자를 포함한다)나 그 배우자 또는 직계혈족

② **처분 절차 진행 중일 경우 승계** : 행정제재처분의 절차가 진행 중일 때에는 다음 어느 하나에 해당하는 자에 대하여 그 절차를 계속 이어서 할 수 있다.

  ㉠ 장기요양기관을 양도한 경우 양수인

  ㉡ 법인이 합병된 경우 합병으로 신설되거나 합병 후 존속하는 법인

  ㉢ 장기요양기관 폐업 후 3년 이내에 같은 장소에서 장기요양기관을 운영하는 자 중 종전에 위반행위를 한 자(법인인 경우 그 대표자를 포함한다)나 그 배우자 또는 직계혈족

③ **양수인등이 위반사실을 몰랐을 경우** : ① 또는 ②의 어느 하나에 해당하는 자(이하 "양수인등"이라 한다)가 양수, 합병 또는 운영 시에 행정제재처분 또는 위반사실을 알지 못하였음을 증명하는 경우에는 그러하지 아니하다.

④ **양수인등에 통보** : 행정제재처분을 받았거나 그 절차가 진행 중인 자는 보건복지부령으로 정하는 바에 따라 지체 없이 그 사실을 양수인등에게 알려야 한다.

20 장기요양급여 제공의 제한〈제37조의5〉

① **1년 범위에서 제한** : 특별자치시장·특별자치도지사·시장·군수·구청장은 장기요양기관의 종사자가 거짓이나 그 밖의 부정한 방법으로 재가급여비용 또는 시설급여비용을 청구하는 행위에 가담한 경우 해당 종사자가 장기요양급여를 제공하는 것을 1년의 범위에서 제한하는 처분을 할 수 있다.

② **처분내용 통보** : 특별자치시장·특별자치도지사·시장·군수·구청장은 처분을 한 경우 지체 없이 그 내용을 공단에 통보하여야 한다.

③ **장기요양급여제공 제한 처분의 기준·방법** : 장기요양급여 제공 제한 처분의 기준·방법, 통보의 방법·절차, 그 밖에 필요한 사항은 보건복지부령으로 정한다.

암기요약 ··· 핵심조문 빈칸 채우기

(1) _____ 또는 _____를 제공하는 장기요양기관을 운영하려는 자는 보건복지부령으로 정하는 장기요양에 필요한 시설 및 인력을 갖추어 소재지를 관할 구역으로 하는 특별자치시장 · 특별자치도지사 · 시장 · 군수 · 구청장으로부터 지정을 받아야 한다.

(2) 장기요양기관으로 지정을 받을 수 있는 시설은 _____에 따른 노인복지시설 중 대통령령으로 정하는 시설로 한다.

(3) 재가급여를 제공하는 장기요양기관 중 의료기관이 아닌 자가 설치 · 운영하는 장기요양기관이 방문간호를 제공하는 경우에는 방문간호의 관리책임자로서 _____를 둔다.

(4) 장기요양기관 지정의 유효기간은 지정을 받은 날부터 ___으로 한다.

(5) 장기요양기관의 장은 지정의 유효기간이 끝난 후에도 계속하여 그 지정을 유지하려는 경우에는 소재지를 관할구역으로 하는 특별자치시장 · 특별자치도지사 · 시장 · 군수 · 구청장에게 지정 유효기간이 끝나기 ____ 전까지 지정 갱신을 신청하여야 한다.

(6) 장기요양기관의 장은 시설 및 인력 등 _____으로 정하는 중요한 사항을 변경하려는 경우에는 _____으로 정하는 바에 따라 특별자치시장 · 특별자치도지사 · 시장 · 군수 · 구청장의 변경지정을 받아야 한다.

(7) 장기요양기관을 운영하는 자는 노인학대 방지 등 수급자의 안전과 장기요양기관의 보안을 위하여 설치한 폐쇄회로 텔레비전에 기록된 영상정보를 ____ 이상 보관하여야 한다.

(8) 장기요양기관은 수급자가 장기요양급여를 쉽게 선택하도록 하고 장기요양기관이 제공하는 급여의 질을 보장하기 위하여 장기요양기관별 급여의 내용, 시설 · 인력 등 _____ 등을 ___이 운영하는 인터넷 홈페이지에 게시하여야 한다.

(9) 장기요양기관 중 대통령령으로 정하는 기관을 운영하는 자와 그 종사자는 _____을 받아야 한다.

(10) 장기요양기관은 종사자가 장기요양급여를 제공하는 과정에서 발생할 수 있는 수급자의 상해 등 법률상 손해를 배상하는 보험(이하 "_____"이라 한다)에 가입할 수 있다.

(11) 장기요양기관의 장은 폐업하거나 휴업하고자 하는 경우 폐업이나 휴업 예정일 전 ____까지 특별자치시장 · 특별자치도지사 · 시장 · 군수 · 구청장에게 신고하여야 한다.

(12) 특별자치시장 · 특별자치도지사 · 시장 · 군수 · 구청장은 장기요양기관이 장기요양급여를 거부한 경우 그 지정을 취소하거나 _____의 범위에서 업무정지를 명할 수 있다.

(13) 지정취소를 받은 후 ___이 지나지 아니한 자는 장기요양기관으로 지정받을 수 없다.

(14) 장기요양기관의 업무정지명령을 하여야 하는 경우로서 그 업무정지가 해당 장기요양기관을 이용하는 수급자에게 심한 불편을 줄 우려가 있다고 인정되는 경우에는 업무정지명령을 갈음하여 _____의 과징금을 부과할 수 있다.

(15) 장기요양기관의 _____가 거짓이나 그 밖의 부정한 방법으로 재가급여비용 또는 시설급여비용을 청구하는 행위에 가담한 경우 해당 종사자가 장기요양급여를 제공하는 것을 ___의 범위에서 제한하는 처분을 할 수 있다.

정답 및 해설

(1) 재가급여, 시설급여
(2) 노인복지법
(3) 간호사
(4) 6년
(5) 90일
(6) 보건복지부령, 보건복지부령
(7) 60일
(8) 현황자료, 공단
(9) 인권교육
(10) 전문인 배상책임보험
(11) 30일
(12) 6개월
(13) 3년
(14) 2억 원 이하
(15) 종사자, 1년

출제예상문제

1 다음 중 장기요양기관의 지정에 대한 설명으로 옳지 않은 것은?

① 장기요양기관으로 지정을 받을 수 있는 시설은 「노인복지법」에 따른 노인복지시설 중 대통령령으로 정하는 시설로 한다.

② 장기요양기관을 지정하려는 특별자치시장·특별자치도지사·시장·군수·구청장은 공단에 관련 자료의 제출을 요청할 수 있다.

③ 장기요양기관은 소재지를 관할 구역으로 하는 지방자치단체장의 승인을 얻어 보건복지부장관으로부터 지정을 받아야 한다.

④ 장기요양기관을 지정한 때 관할 특별자치시장·특별자치도지사·시장·군수·구청장은 지체 없이 지정 명세를 공단에 통보하여야 한다.

> **TIP** ③ 재가급여 또는 시설급여를 제공하는 장기요양기관을 운영하려는 자는 보건복지부령으로 정하는 장기요양에 필요한 시설 및 인력을 갖추어 소재지를 관할 구역으로 하는 특별자치시장·특별자치도지사·시장·군수·구청장으로부터 지정을 받아야 한다〈「노인장기요양보험법」 제31조 제1항〉.

2 다음 중 장기요양기관의 지정에 대한 설명으로 옳은 것은?

① 의료기관이 아닌 자가 설치·운영하는 장기요양기관에서는 방문간호를 하여서는 아니된다.

② 소재지를 관할 구역으로 하는 특별자치시장·특별자치도지사·시장·군수·구청장은 장기요양기관을 지정한 때에는 지체 없이 지정명세를 보건복지부에 통보하여야 한다.

③ 특별자치시장·특별자치도지사·시장·군수·구청장은 장기요양기관의 지정에 관련한 자료의 제출을 공단에 요청하거나 그 의견을 들을 수 있다.

④ 장기요양기관의 지정절차와 관한 사항은 대통령령으로 정한다.

> **TIP** ① 재가급여를 제공하는 장기요양기관 중 의료기관이 아닌 자가 설치·운영하는 장기요양기관이 방문간호를 제공하는 경우에는 방문간호의 관리책임자로서 간호사를 둔다〈「노인장기요양보험법」 제31조 제5항〉.
> ② 특별자치시장·특별자치도지사·시장·군수·구청장은 장기요양기관을 지정한 때 지체 없이 지정명세를 공단에 통보하여야 한다〈「노인장기요양보험법」 제31조 제4항〉.
> ④ 장기요양기관의 지정절차와 그 밖에 필요한 사항은 보건복지부령으로 정한다〈「노인장기요양보험법」 제31조 제6항〉.

3 다음은 노인장기요양보험법」 제31조 제5항이다. (   ) 안에 들어갈 알맞은 것은?

> 재가급여를 제공하는 장기요양기관 중 의료기관이 아닌 자가 설치 · 운영하는 장기요양기관이 방문간호를 제공하는 경우에는 방문간호의 관리책임자로서 (   )를 둔다.

① 의사   ② 간호사
③ 사회복지사   ④ 요양보호사

TIP 재가급여를 제공하는 장기요양기관 중 의료기관이 아닌 자가 설치 · 운영하는 장기요양기관이 방문간호를 제공하는 경우에는 방문간호의 관리책임자로서 <u>간호사</u>를 둔다〈「노인장기요양보험법」 제31조 제5항〉.

4 다음 중 특별자치시장 · 특별자치도지사 · 시장 · 군수 · 구청장이 장기요양기관을 지정 하려는 경우 검토해야 할 사항으로 옳지 않은 것은?

① 장기요양기관의 운영 계획
② 장기요양기관을 운영하려는 자의 장기요양급여 제공 이력
③ 해당 지역의 노인인구 수, 치매 등 노인성질환 환자 수
④ 장기요양기관을 운영하려는 지역의 국민건강보험 지역가입자 수

TIP 장기요양기관의 지정시 검토해야 할 사항〈「노인장기요양보험법」 제31조 제3항〉 … 특별자치시장 · 특별자치도지사 · 시장 · 군수 · 구청장이 지정을 하려는 경우에는 다음의 사항을 검토하여 장기요양기관을 지정하여야 한다. 이 경우 특별자치시장 · 특별자치도지사 · 시장 · 군수 · 구청장은 공단에 관련 자료의 제출을 요청하거나 그 의견을 들을 수 있다.
ㄱ 장기요양기관을 운영하려는 자의 장기요양급여 제공 이력
ㄴ 장기요양기관을 운영하려는 자 및 그 기관에 종사하려는 자가 「노인장기요양보험법」, 「사회복지사업법」 또는 「노인복지법」 등 장기요양기관의 운영과 관련된 법에 따라 받은 행정처분의 내용
ㄷ 장기요양기관의 운영 계획
ㄹ 해당 지역의 노인인구 수, 치매 등 노인성질환 환자 수 및 장기요양급여 수요 등 지역특성
ㅁ 그 밖에 특별자치시장 · 특별자치도지사 · 시장 · 군수 · 구청장이 장기요양기관으로 지정하는 데 필요하다고 인정하여 정하는 사항

Answer   1.③ 2.③ 3.② 4.④

5 다음 중 노인장기요양보험법상 장기요양기관의 지정권자로 속하는 사람은?

① 보건복지부장관   ② 시장 · 군수 · 구청장
③ 공단 이사장   ④ 장기요양위원회 위원장

> **TIP** 장기요양기관의 지정〈「노인장기요양보험법」 제31조 제1항〉 … 재가급여 또는 시설급여를 제공하는 장기요양기관을 운영하려는 자는 보건복지부령으로 정하는 장기요양에 필요한 시설 및 인력을 갖추어 소재지를 관할 구역으로 하는 특별자치시장 · 특별자치도지사 · 시장 · 군수 · 구청장으로부터 지정을 받아야 한다.

6 다음 중 장기요양기관으로 지정받을 수 있는 사람을 모두 고른 것은?

> ㉠ 피한정후견인 또는 피성년후견인
> ㉡ 금고 이상의 형의 집행유예를 선고받고 그 유예기간 중에 있는 사람
> ㉢ 파산선고를 받고 복권된 후 5년 경과된 사람
> ㉣ 미성년자
> ㉤ 금고 이상의 실형을 선고받고 그 집행이 면제된 날부터 5년이 경과된 사람

① ㉠㉡   ② ㉡㉢
③ ㉢㉣   ④ ㉢㉤

> **TIP** 장기요양기관의 지정 결격사유〈「노인장기요양보험법」 제32조의2〉
> ㉢ 파산선고를 받고 복권되지 아니한 사람이어야 한다〈「노인장기요양보험법」 제32조의2 제4호〉.
> ㉤ 금고 이상의 실형을 선고받고 그 집행이 종료(집행이 종료된 것으로 보는 경우를 포함한다)되거나 집행이 면제된 날부터 5년이 경과되지 아니한 사람이어야 한다〈「노인장기요양보험법」 제32조의2 제5호〉.

7 다음 중 장기요양기관 지정의 유효기간은? (단, 지정을 받은 날부터를 기준으로 함)

① 1년   ② 3년
③ 5년   ④ 6년

> **TIP** 장기요양기관 지정의 유효기간〈「노인장기요양보험법」 제32조의3〉 … 장기요양기관 지정의 유효기간은 지정을 받은 날부터 6년으로 한다.

8 노인장기요양보험법상 장기요양기관 지정의 결격사유에 해당하지 않는 사람은?

① 파산선고를 받고 복권되지 아니한 사람

② 외국에 체류 중인 사람

③ 법인의 대표자가 마약류에 중독된 사람

④ 금고 이상의 형의 집행유예를 선고받고 그 유예기간 중에 있는 사람

> **TIP** 장기요양기관 지정의 결격사유〈「노인장기요양보험법」제32조의2〉
> ㉠ 미성년자, 피성년후견인 또는 피한정후견인
> ㉡ 정신질환자. 다만, 전문의가 장기요양기관 설립·운영 업무에 종사하는 것이 적합하다고 인정하는 사람은 그러하지 아니하다.
> ㉢ 마약류에 중독된 사람
> ㉣ 파산선고를 받고 복권되지 아니한 사람
> ㉤ 금고 이상의 실형을 선고받고 그 집행이 종료(집행이 종료된 것으로 보는 경우를 포함한다)되거나 집행이 면제된 날부터 5년이 경과되지 아니한 사람
> ㉥ 금고 이상의 형의 집행유예를 선고받고 그 유예기간 중에 있는 사람
> ㉦ 대표자가 ㉠~㉥까지의 규정 중 어느 하나에 해당하는 법인

9 다음 중 장기요양기관지정의 갱신에 대한 설명으로 옳지 않은 것은?

① 지정 유효기간 내에 지정갱신이 완료되지 못한 경우에는 심사결정이 이루어질 때까지 지정이 정지된 것으로 본다.

② 지정갱신신청은 소재지를 관할구역으로 하는 특별자치시장·특별자치도지사·시장·군수·구청장에게 하여야 한다.

③ 신청을 받은 기관의 장은 갱신심사에 필요한 경우에는 장기요양기관에 추가자료의 제출을 요구할 수 있다.

④ 장기요양기관지정의 갱신심사를 완료한 경우 그 결과를 지체 없이 해당 장기요양기관의 장에게 통보하여야 한다.

> **TIP** ① 지정갱신이 지정 유효기간 내에 완료되지 못한 경우에는 심사결정이 이루어질 때까지 지정이 유효한 것으로 본다〈「노인장기요양보험법」제32조의4 제3항〉.

Answer 5.② 6.④ 7.④ 8.② 9.①

10 장기요양기관의 장은 지정의 유효기간이 끝난 후에도 계속하여 그 지정을 유지하려는 경우 장기요양기관의 지정갱신을 신청하여야 한다. 이 때 유효기간이 끝나기 며칠 전까지 지정갱신을 신청해야 하는가?

① 30일
② 60일
③ 90일
④ 120일

> **TIP** 장기요양기관 지정의 갱신〈「노인장기요양보험법」 제32조의4 제1항〉··· 장기요양기관의 장은 지정의 유효기간이 끝난 후에도 계속하여 그 지정을 유지하려는 경우에는 소재지를 관할구역으로 하는 특별자치시장·특별자치도지사·시장·군수·구청장에게 지정 유효기간이 끝나기 90일 전까지 지정 갱신을 신청하여야 한다.

11 장기요양기관 지정의 갱신에 대한 내용으로 바르지 못한 것은?

① 특별자치도지사는 장기요양기관 지정의 갱신을 거부할 경우에는 해당 장기요양기관을 이용하는 수급자의 권익을 보호하기 위하여 적극적으로 노력하여야 한다.
② 지정갱신 신청을 받은 특별자치시장은 갱신 심사에 필요한 추가 자료의 제출을 장기요양기관에 요구한 후에는 현장 방문심사를 하게 할 수 없다.
③ 장기요양기관 지정의 갱신을 거부하는 경우에는 지체 없이 그 내용을 공단에 통보하고, 보건복지부장관에게 통보하여야 한다.
④ 지정 갱신의 기준, 절차 및 방법 등에 필요한 사항은 보건복지부령으로 정한다.

> **TIP** ② 신청을 받은 특별자치시장·특별자치도지사·시장·군수·구청장은 갱신 심사에 필요하다고 판단되는 경우에는 장기요양기관에 추가자료의 제출을 요구하거나 소속 공무원으로 하여금 현장심사를 하게 할 수 있다〈「노인장기요양보험법」 제32조의4 제2항〉.
> ①③ 특별자치시장·특별자치도지사·시장·군수·구청장이 지정의 갱신을 거부하는 경우 그 내용의 통보 및 수급자의 권익을 보호하기 위한 조치에 관하여는 제37조 제2항 및 제5항을 준용한다〈「노인장기요양보험법」 제32조의4 제5항〉.
>
> ※ 노인장기요양보험법 제37조
> ㉠ 제2항 ··· 특별자치시장·특별자치도지사·시장·군수·구청장은 지정을 취소하거나 업무정지명령을 한 경우에는 지체 없이 그 내용을 공단에 통보하고, 보건복지부령으로 정하는 바에 따라 보건복지부장관에게 통보한다. 이 경우 시장·군수·구청장은 관할 특별시장·광역시장 또는 도지사를 거쳐 보건복지부장관에게 통보하여야 한다.
> ㉡ 제5항 ··· 특별자치시장·특별자치도지사·시장·군수·구청장은 제1항에 따라 장기요양기관이 지정취소 또는 업무정지되는 경우에는 해당 장기요양기관을 이용하는 수급자의 권익을 보호하기 위하여 적극적으로 노력하여야 한다.

12 다음 중 장기요양기관의 시설·인력에 관한 변경에 대한 설명으로 옳지 않은 것은?

① 장기요양기관의 장은 시설 및 인력 등 중요한 사항을 변경하려는 경우에는 보건복지부령으로 정하는 바에 따라 변경할 수 있다.

② 시설 및 인력 등 중요한 사항을 변경하려는 경우에는 특별자치시장·특별자치도지사·시장·군수·구청장에게 변경신고를 하여야 한다.

③ 변경지정을 하거나 변경신고를 받은 특별자치시장·특별자치도지사·시장·군수·구청장은 지체 없이 해당 변경사항을 공단에 통보하여야 한다.

④ 중요한 사항 외의 사항을 변경하려는 경우에는 보건복지부령으로 정하는 바에 따라 특별자치시장·특별자치도지사·시장·군수·구청장에게 변경신고를 하여야 한다.

TIP ② 시설 및 인력 등 중요한 사항을 변경하려는 경우에는 특별자치시장·특별자치도지사·시장·군수·구청장에게 변경신고가 아닌 변경지정을 받아야 한다.

※ 장기요양기관의 장은 시설 및 인력 등 보건복지부령으로 정하는 중요한 사항을 변경하려는 경우에는 보건복지부령으로 정하는 바에 따라 특별자치시장·특별자치도지사·시장·군수·구청장의 변경지정을 받아야 한다〈「노인장기요양보험법」 제33조 제1항〉.

13 다음은 노인장기요양보험법 제33조이다. (   ) 안에 들어가지 않는 기관 또는 사람은?

> 제1항 장기요양기관의 장은 시설 및 인력 등 보건복지부령으로 정하는 중요한 사항을 변경하려는 경우에는 보건복지부령으로 정하는 바에 따라 특별자치시장·특별자치도지사·시장·군수·구청장의 변경지정을 받아야 한다.
> 제2항 제1항에 따른 사항 외의 사항을 변경하려는 경우에는 보건복지부령으로 정하는 바에 따라 (   )에게 변경신고를 하여야 한다.

① 특별자치시장   ② 군수
③ 구청장   ④ 공단

TIP 장기요양기관의 장은 시설 및 인력 등 보건복지부령으로 정하는 중요한 사항 외의 사항을 변경하려는 경우에는 보건복지부령으로 정하는 바에 따라 특별자치시장·특별자치도지사·시장·군수·구청장에게 변경신고를 하여야 한다〈「노인장기요양보험법」 제33조 제2항〉.

Answer   10.③   11.②   12.②   13.④

14 노인장기요양보험법상 폐쇄회로 텔레비전을 설치·관리하는 자는 수급자 및 장기요양기관 종사자 등 정보주체의 권리가 침해되지 아니하도록 준수하여야 한다. 준수사항으로 옳지 않은 것은?.

① 수급자 및 장기요양기관 종사자 등 정보주체의 사생활 침해를 최소화하는 방법으로 영상정보를 처리할 것

② 노인학대 방지 등 수급자의 안전과 장기요양기관의 보안을 위하여 최소한의 영상정보만을 적법하고 정당하게 수집할 것

③ 위급하거나 피치 못할 사정의 경우 목적 외의 용도라도 심사숙고하여 활용할 것

④ 수급자 및 장기요양기관 종사자 등 정보주체의 권리가 침해받을 가능성과 그 위험 정도를 고려하여 영상정보를 안전하게 관리할 것

> **TIP** 폐쇄회로 텔레비전의 설치 등〈「노인장기요양보험법」제33조의2 제2항〉… 폐쇄회로 텔레비전을 설치·관리하는 자는 수급자 및 장기요양기관 종사자 등 정보주체의 권리가 침해되지 아니하도록 다음 각 호의 사항을 준수하여야 한다.
>   ㉠ 노인학대 방지 등 수급자의 안전과 장기요양기관의 보안을 위하여 최소한의 영상정보만을 적법하고 정당하게 수집하고, 목적 외의 용도로 활용하지 아니하도록 할 것
>   ㉡ 수급자 및 장기요양기관 종사자 등 정보주체의 권리가 침해받을 가능성과 그 위험 정도를 고려하여 영상정보를 안전하게 관리할 것
>   ㉢ 수급자 및 장기요양기관 종사자 등 정보주체의 사생활 침해를 최소화하는 방법으로 영상정보를 처리할 것

15 다음은 노인장기요양보험법의 법조항이다. (   ) 안에 알맞은 것은?

제33조의2(폐쇄회로 텔레비전의 설치 등) 제5항
제1항에 따른 폐쇄회로 텔레비전의 설치·관리 기준 및 동의 또는 신고의 방법·절차·요건, 제3항에 따른 영상정보의 보관기준 및 보관기간 등에 필요한 사항은 (   )으로 정한다.

---

① 대통령령   ② 관할 지방자치단체의 조례
③ 보건복지부령   ④ 장기요양기관의 운영방침

> **TIP** 제1항에 따른 폐쇄회로 텔레비전의 설치·관리 기준 및 동의 또는 신고의 방법·절차·요건, 제3항에 따른 영상정보의 보관기준 및 보관기간 등에 필요한 사항은 <u>보건복지부령</u>으로 정한다〈「노인장기요양보험법」제33조의2 제5항〉.

16 다음은 노인장기요양보험법 제33조의2에 따라 폐쇄회로 텔레비전을 설치·관리하지 않아도 되는 경우이다. 옳지 않은 것은?

① 장기요양기관의 운영자가 수급자 보호자 전원의 동의를 받아 특별자치시장·특별자치도지사·시장·군수·구청장에게 신고한 경우

② 장기요양급여 중 재가급여만을 제공하는 경우

③ 장기요양기관을 설치·운영하는 자가 수급자, 그 보호자 및 장기요양기관 종사자 전원의 동의를 받아 관련 법령에 따른 네트워크 카메라를 설치한 경우

④ 장기요양기관을 운영하는 자가 노인학대방지 등 수급자의 안전과 장기요양기관의 보안을 확보한 경우

TIP 폐쇄회로 텔레비전의 설치 등〈「노인장기요양보험법」 제33조의2 제1항〉 장기요양기관을 운영하는 자는 노인학대 방지 등 수급자의 안전과 장기요양기관의 보안을 위하여 「개인정보 보호법」 및 관련 법령에 따른 폐쇄회로 텔레비전을 설치·관리하여야 한다. 다만, 다음의 어느 하나에 해당하는 경우에는 그러하지 아니하다.
  ㉠ 재가급여만을 제공하는 경우
  ㉡ 장기요양기관을 운영하는 자가 수급자 전원 또는 그 보호자 전원의 동의를 받아 특별자치시장·특별자치도지사·시장·군수·구청장에게 신고한 경우
  ㉢ 장기요양기관을 설치·운영하는 자가 수급자, 그 보호자 및 장기요양기관 종사자 전원의 동의를 받아 「개인정보 보호법」 및 관련 법령에 따른 네트워크 카메라를 설치한 경우

17 노인장기요양보험법상 영상정보의 열람금지 등에서 장기요양기관을 운영하는 자가 하여서는 아니 되는 행위 중 옳지 않은 것은?

① 설치 목적과 다른 목적으로 폐쇄회로 텔레비전을 다른 곳을 비추는 행위

② 장기요양기관의 장이 정하는 저장장치에 영상정보를 저장하는 행위

③ 설치 목적과 다른 목적으로 폐쇄회로 텔레비전을 임의로 조작하는 행위

④ 보건복지부령으로 정하는 저장장치 이외의 장치 또는 기기에 영상정보를 저장하는 행위

TIP 영상정보의 열람금지 등〈「노인장기요양보험법」 제33조의3 제2항〉… 장기요양기관을 운영하는 자는 다음 각 호의 어느 하나에 해당하는 행위를 하여서는 아니 된다.
  ㉠ 설치목적과 다른 목적으로 폐쇄회로 텔레비전을 임의로 조작하거나 다른 곳을 비추는 행위
  ㉡ 녹음기능을 사용하거나 보건복지부령으로 정하는 저장장치 이외의 장치 또는 기기에 영상정보를 저장하는 행위

Answer 14.③ 15.③ 16.④ 17.②

18 장기요양기관을 운영하는 자가 폐쇄회로 텔레비전에 기록된 영상정보를 보관해야 하는 기간은?

① 15일 이상   ② 20일 이상
③ 30일 이상   ④ 60일 이상

TIP 장기요양기관을 운영하는 자는 폐쇄회로 텔레비전에 기록된 영상정보를 60일 이상 보관하여야 한다〈「노인장
기요양보험법」 제33조의2 제3항〉.

19 장기요양기관은 수급자가 장기요양급여를 쉽게 선택하도록 하고 장기요양기관이 제공하는 급여의 질을
보장하기 위하여 공단이 운영하는 인터넷 홈페이지에 게시하여야 내용으로 바르게 짝지어진 것은?

㉠ 장기요양기관별 급여의 내용	㉡ 장기요양기관 주변 의료시설
㉢ 장기요양급여 연간 수령액	㉣ 장기요양기관별 시설 및 인력

① ㉠㉡   ② ㉠㉣
③ ㉡㉢   ④ ㉢㉣

TIP 장기요양기관 정보의 안내 등〈「노인장기요양보험법」 제34조〉 … 장기요양기관은 수급자가 장기요양급여를 쉽게
선택하도록 하고 장기요양기관이 제공하는 급여의 질을 보장하기 위하여 장기요양기관별 급여의 내용, 시
설·인력 등 현황자료 등을 공단이 운영하는 인터넷 홈페이지에 게시하여야 한다.

20 다음 중 장기요양기관의 장 및 장기요양기관의 의무 등에 대한 설명으로 옳지 않은 것은?

① 수급자로부터 장기요양급여신청을 받은 때 장기요양급여의 제공을 거부하여서는 아니 된다.
② 장기요양급여를 제공한 수급자에게 장기요양급여비용에 대한 명세서를 교부하여야 한다.
③ 면제받거나 감경받는 금액 외에 영리를 목적으로 본인부담금을 면제하거나 감경하는 행위를 하여
서는 아니 된다.
④ 장기요양기관의 장은 장기요양급여 제공에 관한 자료를 1년간 기록·관리하여야 한다.

TIP ④ 장기요양기관의 장은 장기요양급여 제공에 관한 자료를 기록·관리하여야 하며, 장기요양기관의 장 및 그
종사자는 장기요양급여 제공에 관한 자료를 거짓으로 작성하여서는 아니 된다〈「노인장기요양보험법」 제35조
제4항〉.

21 다음 중 장기요양기관 재무 · 회계기준에 대한 설명으로 옳지 않은 것은?

① 보건복지부장관이 장기요양기관 재무 · 회계기준을 정한다.

② 공단은 장기요양기관의 재무 · 회계기준을 정한 후 보건복지부장관에게 보고하여야 한다.

③ 장기요양기관의 장은 장기요양기관 재무 · 회계기준에 따라 장기요양기관을 투명하게 운영하여야 한다.

④ 장기요양기관 중 사회복지시설은 사회복지사업법에 따른 재무 · 회계에 관한 기준에 따른다.

> **TIP** ② 보건복지부장관은 장기요양기관 재무 · 회계기준을 정할 때에는 장기요양기관의 특성 및 그 시행시기 등을 고려하여야 한다〈「노인장기요양보험법」 제35조의2 제2항〉.

22 다음은 인권교육에 대한 설명이다. 옳지 않은 것은?

① 장기요양기관 중 대통령령으로 정하는 기관을 운영하는 자와 그 종사자는 인권교육을 받아야 한다.

② 장기요양기관 중 대통령령으로 정하는 기관을 운영하는 자는 해당 기관을 이용하고 있는 장기요양급여 수급자에게 인권교육을 실시할 수 있다.

③ 보건복지부장관은 인권교육을 효율적으로 실시하기 위하여 인권교육기관을 지정할 수 있다.

④ 인권교육기관은 공단의 승인을 받아 인권교육에 필요한 비용을 교육대상자로부터 징수할 수 있다.

> **TIP** ④ 보건복지부장관은 인권교육을 효율적으로 실시하기 위하여 인권교육기관을 지정할 수 있다. 이 경우 예산의 범위에서 인권교육에 소요되는 비용을 지원할 수 있으며, 지정을 받은 인권교육기관은 보건복지부장관의 승인을 받아 인권교육에 필요한 비용을 교육대상자로부터 징수할 수 있다〈「노인장기요양보험법」 제35조의3 제3항〉.

23 보건복지부령으로 정하는 지정요건을 갖추지 못한 인권교육기관에게 업무정지를 명할 수 있는 기간은?

① 3개월 이내

② 6개월 이내

③ 9개월 이내

④ 1년 이내

> **TIP** 보건복지부장관은 지정을 받은 인권교육기관이 보건복지부령으로 정하는 지정요건을 갖추지 못한 경우에 해당하면 그 지정을 취소하거나 6개월 이내의 기간을 정하여 업무의 정지를 명할 수 있다〈「노인장기요양보험법」 제35조의3 제4항 제3호〉.

Answer 18.④ 19.② 20.④ 21.② 22.④ 23.②

24 지정을 받은 인권교육기관에 대하여 지정을 취소하거나 업무정지를 명할 수 있는 경우가 아닌 것은?

① 거짓이나 그 밖의 부정한 방법으로 지정을 받은 경우
② 보건복지부령으로 정하는 지정요건을 갖추지 못하게 된 경우
③ 인권교육 교육대상자가 정원에 미달한 경우
④ 인권교육의 수행능력이 현저히 부족하다고 인정되는 경우

TIP 인권교육기관에 대한 지정취소 및 업무정지 사유〈「노인장기요양보험법」 제35조의3 제4항〉
　　㉠ 거짓이나 그 밖의 부정한 방법으로 지정을 받은 경우 (지정 취소)
　　㉡ 보건복지부령으로 정하는 지정요건을 갖추지 못하게 된 경우
　　㉢ 인권교육의 수행능력이 현저히 부족하다고 인정되는 경우

25 다음 중 보건복지부장관의 지정을 받은 인권교육기관에 대하여 지정을 취소해야 하는 경우는?

① 거짓이나 그 밖의 부정한 방법으로 지정을 받은 경우
② 보건복지부령으로 정하는 지정요건을 갖추지 못하게 된 경우
③ 인권교육의 수행능력이 현저히 부족하다고 인정되는 경우
④ 인권교육기관 교육자의 수가 현저히 부족한 경우

TIP ① 거짓이나 그 밖의 부정한 방법으로 지정을 받은 경우에는 그 지정을 취소하여야 한다〈「노인장기요양보험법」 제35조의3 제4항 단서〉.

26 장기요양기관의 장은 장기요양요원이 고충해소를 요청하는 경우 업무를 전환하는 등 적절한 조치를 하여야 한다. 다음 중 적절한 조치를 취해야 하는 경우가 아닌 것은?

① 수급자가 장기요양요원에게 폭언·폭행·상해를 하는 경우
② 수급자가 부담하여야 할 본인부담금의 일부를 부담하도록 요구하는 경우
③ 수급자의 가족이 장기요양요원에게 성희롱·성폭력 행위를 하는 경우
④ 수급자 및 그 가족이 장기요양요원에게 급여외행위의 제공을 요구하는 경우

TIP ②는 장기요양기관의 장이 장기요양요원에게 하여서는 아니 되는 행위이다〈「노인장기요양보험법」 제35조의4 제2항〉.

※ **장기요양요원의 보호**〈「노인장기요양보험법」제35조의4 제1항〉 ··· 장기요양기관의 장은 장기요양요원이 다음의 어느 하나에 해당하는 경우로 인한 고충의 해소를 요청하는 경우 업무의 전환 등 대통령령으로 정하는 바에 따라 적절한 조치를 하여야 한다.
ⓒ 수급자 및 그 가족이 장기요양요원에게 폭언·폭행·상해 또는 성희롱·성폭력 행위를 하는 경우
ⓒ 수급자 및 그 가족이 장기요양요원에게 급여외행위의 제공을 요구하는 경우

27 다음 중 장기요양기관의 장이 장기요양요원에게 해서는 아니 되는 행위로 옳지 않은 것은?

① 장기요양기관이 정하는 지정요건을 갖추지 못하게 하는 행위
② 장기요양요원에게 수급자 가족의 생업을 지원하게 하는 행위
③ 장기요양요원에게 급여외행위의 제공을 요구하는 행위
④ 수급자가 부담하여야 할 본인부담금의 전부를 부담하도록 요구하는 행위

TIP 장기요양기관의 장이 장기요양요원에게 금지해야 하는 행위〈「노인장기요양보험법」제35조의4 제2항〉
ⓒ 장기요양요원에게 급여외행위의 제공을 요구하는 행위
ⓒ 수급자가 부담하여야 할 본인부담금의 전부 또는 일부를 부담하도록 요구하는 행위
②는 급여외행위의 제공 금지규정에 해당한다〈「노인장기요양보험법」제28조의2 제1항〉.

28 다음 중 장기요양요원의 보호에 대한 설명으로 옳지 않은 것은?

① 장기요양기관의 장은 장기요양 수급자와 그 가족에게 장기요양요원의 업무범위, 직무상권리와 의무 등 권익보호를 위한 사항을 안내할 수 있다.
② 장기요양요원은 장기요양기관의 장이 성희롱·성폭력 행위를 하는 것에 대한 적절한 조치를 취하지 않는 경우에는 장기요양기관을 보건복지부장관에게 그 시정을 신청하여야 한다.
③ 특별자치시장·특별자치도지사·시장·군수·구청장은 장기요양요원의 고충에 대한 사실 확인을 한 후 필요한 경우에는 장기요양기관의 장에게 적절한 조치를 하도록 통보하여야 한다.
④ 시정신청의 절차, 사실확인 조사 및 통보 등에 필요한 사항은 대통령령으로 정한다.

TIP ② 장기요양요원은 장기요양기관의 장이 적절한 조치를 하지 아니한 경우에는 장기요양기관을 지정 한 특별자치시장·특별자치도지사·시장·군수·구청장에게 그 시정을 신청할 수 있다〈「노인장기요양보험법」제35조의4 제4항〉.

29 다음 중 장기요양기관의 보험가입에 대한 설명으로 옳지 않은 것은?

① 공단은 장기요양기관이 전문인 배상책임보험에 가입하지 않은 경우 그 기간 동안 장기요양기관에 지급하는 장기요양급여비용의 일부를 감액할 수 있다.

② 장기요양기관은 전문인 배상책임보험을 공단이 지정한 보험회사에 가입하여야 한다.

③ 장기요양급여비용의 감액기준 등에 관하여 필요한 사항은 보건복지부령으로 정한다.

④ 장기요양기관은 전문인 배상책임보험에 가입할 수 있다.

TIP ② 전문인 배상책임보험의 가입은 의무사항이 아니다.

※ **보험가입**〈「노인장기요양보험법」 제35조의5〉

ㄱ 장기요양기관은 종사자가 장기요양급여를 제공하는 과정에서 발생할 수 있는 수급자의 상해 등 법률상 손해를 배상하는 보험(이하 "전문인 배상책임보험"이라 한다)에 가입할 수 있다.

ㄴ 공단은 장기요양기관이 전문인 배상책임보험에 가입하지 않은 경우 그 기간 동안 해당 장기요양기관에 지급하는 장기요양급여비용의 일부를 감액할 수 있다.

ㄷ 장기요양급여비용의 감액기준 등에 관하여 필요한 사항은 보건복지부령으로 정한다.

30 노인장기요양보험법 제36조(장기요양기관의 폐업 등의 신고 등)이다. 다음 보기의 설명 중에서 옳지 않은 것을 고르면?

① 장기요양기관의 장은 폐업하거나 휴업하고자 하는 경우 공단이나 특별자치시장·특별자치도지사·시장·군수·구청장에게 신고하여야 한다.

② 신고를 받은 특별자치시장·특별자치도지사·시장·군수·구청장은 지체 없이 신고 명세를 공단에 통보하여야 한다.

③ 특별자치시장·특별자치도지사·시장·군수·구청장은 노인의료복지시설 등(장기요양기관이 운영하는 시설인 경우에 한한다)에 대하여 사업정지 또는 폐지 명령을 하는 경우 지체 없이 공단에 그 내용을 통보하여야 한다.

④ 장기요양기관의 장은 폐업·휴업 신고를 할 때 또는 장기요양기관의 지정 갱신을 하지 아니하여 유효기간이 만료될 때 보건복지부령으로 정하는 바에 따라 장기요양급여 제공 자료를 공단으로 이관하여야 한다.

TIP ① 장기요양기관의 장은 폐업하거나 휴업하고자 하는 경우 폐업이나 휴업 예정일 전 30일까지 특별자치시장·특별자치도지사·시장·군수·구청장에게 신고하여야 한다〈「노인장기요양보험법」 제36조 제1항〉.

31 다음 중 장기요양기관이의 장이 장기요양기관을 폐업하거나 휴업하려는 경우 수급자의 권익을 보호하기 위하여 취해야 할 조치로 바르지 못한 것은?

① 해당 장기요양기관을 이용하는 수급자가 다른 장기요양기관을 선택하여 이용할 수 있도록 계획을 수립하고 이행하는 조치

② 해당 장기요양기관에서 수급자가 부담한 비용 중 정산하여야 할 비용이 있는 경우 정산하는 조치

③ 인근지역에 대체 장기요양기관이 없는 경우 등 장기요양급여에 중대한 차질이 우려되는 때에는 폐업·휴업을 연기하는 조치

④ 수급자의 권익보호를 위하여 필요하다고 인정되어 보건복지부령으로 정하는 조치

> **TIP** ③은 특별자치시장·특별자치도지사·시장·군수·구청장이 취해야 할 조치이다〈「노인장기요양보험법」 제36조 제4항〉.

32 다음 노인장기요양보험법에서 ( ) 안에 들어갈 숫자를 모두 합하면?

> 노인장기요양보험법 제36조(장기요양기관의 폐업 등의 신고 등)
> **제1항** 장기요양기관의 장은 폐업하거나 휴업하고자 하는 경우 폐업이나 휴업 예정일 전 ( )일까지 특별자치시장·특별자치도지사·시장·군수·구청장에게 신고하여야 한다.
> **제2항** 특별자치시장·특별자치도지사·시장·군수·구청장은 장기요양기관의 장이 유효기간이 끝나기 ( )일 전까지 지정 갱신 신청을 하지 아니하는 경우 그 사실을 공단에 통보하여야 한다.

① 20

② 35

③ 50

④ 60

> **TIP** 장기요양기관의 폐업 등의 신고 등〈「노인장기요양보험법」 제36조 제1항, 제2항〉
> ㉠ 장기요양기관의 장은 폐업하거나 휴업하고자 하는 경우 폐업이나 휴업 예정일 전 <u>30일</u>까지 특별자치시장·특별자치도지사·시장·군수·구청장에게 신고하여야 한다.
> ㉡ 특별자치시장·특별자치도지사·시장·군수·구청장은 장기요양기관의 장이 유효기간이 끝나기 <u>30일</u> 전까지 지정 갱신 신청을 하지 아니하는 경우 그 사실을 공단에 통보하여야 한다.
> ※ 30 + 20 = 60

Answer 29.② 30.① 31.③ 32.④

33 다음은 노인장기요양보험법 제36조이다. (   ) 안에 알맞은 것은?

> 특별자치시장·특별자치도지사·시장·군수·구청장은 장기요양기관의 폐업·휴업 신고를 접수한 경우 또는 장기요양기관의 장이 유효기간이 끝나기 (   ) 전까지 지정갱신신청을 하지 아니한 경우 장기요양기관의 장이 수급자의 권익을 보호하기 위한 조치를 취하였는지의 여부를 확인하고, 인근지역에 대체 장기요양기관이 없는 경우 등 장기요양급여에 중대한 차질이 우려되는 때에는 장기요양기관의 폐업·휴업 철회 또는 지정 갱신 신청을 권고하거나 그 밖의 다른 조치를 강구하여야 한다

① 10일   ② 20일

③ 30일   ④ 50일

> **TIP** 특별자치시장·특별자치도지사·시장·군수·구청장은 장기요양기관의 폐업·휴업 신고를 접수한 경우 또는 장기요양기관의 장이 유효기간이 끝나기 30일 전까지 지정갱신신청을 하지 아니한 경우 장기요양기관의 장이 수급자의 권익을 보호하기 위한 조치를 취하였는지의 여부를 확인하고, 인근지역에 대체 장기요양기관이 없는 경우 등 장기요양급여에 중대한 차질이 우려되는 때에는 장기요양기관의 폐업·휴업 철회 또는 지정 갱신 신청을 권고하거나 그 밖의 다른 조치를 강구하여야 한다〈「노인장기요양보험법」 제36조 제4항〉.

34 다음 중 장기요양기관의 폐업 등의 신고 등에 있어서 특별자치시장·특별자치도지사·시장·군수·구청장이 해야 할 업무로 옳지 않은 것은?

① 폐업·휴업 신고를 접수한 경우 장기요양기관의 장이 수급자의 권익을 보호하기 위한 조치를 취하였는지의 여부를 확인하여야 한다.

② 장기요양기관이 운영하는 노인의료복지시설에 대하여 사업정지나 폐지명령을 하는 경우 명령 후 30일까지 공단에 통보하여야 한다.

③ 장기요양기관의 장이 유효기간이 끝나기 30일 전까지 지정 갱신 신청을 하지 아니한 경우 장기요양기관의 장이 수급자의 권익을 보호하기 위한 조치를 취하였는지의 여부를 확인하여야 한다.

④ 인근지역에 대체할 장기요양기관이 없어 장기요양급여에 중대한 차질이 우려되는 경우에는 장기요양기관의 폐업·휴업 철회 또는 지정 갱신 신청을 권고할 수 있다.

> **TIP** ② 특별자치시장·특별자치도지사·시장·군수·구청장은 「노인복지법」에 따라 노인의료복지시설 등(장기요양기관이 운영하는 시설인 경우에 한한다)에 대하여 사업정지 또는 폐지 명령을 하는 경우 지체 없이 공단에 그 내용을 통보하여야 한다〈「노인장기요양보험법」 제36조 제5항〉.
> ①③④ 〈「노인장기요양보험법」 제36조 제4항〉

35 다음 중 특별자치시장·특별자치도지사·시장·군수·구청장이 장기요양기관 재무·회계기준을 위반한 장기요양기관에 시정명령을 내릴 수 있는데 그 기한의 범위로 옳은 것은

① 1개월 이내 ② 3개월 이내

③ 6개월 이내 ④ 9개월 이내

> **TIP** 시정명령〈「노인장기요양보험법」 제36조의2〉 … 특별자치시장·특별자치도지사·시장·군수·구청장은 다음의 어느 하나에 해당하는 장기요양기관에 대하여 6개월 이내의 범위에서 일정한 기간을 정하여 시정을 명할 수 있다.
> ㉠ 폐쇄회로 텔레비전의 설치·관리 및 영상정보의 보관기준을 위반한 경우
> ㉡ 장기요양기관 재무·회계기준을 위반한 경우

36 다음 중에서 장기요양기관의 지정을 취소할 수 있는 취소권자에 해당하는 사람은?

① 보건복지부장관 ② 시장·군수·구청장

③ 공단 이사장 ④ 장기요양위원회 위원장

> **TIP** 요양기관 지정 취소 및 업무정지〈「노인장기요양보험법」 제37조 제1항〉 … 장기요양기관 지정의 취소 등의 사유에 해당하는 경우 특별자치시장·특별자치도지사·시장·군수·구청장은 지정을 취소하거나 업무정지를 명할 수 있다.

37 다음 중에서 장기요양기관의 지정취소를 통보하는 과정에서 관계가 없는 사람은?

① 보건복지부장관 ② 시장·군수·구청장

③ 관할 특별시장·광역시장 ④ 장기요양기관의 장

> **TIP** 장기요양기관 지정의 취소 등의 통보〈「노인장기요양보험법」 제37조 제2항〉 … 특별자치시장·특별자치도지사·시장·군수·구청장은 지정을 취소하거나 업무정지명령을 한 경우에는 지체 없이 그 내용을 공단에 통보하고, 보건복지부령으로 정하는 바에 따라 보건복지부장관에게 통보한다. 이 경우 시장·군수·구청장은 관할 특별시장·광역시장 또는 도지사를 거쳐 보건복지부장관에게 통보하여야 한다.

Answer 33.③ 34.② 35.③ 36.② 37.④

38 다음 중 장기요양기관 지정의 취소 등에 설명으로 옳지 않은 것은?

① 급여외행위를 제공한 경우일자라도 장기요양기관의 장이 그 위반행위를 방지하기 위하여 해당 업무에 관하여 상당한 주의와 감독을 게을리 하지 아니한 경우에는 지정의 취소나 업무정지에서 제외한다.

② 지정취소 또는 업무정지되는 장기요양기관의 장은 해당 기관에서 수급자가 부담한 비용 중 정산하여야 할 비용이 있는 경우 이를 공단에 통보하여야 한다.

③ 수급자를 소개, 알선 또는 유인하는 행위 및 이를 조장하는 행위를 한 경우 장기요양기관 지정의 취소나 업무정지 사유에 해당한다.

④ 장기요양기관이 지정취소나 업무정지되는 경우에는 특별자치시장·특별자치도지사·시장·군수·구청장은 해당 장기요양기관을 이용하는 수급자의 권익을 보호하기 위하여 적극적으로 노력하여야 한다.

> **TIP** ② 지정취소 또는 업무정지되는 장기요양기관의 장은 해당 기관에서 수급자가 부담한 비용 중 정산하여야 할 비용이 있는 경우 이를 정산하여야 한다〈「노인장기요양보험법」 제37조 제7항〉.
> ① 「노인장기요양보험법」 제37조 제1항 제1의2호
> ③ 「노인장기요양보험법」 제37조 제1항 제3의3호
> ④ 「노인장기요양보험법」 제37조 제5항

39 다음에서 노인장기요양보험법상 특별자치시장·특별자치도지사·시장·군수·구청장이 업무정지를 명할 수 있는 경우로만 묶여진 것은?

> ㉠ 거짓이나 그 밖의 부정한 방법으로 재가 및 시설 급여비용을 청구한 경우
> ㉡ 장기요양요원에게 급여외행위의 제공을 요구하는 행위
> ㉢ 업무정지기간 중에 장기요양급여를 제공한 경우
> ㉣ 정당한 사유 없이 평가를 거부·방해 또는 기피하는 경우
> ㉤ 장기요양급여를 거부한 경우
> ㉥ 장기요양기관지정 결격사유의 어느 하나에 해당하게 된 경우

① ㉠㉡㉢
② ㉠㉡㉣㉤
③ ㉡㉢㉣㉤㉥
④ ㉠㉡㉢㉣㉤㉥

> **TIP** ㉢㉥의 경우에는 지정을 취소해야 하는 경우이다〈「노인장기요양보험법」 제37조 제1항 제7호〉.

40 다음 중 특별자치시장·특별자치도지사·시장·군수·구청장이 지정을 취소하여야 하는 경우로 옳지 않은 것을 고르면?

① 시정명령을 이행하지 아니하거나 회계부정 행위가 있는 경우

② 거짓이나 그 밖의 부정한 방법으로 지정을 받은 경우

③ 결격사유의 어느 하나에 해당하게 된 경우

④ 폐업 또는 휴업 신고를 하지 아니하고 1년 이상 장기요양급여를 제공하지 아니한 경우

TIP 장기요양기관 지정을 취소해야 하는 경우〈「노인장기요양보험법」제37조 제1항〉
  ㉠ 거짓이나 그 밖의 부정한 방법으로 지정을 받은 경우
  ㉡ 장기요양기관지정 결격사유의 어느 하나에 해당하게 된 경우. 다만, 법인의 경우 3개월 이내에 그 대표자를 변경하는 때에는 그러하지 아니하다.
  ㉢ 폐업 또는 휴업 신고를 하지 아니하고 1년 이상 장기요양급여를 제공하지 아니한 경우
  ㉣ 업무정지기간 중에 장기요양급여를 제공한 경우
  ㉤ 「부가가치세법」 사업자등록 또는 「소득세법」 사업자등록이나 고유번호가 말소된 경우

41 다음 중 장기요양기관의 종사자로 인하여 업무정지를 명할 수 있는 경우로 옳지 않은 것은?

① 수급자의 신체에 폭행을 가하거나 상해를 입히는 행위

② 수급자를 위하여 증여 또는 급여된 금품을 그 목적 외의 용도에 사용하는 행위

③ 본인부담금을 면제하거나 감경하는 행위를 한 경우

④ 폭언, 협박, 위협 등으로 수급자의 정신건강에 해를 끼치는 정서적 학대행위

TIP 장기요양기관의 종사자 등으로 인한 지정 취소·업무정지〈「노인장기요양보험법」제37조 제1항 제6호〉 … 장기요양기관의 종사자 등이 다음의 어느 하나에 해당하는 행위를 한 경우. 다만, 장기요양기관의 장이 그 행위를 방지하기 위하여 해당 업무에 관하여 상당한 주의와 감독을 게을리 하지 아니한 경우는 제외한다.
  ㉠ 수급자의 신체에 폭행을 가하거나 상해를 입히는 행위
  ㉡ 수급자에게 성적 수치심을 주는 성폭행, 성희롱 등의 행위
  ㉢ 자신의 보호·감독을 받는 수급자를 유기하거나 의식주를 포함한 기본적 보호 및 치료를 소홀히 하는 방임행위
  ㉣ 수급자를 위하여 증여 또는 급여된 금품을 그 목적 외의 용도에 사용하는 행위
  ㉤ 폭언, 협박, 위협 등으로 수급자의 정신건강에 해를 끼치는 정서적 학대행위

Answer 38.② 39.② 40.① 41.③

42 다음 중 특별자치시장·특별자치도지사·시장·군수·구청장이 6개월의 범위에서 업무정지를 명할 수 있는 경우가 아닌 것은?

① 장기요양기관의 지정기준에 적합하지 아니한 경우
② 수급자를 소개, 알선 또는 유인하는 행위 및 이를 조장하는 행위를 한 경우
③ 「부가가치세법」에 따른 사업자등록 또는 「소득세법」에 따른 사업자등록이나 고유번호가 말소된 경우
④ 자료제출 명령에 따르지 아니하거나 거짓으로 자료제출을 한 경우나 질문 또는 검사를 거부·방해 또는 기피하거나 거짓으로 답변한 경우

TIP ③은 지정을 취소해야 한다〈「노인장기요양보험법」 제37조 제1항 제8호〉.

43 다음은 노인장기요양보험법 제37조 제6항이다. ㉠에 해당하는 조치로 옳지 않은 것은?

> 특별자치시장·특별자치도지사·시장·군수·구청장은 장기요양기관이 지정취소 또는 업무정지되는 경우에는 해당 장기요양기관을 이용하는 수급자의 권익을 보호하기 위하여 보건복지부령으로 정하는 바에 따라 ㉠조치를 하여야 한다.

① 행정처분의 내용을 정보통신망 이용 등의 방법으로 수급자의 보호자에게 통보하는 조치
② 해당 장기요양기관을 이용하는 수급자가 다른 장기요양기관을 선택하여 이용할 수 있도록 하는 조치
③ 수급자에게 행정처분의 내용을 우편 또는 정보통신망 이용 등의 방법으로 통보하는 조치
④ 수급자 또는 그 보호자에게 노인장기요양보험법에 대한 이해를 돕기 위하여 안내하는 조치

TIP 특별자치시장·특별자치도지사·시장·군수·구청장은 장기요양기관이 지정취소 또는 업무 정지되는 경우에는 해당 장기요양기관을 이용하는 수급자의 권익을 보호하기 위하여 보건복지부령으로 정하는 바에 따라 조치를 하여야 한다〈「노인장기요양보험법」 제37조 제6항〉.
㉠ 행정처분의 내용을 우편 또는 정보통신망 이용 등의 방법으로 수급자 또는 그 보호자에게 통보하는 조치
㉡ 해당 장기요양기관을 이용하는 수급자가 다른 장기요양기관을 선택하여 이용할 수 있도록 하는 조치

44 노인장기요양보험법의 위반으로 지정취소를 받은 후 장기요양기관으로 지정받을 수 있는 기간은?

① 6개월 후   ② 1년 후

③ 3년 후   ④ 5년 후

TIP 지정취소 및 업무정지를 받은 후 장기요양기관으로 지정받을 수 없는 자〈「노인장기요양보험법」 제37조 제8항〉.
    ㉠ 지정취소를 받은 후 3년이 지나지 아니한 자(법인인 경우 그 대표자를 포함한다)
    ㉡ 업무정지명령을 받고 업무정지기간이 지나지 아니한 자(법인인 경우 그 대표자를 포함한다)

45 다음 중 과징금의 부과 등에 대한 설명으로 옳지 않은 것은?

① 업무정지명령을 하여야 하는 경우에 업무정지명령을 갈음하여 과징금을 부과할 수 있다.

② 과징금은 특별자치시장·특별자치도지사·시장·군수·구청장이 통보하면 공단이 부과한다.

③ 과징금을 내야 할 자가 납부기한까지 내지 아니한 경우에는 지방세 체납처분의 예에 따라 징수한다.

④ 과징금의 금액과 과징금의 부과절차 등에 필요한 사항은 대통령령으로 정한다.

TIP ② 특별자치시장·특별자치도지사·시장·군수·구청장이 과징금을 부과할 수 있다〈「노인장기요양보험법」 제37조의2 제1항〉.

46 다음은 노인장기요양보험법 제37조의2 제1항이다. (　　　) 안에 들어갈 과징금의 부과금액은?

> 장기요양기관지정 취소 등에 해당하는 행위를 이유로 업무정지명령을 하여야 하는 경우로서 그 업무정지가 해당 장기요양기관을 이용하는 수급자에게 심한 불편을 줄 우려가 있는 등 보건복지부장관이 정하는 특별한 사유가 있다고 인정되는 경우에는 업무정지명령을 갈음하여 (　　　) 과징금을 부과할 수 있다.

① 2억 원 이하   ② 1억 원 이하

③ 5천만 원 이하   ④ 3천만 원 이하

TIP 위의 경우 업무정지명령을 갈음하여 2억 원 이하의 과징금을 부과할 수 있다〈「노인장기요양보험법」 제37조의2 제1항〉.

47 장기요양기관이 거짓이나 그 밖의 부정한 방법으로 재가 및 시설 급여비용을 청구한 행위를 이유로 업무정지명령을 하여야 하는 경우 과징금으로 부과할 수 있는 금액은?

① 1억 원 이하
② 2억 원 이하
③ 청구한 금액의 3배 이하
④ 청구한 금액의 5배 이하

> **TIP** 거짓이나 그 밖의 부정한 방법으로 재가 및 시설 급여비용을 청구한 경우에 해당하는 행위를 이유로 업무정지명령을 하여야 하는 경우로서 그 업무정지가 해당 장기요양기관을 이용하는 수급자에게 심한 불편을 줄 우려가 있는 등 보건복지부장관이 정하는 특별한 사유가 있다고 인정되는 경우에는 업무정지명령을 갈음하여 거짓이나 그 밖의 부정한 방법으로 청구한 금액의 5배 이하의 금액을 과징금으로 부과할 수 있다〈「노인장기요양보험법」 제37조의2 제2항〉.

48 다음 중 노인장기요양보험법상 위반사실 등의 공표에 대한 설명으로 옳지 않은 것은?

① 공단은 공표여부 등을 심의하기 위하여 공표심의위원회를 설치·운영할 수 있다.
① 위반사실 등의 공표는 특별자치시장·특별자치도지사·시장·군수·구청장이 할 수 있다.
② 장기요양기관의 폐업 등으로 공표의 실효성이 없는 경우에는 위반사실 등을 공표하지 않아도 된다.
③ 위반사실, 처분내용, 장기요양기관의 명칭·주소, 장기요양기관의 장의 성명, 그 밖에 다른 장기요양기관과의 구별에 필요한 사항으로서 대통령령으로 정하는 사항을 공표하여야 한다.

> **TIP** ① 보건복지부장관 또는 특별자치시장·특별자치도지사·시장·군수·구청장은 공표여부 등을 심의하기 위하여 공표심의위원회를 설치·운영할 수 있다〈「노인장기요양보험법」 제37조의3 제3항〉.

49 다음 중 위반사실 등의 공표를 할 수 없는 사람은?

① 보건복지부장관
② 특별자치시장·특별자치도지사
③ 시장·군수·구청장
④ 공표심의위원회 위원장

> **TIP** 위반사실 등의 공표〈「노인장기요양보험법」 제37조의3 제1항〉… 보건복지부장관 또는 특별자치시장·특별자치도지사·시장·군수·구청장이 위반사실 등의 공표를 할 수 있다.

50 다음 중 장기요양기관이 거짓으로 재가·시설 급여비용을 청구하였다는 이유로 처분이 확정된 후 위반사실 등을 공표할 수 있는 경우는? (단, 거짓으로 청구한 금액을 기준으로 함)

① 청구금액이 5백만 원 이상인 경우

② 청구금액이 장기요양급여비용 총액의 100분의 5 이상인 경우

③ 청구금액이 1천만 원 이상인 경우

④ 청구금액이 장기요양급여비용 총액의 100분의 1 이상인 경우

> **TIP** 위반사실 등의 공표〈「노인장기요양보험법」 제37조의3 제1항〉… 장기요양기관이 거짓으로 재가·시설 급여비용을 청구하였다는 이유로 처분이 확정된 경우로서 다음의 어느 하나에 해당하는 경우에는 그 위반사실을 공표하여야 한다.
> ㉠ 거짓으로 청구한 금액이 1천만 원 이상인 경우
> ㉡ 거짓으로 청구한 금액이 장기요양급여비용 총액의 100분의 10 이상인 경우

51 다음 중 노인장기요양보험법상 위반사실 등의 공표대상이 아닌 경우는?

① 장기요양기관이 거짓으로 재가·시설 급여비용을 청구한 금액이 1천만 원 이상으로 처분이 확정된 경우

② 자료제출 명령에 따르지 아니하거나 거짓으로 자료를 제출하여 처분이 확정된 경우

③ 거짓으로 청구한 금액이 장기요양급여비용 총액의 100분의 5 이상으로 처분이 확정된 경우

④ 질문 또는 검사를 거부·방해 또는 기피하거나 거짓으로 답변하여 처분이 확정된 경우

> **TIP** ③ 거짓으로 청구한 금액이 장기요양급여비용 총액의 100분의 10 이상으로 처분이 확정된 경우에 위반사실 등의 공표 대상이 된다〈「노인장기요양보험법」 제37조의3 제1항 제2호〉.
> ① 「노인장기요양보험법」 제37조의3 제1항 제1호
> ※ ②④ 보건복지부장관 또는 특별자치시장·특별자치도지사·시장·군수·구청장은 장기요양기관이 제61조 제2항에 따른 자료제출 명령에 따르지 아니하거나 거짓으로 자료제출을 한 경우나 질문 또는 검사를 거부·방해 또는 기피하거나 거짓으로 답변하였다는 이유로 제37조 또는 제37조의2에 따른 처분이 확정된 경우 위반사실, 처분내용, 장기요양기관의 명칭·주소, 장기요양기관의 장의 성명, 그 밖에 다른 장기요양기관과의 구별에 필요한 사항으로서 대통령령으로 정하는 사항을 공표하여야 한다. 다만, 장기요양기관의 폐업 등으로 공표의 실효성이 없는 경우 또는 장기요양기관이 위반사실 등의 공표 전에 제61조 제2항에 따른 자료를 제출하거나 질문 또는 검사에 응하는 경우에는 그러하지 아니하다〈「노인장기요양보험법」 제37조의3 제2항〉.

Answer 47.④ 48.① 49.④ 50.③ 51.③

52 다음은 노인장기요양보험법 제37조의4(행정제재처분 효과의 승계)에 대한 설명이다. 가장 바르지 않은 설명을 고르면?

① 장기요양기관 지정의 취소 등의 행정제재처분을 받은 장기요양기관을 양도한 경우 양수인에게 승계된다.

② 장기요양기관 지정의 취소 등의 행정제재처분의 효과는 그 처분을 한 날부터 5년간 해당하는 자에게 승계된다.

③ 양수인등이 양수, 합병 또는 운영 시에 행정제재처분 또는 위반사실을 알지 못하였음을 증명하는 경우에는 행정제재처분 효과가 승계되지 않는다.

④ 행정제재처분을 받았거나 그 절차가 진행 중인 자는 지체 없이 그 사실을 양수인등에게 알려야 한다.

> **TIP** ② 장기요양기관 지정의 취소 등의 행정제재처분의 효과는 그 처분을 한 날부터 3년간 해당하는 자에게 승계된다〈「노인장기요양보험법」 제37조의4 제1항 제2호〉.
> ① 「노인장기요양보험법」 제37조의4 제1항 제1호
> ③ 「노인장기요양보험법」 제37조의4 제3항
> ④ 「노인장기요양보험법」 제37조의4 제4항

53 다음 중 장기요양기관 지정의 취소 등의 행정제재처분 효과의 승계대상이 아닌 자는?

① 장기요양기관을 양도한 경우 양수인

② 법인이 합병된 경우 합병으로 신설되거나 합병 후 존속하는 법인

③ 장기요양기관 폐업 후 같은 장소에서 장기요양기관을 운영하는 법인 중 종전에 행정제재처분을 받은 법인의 감사

④ 장기요양기관 폐업 후 같은 장소에서 장기요양기관을 운영하는 자 중 종전에 행정제재처분을 받은 자의 직계혈족

> **TIP** 행정제재처분 효과의 승계〈「노인장기요양보험법」 제37조의4 제1항〉 … 장기요양기관 지정의 취소 등의 행위를 이유로 한 행정제재처분의 효과는 그 처분을 한 날부터 3년간 다음의 어느 하나에 해당하는 자에게 승계된다.
> ㉠ 장기요양기관을 양도한 경우 양수인
> ㉡ 법인이 합병된 경우 합병으로 신설되거나 합병 후 존속하는 법인
> ㉢ 장기요양기관 폐업 후 같은 장소에서 장기요양기관을 운영하는 자 중 종전에 행정제재처분을 받은 자(법인인 경우 그 대표자를 포함한다)나 그 배우자 또는 직계혈족

54 다음 중 노인장기요양보험법상 행정제재처분 절차가 진행 중일 때 그 절차를 계속 이어서 할 수 없는 자는?

① 장기요양기관 폐업 후 3년 이후에 같은 장소에서 장기요양기관을 운영하는 자 중 종전에 위반행위를 한 자

② 두 개의 법인이 합병된 경우 합병으로 신설되거나 합병 후 존속하는 법인

③ 장기요양기관 폐업 후 3년 이내에 같은 장소에서 장기요양기관을 운영하는 자 중 종전에 위반행위를 한 법인의 대표자

④ 장기요양기관을 양도한 경우 양수인

TIP 행정제재처분 효과의 승계〈「노인장기요양보험법」 제37조의4 제2항〉… 행정제재처분의 절차가 진행 중일 때에는 다음의 어느 하나에 해당하는 자에 대하여 그 절차를 계속 이어서 할 수 있다.
ⓐ 장기요양기관을 양도한 경우 양수인
ⓑ 법인이 합병된 경우 합병으로 신설되거나 합병 후 존속하는 법인
ⓒ 장기요양기관 폐업 후 3년 이내에 같은 장소에서 장기요양기관을 운영하는 자 중 종전에 위반행위를 한 자(법인인 경우 그 대표자를 포함한다)나 그 배우자 또는 직계혈족

55 다음 중 장기요양급여 제공의 제한에 대한 설명으로 옳지 않은 것은?

① 장기요양급여 제공의 제한 처분은 특별자치시장·특별자치도지사·시장·군수·구청장이 할 수 있다.

② 장기요양급여 제공의 제한 처분은 장기요양기관의 종사자가 거짓이나 그 밖의 부정한 방법으로 재가급여비용 또는 시설급여비용을 청구하는 행위에 가담한 경우에 해당한다.

③ 장기요양급여 제공의 제한 처분은 해당 종사자가 장기요양급여를 제공하는 것을 3년의 범위에서 제한하는 것으로 할 수 있다.

④ 장기요양급여 제공 제한 처분의 기준·방법, 통보의 방법·절차, 그 밖에 필요한 사항은 보건복지부령으로 정한다.

TIP 장기요양급여 제공의 제한〈「노인장기요양보험법」 제37조의5 제1항〉… 특별자치시장·특별자치도지사·시장·군수·구청장은 장기요양기관의 종사자가 거짓이나 그 밖의 부정한 방법으로 재가급여비용 또는 시설급여비용을 청구하는 행위에 가담한 경우 해당 종사자가 장기요양급여를 제공하는 것을 1년의 범위에서 제한하는 처분을 할 수 있다.

Answer 52.② 53.③ 54.① 55.③

Chapter 07 재가 및 시설 급여비용 등

1 재가 및 시설 급여비용의 청구 및 지급 등〈제38조〉

① **장기요양급여비용 청구** : 장기요양기관은 수급자에게 재가급여 또는 시설급여를 제공한 경우 공단에 장기요양급여비용을 청구하여야 한다.

② **통보 및 지급** : 공단은 장기요양기관으로부터 재가 또는 시설 급여비용의 청구를 받은 경우 이를 심사하여 그 내용을 장기요양기관에 통보하여야 하며, 장기요양에 사용된 비용 중 공단부담금(재가 및 시설 급여비용 중 본인부담금을 공제한 금액을 말한다)을 해당 장기요양기관에 지급하여야 한다.

③ **가산 또는 감액조정 후 지급** : 공단은 장기요양기관의 장기요양급여평가 결과에 따라 장기요양급여비용을 가산 또는 감액조정하여 지급할 수 있다.

④ **공제 후 수급자에게 지급** : 공단은 장기요양급여비용을 심사한 결과 수급자가 이미 낸 본인부담금이 통보한 본인부담금보다 더 많으면 두 금액 간의 차액을 장기요양기관에 지급할 금액에서 공제하여 수급자에게 지급하여야 한다.

⑤ **장기요양보험료등과 상계** : 공단은 수급자에게 지급하여야 하는 금액을 그 수급자가 납부하여야 하는 장기요양보험료 및 그 밖에 이 법에 따른 징수금(이하 "장기요양보험료등"이라 한다)과 상계(相計)할 수 있다.

⑥ **장기요양요원 인건비로 지출** : 장기요양기관은 지급받은 장기요양급여비용 중 보건복지부장관이 정하여 고시하는 비율에 따라 그 일부를 장기요양요원에 대한 인건비로 지출하여야 한다.

⑦ **지급 보류**
  ㉠ 공단은 장기요양기관이 정당한 사유 없이 자료제출 명령에 따르지 아니하거나 질문 또는 검사를 거부·방해 또는 기피하는 경우 이에 응할 때까지 해당 장기요양기관에 지급하여야 할 장기요양급여비용의 지급을 보류할 수 있다.
  ㉡ 이 경우 공단은 장기요양급여비용의 지급을 보류하기 전에 해당 장기요양기관에 의견 제출의 기회를 주어야 한다.

⑧ **재가 및 시설 급여비용의 심사기준 등** : 재가 및 시설 급여비용의 심사기준, 장기요양급여비용의 가감지급의 기준, 청구절차, 지급방법 및 지급 보류의 절차·방법 등에 관한 사항은 보건복지부령으로 정한다.

2 장기요양급여비용 등의 산정〈제39조〉

① **고시** : 보건복지부장관은 매년 급여종류 및 장기요양등급 등에 따라 장기요양위원회의 심의를 거쳐 다음 연도의 재가 및 시설 급여비용과 특별현금급여의 지급금액을 정하여 고시하여야 한다.

② **재가 및 시설 급여비용 산정시 지원여부** : 보건복지부장관은 재가 및 시설 급여비용을 정할 때 대통령령으로 정하는 바에 따라 국가 및 지방자치단체로부터 장기요양기관의 설립비용을 지원받았는지 여부 등을 고려할 수 있다.

③ **구체적인 산정방법 및 항목** : 재가 및 시설 급여비용과 특별현금급여의 지급금액의 구체적인 산정방법 및 항목 등에 관하여 필요한 사항은 보건복지부령으로 정한다.

3 본인부담금〈제40조〉

① **비용의 일부 부담**
  ㉠ 장기요양급여(특별현금급여는 제외한다. 이하 이 조에서 같다)를 받는 자는 대통령령으로 정하는 바에 따라 비용의 일부를 본인이 부담한다.
  ㉡ 이 경우 장기요양급여를 받는 수급자의 장기요양등급, 이용하는 장기요양급여의 종류 및 수준 등에 따라 본인부담의 수준을 달리 정할 수 있다.

② **수급자 본인부담금** : ①에도 불구하고 「의료급여법」 제1항 제1호에 따른 수급자는 본인부담금을 부담하지 아니한다.

> **조문참고**
> **의료급여법 제3조(수급권자) 제1항**
> 1. 「국민기초생활 보장법」에 따른 의료급여 수급자

③ **수급자 본인 전부 부담** : 다음의 장기요양급여에 대한 비용은 수급자 본인이 전부 부담한다.
  ㉠ 노인장기요양보험법의 규정에 따른 급여의 범위 및 대상에 포함되지 아니하는 장기요양급여
  ㉡ 수급자가 장기요양인정서에 기재된 장기요양급여의 종류 및 내용과 다르게 선택하여 장기요양급여를 받은 경우 그 차액
  ㉢ 장기요양급여의 월 한도액을 초과하는 장기요양급여

④ **본인부담금의 100분의 60의 범위에서 감경** : 다음의 어느 하나에 해당하는 자에 대해서는 본인부담금의 100분의 60의 범위에서 보건복지부장관이 정하는 바에 따라 차등하여 감경할 수 있다.

ⓒ 「의료급여법」 제3조 제1항 제2호부터 제9호까지의 규정에 따른 수급권자

의료급여법 제3조(수급권자) 제1항

2. 「재해구호법」에 따른 이재민으로서 보건복지부장관이 의료급여가 필요하다고 인정한 사람
3. 「의사상자 등 예우 및 지원에 관한 법률」에 따라 의료급여를 받는 사람
4. 「국내입양에 관한 특별법」에 따라 입양된 18세 미만의 아동
5. 「독립유공자예우에 관한 법률」, 「국가유공자 등 예우 및 지원에 관한 법률」 및 「보훈보상대상자 지원에 관한 법률」의 적용을 받고 있는 사람과 그 가족으로서 국가보훈부장관이 의료급여가 필요하다고 추천한 사람 중에서 보건복지부장관이 의료급여가 필요하다고 인정한 사람
6. 「무형유산의 보전 및 진흥에 관한 법률」에 따라 지정된 국가무형유산의 보유자(명예보유자를 포함한다)와 그 가족으로서 국가유산청장이 의료급여가 필요하다고 추천한 사람 중에서 보건복지부장관이 의료급여가 필요하다고 인정한 사람
7. 「북한이탈주민의 보호 및 정착지원에 관한 법률」의 적용을 받고 있는 사람과 그 가족으로서 보건복지부장관이 의료급여가 필요하다고 인정한 사람
8. 「5·18민주화운동 관련자 보상 등에 관한 법률」 제8조에 따라 보상금등을 받은 사람과 그 가족으로서 보건복지부장관이 의료급여가 필요하다고 인정한 사람
9. 「노숙인 등의 복지 및 자립지원에 관한 법률」에 따른 노숙인 등으로서 보건복지부장관이 의료급여가 필요하다고 인정한 사람

ⓛ 소득·재산 등이 보건복지부장관이 정하여 고시하는 일정 금액 이하인 자. 다만, 도서·벽지·농어촌 등의 지역에 거주하는 자에 대하여 따로 금액을 정할 수 있다.

ⓒ 천재지변 등 보건복지부령으로 정하는 사유로 인하여 생계가 곤란한 자

⑤ **본인부담금의 산정방법 등**: 본인부담금의 산정방법, 감경절차 및 감경방법 등에 관하여 필요한 사항은 보건복지부령으로 정한다.

4 가족 등의 장기요양에 대한 보상〈제41조〉

① **본인부담금 일부 감면**: 공단은 장기요양급여를 받은 금액의 총액이 보건복지부장관이 정하여 고시하는 금액 이하에 해당하는 수급자가 가족 등으로부터 방문요양에 상당한 장기요양을 받은 경우 보건복지부령으로 정하는 바에 따라 본인부담금의 일부를 감면하거나 이에 갈음하는 조치를 할 수 있다.

② **본인부담금의 감면방법**: 본인부담금의 감면방법 등 필요한 사항은 보건복지부령으로 정한다.

5 방문간호지시서 발급비용의 산정 등〈제42조〉

방문간호지시서를 발급하는데 사용되는 비용, 비용부담방법 및 비용 청구·지급절차 등에 관하여 필요한 사항은 보건복지부령으로 정한다.

6 부당이득의 징수〈제43조〉

① 부당이득의 징수 : 공단은 장기요양급여를 받은 자, 장기요양급여비용을 받은 자 또는 의사소견서·방문간호지시서 발급비용(이하 "의사소견서등 발급비용"이라 한다)을 받은 자가 다음의 어느 하나에 해당하는 경우 그 장기요양급여, 장기요양급여비용 또는 의사소견서등 발급비용에 상당하는 금액을 징수한다.
  ㉠ 등급판정위원회의 등급판정 결과 다음의 어느 하나에 해당하는 것으로 확인된 경우
    • 거짓이나 그 밖의 부정한 방법으로 장기요양인정을 받은 경우
    • 고의로 사고를 발생하도록 한 경우
    • 본인의 위법행위에 기인하여 장기요양인정을 받은 경우
  ㉡ 월 한도액 범위를 초과하여 장기요양급여를 받은 경우
  ㉢ 장기요양급여의 제한 등을 받을 자가 장기요양급여를 받은 경우
  ㉣ 거짓이나 그 밖의 부정한 방법으로 재가 및 시설 급여비용을 청구하여 이를 지급받은 경우
  ㉤ 거짓이나 그 밖의 부정한 방법으로 의사소견서등 발급비용을 청구하여 이를 지급받은 경우
  ㉥ 그 밖에 이 법상의 원인 없이 공단으로부터 장기요양급여를 받거나 장기요양급여비용을 지급받은 경우

◆ **의사소견서등 발급비용**
• 의사소견서등 발급비용에 관하여는 「국민건강보험법」 제57조 제2항을 준용하며, "보험급여비용"은 "의사소견서등 발급비용"으로, "요양기관"은 "의료기관"으로 본다.

> **조문참고**
> **「국민건강보험법」 제57조 제2항**
>   ② 공단은 속임수나 그 밖의 부당한 방법으로 보험급여비용을 받은 요양기관이 다음 각 호의 어느 하나에 해당하는 경우에는 해당 요양기관을 개설한 자에게 그 요양기관과 연대하여 같은 항에 따른 징수금을 납부하게 할 수 있다.
>   1. 「의료법」 제33조 제2항을 위반하여 의료기관을 개설할 수 없는 자가 의료인의 면허나 의료법인 등의 명의를 대여받아 개설·운영하는 의료기관
>   2. 「약사법」 제20조 제1항을 위반하여 약국을 개설할 수 없는 자가 약사 등의 면허를 대여받아 개설·운영하는 약국
>   3. 「의료법」 제4조 제2항 또는 제33조 제8항·제10항을 위반하여 개설·운영하는 의료기관
>   4. 「약사법」 제21조 제1항을 위반하여 개설·운영하는 약국
>   5. 「약사법」 제6조 제3항·제4항을 위반하여 면허를 대여받아 개설·운영하는 약국

② 거짓 행위자 징수금 납부 : 공단은 거짓 보고 또는 증명에 의하거나 거짓 진단에 따라 장기요양급여가 제공된 때 거짓의 행위에 관여한 자에 대하여 장기요양급여를 받은 자와 연대하여 징수금을 납부하게 할 수 있다.

③ 거짓이나 그 밖의 부정한 방법 징수금 납부 : 공단은 거짓이나 그 밖의 부정한 방법으로 장기요양급여를 받은 자와 같은 세대에 속한 자(장기요양급여를 받은 자를 부양하고 있거나 다른 법령에 따라 장기요양급여를 받은 자를 부양할 의무가 있는 자를 말한다)에 대하여 거짓이나 그 밖의 부정한 방법으로 장기요양급여를 받은 자와 연대하여 징수금을 납부하게 할 수 있다.

④ 징수 후 수급자에 지급
　㉠ 공단은 장기요양기관이나 의료기관이 수급자 또는 신청인으로부터 거짓이나 그 밖의 부정한 방법으로 장기요양급여비용 또는 의사소견서등 발급비용을 받은 때 해당 장기요양기관 또는 의료기관으로부터 이를 징수하여 수급자 또는 신청인에게 지체 없이 지급하여야 한다.
　㉡ 이 경우 공단은 수급자 또는 신청인에게 지급하여야 하는 금액을 그 수급자 또는 신청인이 납부하여야 하는 장기요양보험료등과 상계할 수 있다.

7 구상권〈제44조〉

① 제3자에 대한 손해배상의 권리 : 공단은 제3자의 행위로 인한 장기요양급여의 제공사유가 발생하여 수급자에게 장기요양급여를 행한 때 그 급여에 사용된 비용의 한도 안에서 그 제3자에 대한 손해배상의 권리를 얻는다.

② 제3자로부터 이미 손해배상을 받은 때 : 공단은 장기요양급여를 받은 자가 제3자로부터 이미 손해배상을 받은 때 그 손해배상액의 한도 안에서 장기요양급여를 행하지 아니한다.

◆ 구상권(求償權)
　• 구상권이란 법률적으로 타인의 채무를 변제한 사람이 그 채무자에게 변제액을 청구할 수 있는 권리를 말한다.

(1) 장기요양기관은 수급자에게 재가급여 또는 시설급여를 제공한 경우 _____을 청구하여야 한다.

(2) 공단은 장기요양기관으로부터 재가 또는 시설 급여비용의 청구를 받은 경우 이를 심사하여 그 내용을 장기요양기관에 통보하여야 하며, 장기요양에 사용된 비용 중 _____을 해당 장기요양기관에 지급하여야 한다.

(3) 장기요양기관의 _____ 결과에 따라 장기요양급여비용을 가산 또는 감액조정하여 지급할 수 있다.

(4) 보건복지부장관은 매년 급여종류 및 장기요양등급 등에 따라 _____의 심의를 거쳐 다음 연도의 재가 및 시설 급여비용과 특별현금급여의 지급금액을 정하여 고시하여야 한다.

(5) 보건복지부장관은 재가 및 시설 급여비용을 정할 때 _____으로 정하는 바에 따라 국가 및 지방자치단체로부터 장기요양기관의 설립비용을 지원받았는지 여부 등을 고려할 수 있다.

(6) 장기요양급여(_____는 제외)를 받는 자는 대통령령으로 정하는 바에 따라 비용의 일부를 본인이 부담한다. 이 경우 장기요양급여를 받는 수급자의 장기요양등급, 이용하는 장기요양급여의 종류 및 수준 등에 따라 본인부담의 수준을 달리 정할 수 있다.

(7) 장기요양급여의 월 한도액을 초과하는 장기요양급여 대한 비용은 수급자 본인이 ____ 부담한다.

(8) 천재지변 등 보건복지부령으로 정하는 사유로 인하여 생계가 곤란한 자에 대해서는 본인부담금의 _____의 범위에서 보건복지부장관이 정하는 바에 따라 차등하여 감경할 수 있다.

(9) 본인부담금의 산정방법, 감경절차 및 감경방법 등에 관하여 필요한 사항은 _____으로 정한다.

(10) 공단은 장기요양급여를 받은 금액의 총액이 보건복지부장관이 정하여 고시하는 금액 이하에 해당하는 수급자가 ____ 등으로부터 방문요양에 상당한 장기요양을 받은 경우 보건복지부령으로 정하는 바에 따라 _____의 일부를 감면하거나 이에 갈음하는 조치를 할 수 있다.

(11) _____를 발급하는데 사용되는 비용, 비용부담방법 및 비용 청구·지급절차 등에 관하여 필요한 사항은 보건복지부령으로 정한다.

(12) 공단은 _____를 받은 자, _____을 받은 자 또는 의사소견서등 발급비용을 받은 자가 월 한도액 범위를 초과하여 장기요양급여를 받은 경우 그 장기요양급여, 장기요양급여비용 또는 의사소견서등 발급비용에 상당하는 금액을 징수한다.

(13) 공단은 거짓 보고 또는 증명에 의하거나 거짓 진단에 따라 장기요양급여가 제공된 때 거짓의 행위에 관여한 자에 대하여 장기요양급여를 받은 자와 ____하여 _____을 납부하게 할 수 있다.

(14) 공단은 제3자의 행위로 인한 장기요양급여의 제공사유가 발생하여 수급자에게 장기요양급여를 행한 때 그 급여에 사용된 비용의 한도 안에서 그 제3자에 대한 _____의 권리를 얻는다.

정답 및 해설

(1) 장기요양급여비용
(2) 공단부담금
(3) 장기요양급여평가
(4) 장기요양위원회
(5) 대통령령
(6) 특별현금급여
(7) 전부
(8) 100분의 60
(9) 보건복지부령
(10) 가족, 본인부담금
(11) 방문간호지시서
(12) 장기요양급여, 장기요양급여비용
(13) 연대, 징수금
(14) 손해배상

출제예상문제

1 노인장기요양보험법 제38조(재가 및 시설 급여비용의 청구 및 지급 등)이다. 다음 설명에서 가장 적절하지 않은 것은?

① 장기요양기관은 재가급여 또는 시설급여를 제공한 경우 수급자에게 장기요양급여비용을 청구하여야 한다.

② 공단은 수급자에게 지급하여야 하는 금액을 그 수급자가 납부하여야 하는 장기요양보험료등과 상계할 수 있다.

③ 장기요양에 사용된 비용 중 재가 및 시설 급여비용 중 본인부담금을 공제한 금액을 해당 장기요양기관에 지급하여야 한다.

④ 공단이 장기요양급여비용의 지급을 보류할 때에는 보류하기 전에 해당 장기요양기관에 의견 제출의 기회를 주어야 한다.

> **TIP** ① 장기요양기관은 수급자에게 재가급여 또는 시설급여를 제공한 경우 공단에 장기요양급여비용을 청구하여야 한다〈「노인장기요양보험법」 제38조 제1항〉.

2 공단이 장기요양급여비용 지급을 보류할 수 있는 사유로 가장 적절한 것은?

① 장기요양기관이 수급자의 본인부담금을 받지 않은 경우

② 장기요양기관이 청구절차를 따르지 않은 경우

③ 장기요양기관이 자료제출 명령을 따르지 않거나 검사를 거부한 경우

④ 장기요양기관이 운영상 어려움을 겪고 있는 경우

> **TIP** 공단은 장기요양기관이 정당한 사유 없이 자료제출 명령에 따르지 아니하거나 질문 또는 검사를 거부·방해 또는 기피하는 경우 이에 응할 때까지 해당 장기요양기관에 지급하여야 할 장기요양급여비용의 지급을 보류할 수 있다. 이 경우 공단은 장기요양급여비용의 지급을 보류하기 전에 해당 장기요양기관에 의견 제출의 기회를 주어야 한다〈「노인장기요양보험법」 제38조 제7항〉.

3 장기요양기관이 장기요양급여비용을 지급받은 후 반드시 일부를 지출해야 하는 항목은 무엇인가?

① 운영비   ② 인건비

③ 시설 유지비   ④ 홍보비

TIP 장기요양기관은 지급받은 장기요양급여비용 중 보건복지부장관이 정하여 고시하는 비율에 따라 그 일부를 장기요양요원에 대한 인건비로 지출하여야 한다〈「노인장기요양보험법」 제38조 제6항〉.

4 다음 재가 및 시설 급여비용의 청구 및 지급 등에 관한 설명 중 옳지 않은 것은?

① 공단은 장기요양기관으로부터 재가 또는 시설 급여비용의 청구를 받은 경우 이를 심사하여 그 내용을 장기요양기관에 통보하여야 한다.

② 공단은 장기요양급여비용을 심사한 결과 수급자가 이미 낸 본인부담금이 통보한 본인부담금보다 더 많으면 두 금액 간의 차액을 장기요양기관에 지급할 금액에서 공제하여 수급자에게 지급하여야 한다.

③ 장기요양기관은 수급자에게 재가급여 또는 시설급여를 제공한 경우 공단에 장기요양급여비용을 청구하여야 한다.

④ 공단은 장기요양위원회의 심의를 거쳐 재가 및 시설 급여비용의 지급범위 · 심사기준을 정한다.

TIP ④ 재가 및 시설 급여비용의 심사기준, 장기요양급여비용의 가감지급의 기준, 청구절차, 지급방법 및 지급보류의 절차 · 방법 등에 관한 사항은 보건복지부령으로 정한다〈「노인장기요양보험법」 제38조 제8항〉.

5 공단이 장기요양급여비용을 가산 또는 감액조정하여 지급할 수 있는 경우를 정하는 기준은?

① 장기요양급여평가 결과   ② 장기요양위원회의 의결

③ 우수요양기관으로의 선정   ④ 장기요양기관평가 결과

TIP 공단은 장기요양기관의 장기요양급여평가 결과에 따라 장기요양급여비용을 가산 또는 감액조정하여 지급할 수 있다〈「노인장기요양보험법」 제38조 제3항〉.

Answer   1.①   2.③   3.②   4.④   5.①

6 다음 중 장기요양급여비용 등의 산정에 대한 설명으로 바르지 못한 것은?

① 보건복지부장관은 매년 급여종류 및 장기요양등급 등에 따라 장기요양위원회의 심의를 거쳐야 한다.

② 다음 연도의 재가 및 시설 급여비용과 특별현금급여의 지급금액 등은 대통령령으로 정한다.

③ 보건복지부장관은 재가 및 시설 급여비용을 정할 때 국가 및 지방자치단체로부터 장기요양기관의 설립비용을 지원받았는지 여부 등을 고려할 수 있다.

④ 재가 및 시설급여비용과 특별현금급여의 지급금액 산정방법 및 항목은 보건복지부령으로 정한다.

> **TIP** ② 보건복지부장관은 매년 급여종류 및 장기요양등급 등에 따라 장기요양위원회의 심의를 거쳐 다음 연도의 재가 및 시설 급여비용과 특별현금급여의 지급금액을 정하여 고시하여야 한다〈「노인장기요양보험법」 제39조 제1항〉.

7 다음 중 노인장기요양보험법상 본인부담금에 대한 설명으로 옳지 않은 것은?

① 재가급여 및 시설 급여비용은 수급자가 부담한다.

② 「의료급여법」에 따른 「국민기초생활보장법」에 따른 의료급여 수급자는 수급자가 부담하지 않는다.

③ 급여의 범위 및 대상에 포함되지 아니하는 장기요양급여에 대한 비용은 수급자 본인이 일부 부담한다.

④ 장기요양급여의 종류 등에 따라 본인부담의 수준을 달리 정할 수 있다.

> **TIP** ③ 급여의 범위 및 대상에 포함되지 아니하는 장기요양급여에 대한 비용은 수급자 본인이 전부 부담한다〈「노인장기요양보험법」 제40조 제3항 제1호〉.

8 장기요양급여에 대한 비용을 수급자 본인이 전부 부담해야 하는 대상으로 옳지 않은 것은?

① 수급자가 장기요양인정서에 기재된 장기요양급여의 종류 및 내용과 다르게 선택하여 장기요양급여를 받은 경우 그 차액

② 장기요양급여의 월 한도액을 초과하는 장기요양급여

③ 재가 및 시설 급여비용 수급자의 장기요양급여

④ 급여의 범위 및 대상에 포함되지 아니하는 장기요양급여

> **TIP** ③ 재가 및 시설 급여비용은 수급자가 일부 부담한다〈「노인장기요양보험법」 제40조 제1항〉.

9 다음 중 본인부담금의 100분의 60의 범위에서 차등하여 감경할 수 있는 자가 아닌 것은?

① 천재지변 등 보건복지부령으로 정하는 사유로 인하여 생계가 곤란한 자

② 소득·재산 등이 보건복지부장관이 정하여 고시하는 일정 금액 이하인 자

③ 「의료급여법」에 따른 수급권자

④ 도서·벽지·농어촌 등의 지역에 거주하는 자로 사회복지공무원이 지정한 자

> **TIP** 본인부담금의 100분의 60의 범위에서 차등하여 감경할 수 있는 자〈「노인장기요양보험법」제40조 제4항〉
> ㉠ 「의료급여법」의 규정에 따른 수급권자
> ㉡ 소득·재산 등이 보건복지부장관이 정하여 고시하는 일정 금액 이하인 자. 다만, 도서·벽지·농어촌 등의 지역에 거주하는 자에 대하여 따로 금액을 정할 수 있다.
> ㉢ 천재지변 등 보건복지부령으로 정하는 사유로 인하여 생계가 곤란한 자

10 다음 중 본인부담금의 산정방법을 정하는 기준으로 옳은 것은?

① 대통령령
② 보건복지부령
③ 지방자치단체의 조례
④ 장기요양위원회 의결

> **TIP** 본인부담금의 산정방법, 감경절차 및 감경방법 등에 관하여 필요한 사항은 보건복지부령으로 정한다〈「노인장기요양보험법」제40조 제5항〉

11 노인장기요양보험법상 공단은 장기요양급여를 받은 금액의 총액이 보건복지부장관이 정하여 고시하는 금액 이하에 해당하는 수급자가 가족 등으로부터 방문요양에 상당한 장기요양을 받은 경우 본인부담금의 (   )를 감면하거나 이에 갈음하는 조치를 할 수 있다. (   ) 안에 알맞은 것은?

① 100분의 15
② 100분의 25
③ 전부
④ 일부

> **TIP** 공단은 장기요양급여를 받은 금액의 총액이 보건복지부장관이 정하여 고시하는 금액 이하에 해당하는 수급자가 가족 등으로부터 방문요양에 상당한 장기요양을 받은 경우 보건복지부령으로 정하는 바에 따라 본인부담금의 일부를 감면하거나 이에 갈음하는 조치를 할 수 있다〈「노인장기요양보험법」제41조 제1항〉.

Answer 6.② 7.③ 8.③ 9.④ 10.② 11.④

12 다음은 부당이득의 징수에 대한 설명이다. 옳지 않은 것은?

① 공단은 거짓 보고나 거짓 진단에 따라 장기요양급여가 제공된 때 거짓의 행위에 관여한 자에 대하여 장기요양급여를 받은 자와 연대하여 징수금을 납부하게 할 수 있다.

② 공단은 거짓으로 장기요양급여를 받은 자와 같은 세대에 속한 자에 대하여 거짓으로 장기요양급여를 받은 자와 연대하여 징수금을 납부하게 할 수 있다.

③ 공단은 장기요양기관이 수급자로부터 거짓으로 장기요양급여비용을 받은 때 해당 장기요양기관으로부터 이를 징수하여 수급자에게 지체 없이 지급하여야 한다.

④ 공단은 장기요양기관으로부터 징수한 징수금을 수급자에게 지급할 경우 그 수급자가 납부하여야 하는 장기요양보험료등과 구분하여 지급하여야 한다.

> **TIP** ④ 공단은 장기요양기관이나 의료기관이 수급자 또는 신청인으로부터 거짓이나 그 밖의 부정한 방법으로 장기요양급여비용 또는 의사소견서등 발급비용을 받은 때 해당 장기요양기관 또는 의료기관으로부터 이를 징수하여 수급자 또는 신청인에게 지체 없이 지급하여야 한다. 이 경우 공단은 수급자 또는 신청인에게 지급하여야 하는 금액을 그 수급자 또는 신청인이 납부하여야 하는 장기요양보험료등과 상계할 수 있다〈「노인장기요양보험법」 제43조 제4항〉.

13 노인장기요양보험법 제43조 제1항이다. 다음에서 밑줄 친 ㉠㉡㉢㉣㉤㉥에 해당하지 않는 경우는?

> 공단은 장기요양급여를 받은 자, 장기요양급여비용을 받은 자 또는 의사소견서 · 방문간호지시서 발급비용(이하 "의사소견서등 발급비용"이라 한다)을 받은 자가 ㉠㉡㉢㉣㉤㉥의 어느 하나에 해당하는 경우 그 장기요양급여, 장기요양급여비용 또는 의사소견서등 발급비용에 상당하는 금액을 징수한다.

① 등급판정 결과 본인의 위법행위에 기인하여 장기요양인정을 받은 경우

② 장기요양급여의 제한 등을 받을 자가 장기요양급여를 받은 경우

③ 거짓이나 그 밖의 부정한 방법으로 재가 및 시설 급여비용을 청구하여 이를 지급받은 경우

④ 장기요양급여 제공 계획서의 작성절차를 위반한 경우

> **TIP** 부당이득의 징수대상〈「노인장기요양보험법」 제43조 제1항〉
> ㉠ 등급판정 결과 제15조 제4항 각 호의 어느 하나에 해당하는 것으로 확인된 경우
> ㉡ 월 한도액 범위를 초과하여 장기요양급여를 받은 경우
> ㉢ 장기요양급여의 제한 등을 받을 자가 장기요양급여를 받은 경우
> ㉣ 거짓이나 그 밖의 부정한 방법으로 재가 및 시설 급여비용을 청구하여 이를 지급받은 경우
> ㉤ 거짓이나 그 밖의 부정한 방법으로 의사소견서등 발급비용을 청구하여 이를 지급받은 경우
> ㉥ 그 밖에 이 법상의 원인 없이 공단으로부터 장기요양급여를 받거나 장기요양급여비용을 지급받은 경우

※ 등급판정 결과 부당이득금을 징수해야 하는 경우〈「노인장기요양보험법」 제15조 제4항〉
　　㉠ 거짓이나 그 밖의 부정한 방법으로 장기요양인정을 받은 경우
　　㉡ 고의로 사고를 발생하도록 하는 경우
　　㉢ 본인의 위법행위에 기인하여 장기요양인정을 받은 경우

14 다음 중 방문간호지시서 발급비용 및 지급절차에 관한 사항을 결정하는 자는?

① 대통령령
② 보건복지부령
③ 공단이사회 회의
④ 장기요양위원회 의결

TIP 방문간호지시서 발급비용의 산정 등〈「노인장기요양보험법」 제42조〉… 방문간호지시서를 발급하는데 사용되는 비용, 비용부담방법 및 비용 청구·지급절차 등에 관하여 필요한 사항은 보건복지부령으로 정한다.

15 노인장기요양보험법의 법조항이다. 다음에서 설명하고 있는 것은 무엇인가?

> 제1항 공단은 제3자의 행위로 인한 장기요양급여의 제공사유가 발생하여 수급자에게 장기요양급여를 행한 때 그 급여에 사용된 비용의 한도 안에서 그 제3자에 대한 손해배상의 권리를 얻는다.
> 제2항 공단은 제1항의 경우 장기요양급여를 받은 자가 제3자로부터 이미 손해배상을 받은 때 그 손해배상액의 한도 안에서 장기요양급여를 행하지 아니한다.

① 구상권
② 행사권
③ 청구권
④ 수급권

TIP 구상권〈「노인장기요양보험법」 제44조〉
　　㉠ 공단은 제3자의 행위로 인한 장기요양급여의 제공사유가 발생하여 수급자에게 장기요양급여를 행한 때 그 급여에 사용된 비용의 한도 안에서 그 제3자에 대한 손해배상의 권리를 얻는다.
　　㉡ 공단은 ㉠의 경우 장기요양급여를 받은 자가 제3자로부터 이미 손해배상을 받은 때 그 손해배상액의 한도 안에서 장기요양급여를 행하지 아니한다.

Answer 12.④ 13.④ 14.② 15.①

Chapter 08 장기요양위원회

1 장기요양위원회의 설치 및 기능〈제45조〉

① 장기요양위원회 설치 : 보건복지부장관 소속으로 장기요양위원회를 둔다.

② 장기요양위원회 심의사항
  ㉠ 장기요양보험료율
  ㉡ 가족요양비, 특례요양비 및 요양병원간병비의 지급기준
  ㉢ 재가 및 시설 급여비용
  ㉣ 그 밖에 대통령령으로 정하는 주요 사항

◆ 대통령령으로 정하는 주요 심의사항〈노인장기요양보험법 시행령 제16조〉
  • 의사소견서 발급비용의 기준
  • 방문간호지시서 발급비용의 기준
  • 월 한도액의 결정
  • 그 밖에 장기요양급여에 관한 사항으로서 보건복지부장관이 회의에 부치는 사항

2 장기요양위원회의 구성〈제46조〉

① 장기요양위원회의 구성 : 장기요양위원회는 위원장 1인, 부위원장 1인을 포함한 16인 이상 22인 이하의 위원으로 구성한다.

② 위원의 구성 : 위원장이 아닌 위원은 다음의 자 중에서 보건복지부장관이 임명 또는 위촉한 자로 하고, 다음에 해당하는 자를 각각 동수로 구성하여야 한다.
  ㉠ 근로자단체, 사용자단체, 시민단체(「비영리민간단체 지원법」 제2조에 따른 비영리민간단체를 말한다), 노인단체, 농어업인단체 또는 자영자단체를 대표하는 자
  ㉡ 장기요양기관 또는 의료계를 대표하는 자
  ㉢ 대통령령으로 정하는 관계 중앙행정기관의 고위공무원단 소속 공무원, 장기요양에 관한 학계 또는 연구계를 대표하는 자, 공단 이사장이 추천하는 자

③ 위원장 및 부위원장
  ㉠ 위원장 : 위원장은 보건복지부차관이 된다.
  ㉡ 부위원장 : 부위원장은 위원 중에서 위원장이 지명한다.

④ 위원의 임기
  ㉠ 장기요양위원회 위원의 임기는 3년으로 한다.
  ㉡ 다만, 공무원인 위원의 임기는 재임기간으로 한다.

3 장기요양위원회의 운영〈제47조〉

① **장기요양위원회 회의** : 장기요양위원회 회의는 구성원 과반수의 출석으로 개의하고 출석위원 과반수의 찬성으로 의결한다.

② **실무위원회** : 장기요양위원회의 효율적 운영을 위하여 분야별로 실무위원회를 둘 수 있다.

③ **장기요양위원회의 구성 · 운영** : 이 법에서 정한 것 외에 장기요양위원회의 구성 · 운영, 그 밖에 필요한 사항은 대통령령으로 정한다.

4 장기요양요원지원센터의 설치 등〈제47조의2〉

① **장기요양요원지원센터 설치 · 운영**
  ㉠ **설치 · 운영** : 국가와 지방자치단체는 장기요양요원의 권리를 보호하기 위하여 장기요양요원지원센터를 설치 · 운영할 수 있다.
  ㉡ 국가와 지방자치단체는 장기요양요원의 권리를 보호하기 위하여 장기요양요원지원센터를 설치 · 운영할 수 있다.

② **장기요양요원지원센터의 업무** : 장기요양요원지원센터는 다음의 업무를 수행한다.
  ㉠ 장기요양요원의 권리 침해에 관한 상담 및 지원
  ㉡ 장기요양요원의 역량강화를 위한 교육지원
  ㉢ 장기요양요원에 대한 건강검진 등 건강관리를 위한 사업
  ㉣ 그 밖에 장기요양요원의 업무 등에 필요하여 대통령령으로 정하는 사항

③ **설치 · 운영 등 필요 사항** : 장기요양요원지원센터의 설치 · 운영 등에 필요한 사항은 보건복지부령으로 정하는 바에 따라 해당 지방자치단체의 조례로 정한다.

장기요양위원회와 장기요양요원지원센터의 의 비교			
	장기요양위원회〈법 제45조〉		장기요양요원지원센터〈법 47조의2〉
소속	• 보건복지부장관	설치 · 운영	• 국가와 지방자치단체
심의사항	• 장기요양보험료율 • 가족요양비, 특례요양비 및 요양병원간병비의 지급기준 • 재가 및 시설 급여비용 • 대통령령으로 정하는 주요 사항	목적	• 장기요양요원의 권리를 보호하기 위함
구성 · 임기	• 위원장 1인, 부위원장 1인을 포함한 16인 이상 22인 이하의 위원으로 구성 • 위원장은 보건복지부차관이 되고, 부위원장은 위원 중에서 위원장이 지명. • 장기요양위원회 위원의 임기는 3년으로 한다. 다만, 공무원인 위원의 임기는 재임기간으로 함	수행업무	• 장기요양요원의 권리 침해에 관한 상담 및 지원 • 장기요양요원의 역량강화를 위한 교육 지원 • 장기요양요원에 대한 건강검진 등 건강관리를 위한 사업 • 그 밖에 장기요양요원의 업무 등에 필요하여 대통령령으로 정하는 사항
위원구성	• 위원장이 아닌 위원은 다음의 자 중에서 보건복지부장관이 임명 또는 위촉한 자로 하고, 다음에 해당하는 자를 각각 동수로 구성 - 근로자단체, 사용자단체, 시민단체(비영리민간단체), 노인단체, 농어업인단체 또는 자영자단체를 대표하는 자 - 장기요양기관 또는 의료계를 대표하는 자 - 대통령령으로 정하는 관계 중앙행정기관의 고위공무원단 소속 공무원, 장기요양에 관한 학계 또는 연구계를 대표하는 자, 공단 이사장이 추천하는 자		
의결 · 운영	• 장기요양위원회 회의는 구성원 과반수의 출석으로 개의하고 출석위원 과반수의 찬성으로 의결 • 장기요양위원회의 효율적 운영을 위하여 분야별로 실무위원회를 둘 수 있음		
필요한 사항	• 구성 · 운영, 그 밖에 필요한 사항은 대통령령으로 정함	필요한 사항	• 설치 · 운영 등에 필요한 사항은 보건복지부령으로 정하는 바에 따라 해당 지방자치단체의 조례로 정함

암기요약 … 핵심조문 빈칸 채우기

(1) _____ 소속으로 장기요양위원회를 둔다.

(2) 보건복지부장관 소속 장기요양위원회의 심의사항
- ㉠ _____
- ㉡ 가족요양비, _____ 및 요양병원간병비의 지급기준
- ㉢ 재가 및 시설 급여비용
- ㉣ 그 밖에 대통령령으로 정하는 주요 사항

(3) 장기요양위원회는 위원장 1인, 부위원장 1인을 포함한 _____ 이하의 위원으로 구성한다.

(4) 장기요양위원회의 위원장이 아닌 위원은 다음의 자 중에서 _____이 임명 또는 위촉한 자로 하고, 다음에 해당하는 자를 각각 동수로 구성하여야 한다.
- ㉠ 근로자단체, 사용자단체, 시민단체(비영리민간단체), 노인단체, 농어업인단체 또는 자영자단체를 대표하는 자
- ㉡ 장기요양기관 또는 의료계를 대표하는 자
- ㉢ 대통령령으로 정하는 관계 중앙행정기관의 고위공무원단 소속 공무원, 장기요양에 관한 학계 또는 연구계를 대표하는 자, 공단 이사장이 추천하는 자

(5) 장기요양위원회의 위원장은 _____이 되고, 부위원장은 위원 중에서 위원장이 지명한다.

(6) 장기요양위원회 위원의 임기는 ___으로 한다. 다만, 공무원인 위원의 임기는 _____으로 한다.

(7) 장기요양위원회 회의는 구성원 과반수의 출석으로 개의하고 출석위원 _____의 찬성으로 의결한다.

(8) 장기요양위원회의 효율적 운영을 위하여 분야별로 _____를 둘 수 있다.

(9) 노인장기요양보험법에서 정한 것 외에 장기요양위원회의 구성·운영, 그 밖에 필요한 사항은 _____으로 정한다.

(10) 국가와 지방자치단체는 장기요양요원의 권리를 보호하기 위하여 _____를 설치·운영할 수 있다.

(11) 장기요양요원지원센터의 업무
- ㉠ 장기요양요원의 권리 침해에 관한 상담 및 지원
- ㉡ 장기요양요원의 역량강화를 위한 _____
- ㉢ 장기요양요원에 대한 건강검진 등 _____를 위한 사업
- ㉣ 그 밖에 장기요양요원의 업무 등에 필요하여 대통령령으로 정하는 사항

(12) 장기요양요원지원센터의 설치·운영 등에 필요한 사항은 _____으로 정하는 바에 따라 해당 지방자치단체의 ____로 정한다.

정답 및 해설

(1) 보건복지부장관
(2) 장기요양보험료율, 특례요양비
(3) 16인 이상 22인
(4) 보건복지부장관
(5) 보건복지부차관
(6) 3년, 재임기간
(7) 과반수
(8) 실무위원회
(9) 대통령령
(10) 장기요양요원지원센터
(11) 교육지원, 건강관리
(12) 보건복지부령, 조례

출제예상문제

1 노인장기요양보험법상 장기요양위원회의에 대한 설명으로 옳지 않은 것은?

① 장기요양위원회는 위원장과 부위원장 및 위원을 둔다.
② 위원은 위원장과 부위원장을 포함하여 16인 이상 22인 이하로 구성한다.
③ 위원장은 보건복지부장관이 된다.
④ 장기요양위원회의 효율적 운영을 위하여 분야별로 실무위원회를 둘 수 있다.

TIP ③ 위원장은 보건복지부차관이 된다〈「노인장기요양보험법」 제46조 제3항〉.

2 노인장기요양보험법상 장기요양위원회의의 소속기관은?

① 국무총리실
② 지방자치단체
③ 보건복지부
④ 공단

TIP 보건복지부장관 소속으로 장기요양위원회를 둔다〈「노인장기요양보험법」 제46조 제1항〉.

3 다음 중 장기요양위원회의 심의사항에 대한 설명으로 바르지 못한 것은?

① 장기요양보험료율
② 노인성질환예방사업
③ 가족요양비의 지급기준
④ 재가 및 시설 급여비용

TIP ② 공단이 관장하는 업무이다〈「노인장기요양보험법」 제48조 제2항 제11호〉.
※ 장기요양위원회의 심의사항〈「노인장기요양보험법」 제45조〉
㉠ 장기요양보험료율
㉡ 가족요양비, 특례요양비 및 요양병원간병비의 지급기준
㉢ 재가 및 시설 급여비용
㉣ 그 밖에 대통령령으로 정하는 주요 사항

4 다음 중 장기요양위원회의 구성에 대하여 설명한 것으로 옳지 않은 것은?

① 장기요양위원회는 위원장 1인, 부위원장 2인을 포함한 위원으로 구성한다.

② 위원장이 아닌 위원은 장기요양기관 또는 의료계를 대표하는 자 중 보건복지부장관이 임명 또는 위촉한 자로 한다.

③ 부위원장은 위원 중에서 위원장이 지명한다.

④ 공무원인 위원의 임기는 재임기간으로 한다.

TIP ① 장기요양위원회는 위원장 1인, 부위원장 1인을 포함한 16인 이상 22인 이하의 위원으로 구성한다〈「노인장기요양보험법」 제46조 제1항〉.

5 노인장기요양보험법상 단체의 대표자 중 장기요양위원회 위원의 자격으로 가장 적절하지 않는 사람은?

① 사용자단체를 대표하는 자   ② 노인단체를 대표하는 자

③ 농어업인단체를 대표하는 자   ④ 영리민간단체를 대표하는 자

TIP 근로자단체, 사용자단체, 시민단체(비영리민간단체를 말한다), 노인단체, 농어업인단체 또는 자영자단체를 대표하는 자이어야 한다〈「노인장기요양보험법」 제46조 제2항 제1호〉.

6 다음 중 장기요양위원회의 운영에 대한 설명으로 옳지 않은 것은?

① 장기요양위원회 회의는 구성원 과반수의 출석으로 개의한다.

② 장기요양위원회 회의 의결은 출석위원 과반수의 찬성으로 한다.

③ 장기요양위원회의 효율적 운영을 위하여 분야별로 실무위원회를 둘 수 있다.

④ 장기요양위원회의 구성·운영에 필요한 사항은 보건복지부령으로 정한다.

TIP ④ 노인장기요양보험법에서 정한 것 외에 장기요양위원회의 구성·운영, 그 밖에 필요한 사항은 대통령령으로 정한다〈「노인장기요양보험법」 제47조 제3항〉.

Answer 1.③ 2.③ 3.② 4.① 5.④ 6.④

7 장기요양위원회의 위원을 구성함에 있어서 보건복지부장관이 임명 또는 위촉할 수 없는 사람은?

① 장기요양에 관한 학계 또는 연구계를 대표하는 자

② 대통령령으로 정하는 관계 중앙행정기관의 고위공무원단 소속 공무원

③ 보건복지부장관이 추천하는 자

④ 장기요양기관을 대표하는 자

> **TIP** 장기요양위원회 위원의 자격〈「노인장기요양보험법」 제46조 제2항〉… 위원은 다음의 자 중에서 보건복지부장관
> 이 임명 또는 위촉한 자로 하고, 다음에 해당하는 자를 각각 동수로 구성하여야 한다.
> ㉠ 근로자단체, 사용자단체, 시민단체(비영리민간단체를 말한다), 노인단체, 농어업인단체 또는 자영자단체를
>   대표하는 자
> ㉡ 장기요양기관 또는 의료계를 대표하는 자
> ㉢ 대통령령으로 정하는 관계 중앙행정기관의 고위공무원단 소속 공무원, 장기요양에 관한 학계 또는 연구계
>   를 대표하는 자, 공단 이사장이 추천하는 자

8 다음 중 노인장기요양보험법상 장기요양위원회 위원의 임기는?

① 1년 　　　　　　　　　　　　② 2년

③ 3년 　　　　　　　　　　　　④ 4년

> **TIP** 장기요양위원회 위원의 임기는 3년으로 한다. 다만, 공무원인 위원의 임기는 재임기간으로 한다〈「노인장기요
> 양보험법」 제46조 제3항〉.

9 장기요양요원의 권리를 보호하기 위하여 장기요양요원지원센터를 설치 · 운영할 수 있는 기관은?

① 국회 　　　　　　　　　　　② 지방자치단체

③ 국민건강보험공단 　　　　　　④ 장기요양기관

> **TIP** 장기요양요원지원센터 설치 · 운영〈「노인장기요양보험법」 제47조의2 제1항〉… 국가와 지방자치단체는 장기요양
> 요원의 권리를 보호하기 위하여 장기요양요원지원센터를 설치 · 운영할 수 있다.

10 국가와 지방자치단체는 (　　)의 권리를 보호하기 위하여 장기요양요원지원센터를 설치·운영할 수 있다. 다음 중 (　　) 안에 알맞은 것은

① 장기요양요원지원센터　　　　　　　　② 장기요양기관
③ 수급자　　　　　　　　　　　　　　　④ 장기요양요원

> **TIP** 장기요양요원지원센터의 설치 등〈「노인장기요양보험법」제47조의2 제1항〉… 국가와 지방자치단체는 <u>장기요양</u><u>요원</u>의 권리를 보호하기 위하여 장기요양요원지원센터를 설치·운영할 수 있다.

11 다음 중 장기요양요원지원센터가 수행하는 업무로 적절하지 않은 것은?

① 장기요양요원의 보험료의 부과 및 징수
② 장기요양요원에 대한 건강검진 등 건강관리를 위한 사업
③ 장기요양요원의 역량강화를 위한 교육지원
④ 장기요양요원의 권리침해에 관한 상담 및 지원

> **TIP** 장기요양요원지원센터의 업무〈「노인장기요양보험법」제47조의2 제2항〉
> ㉠ 장기요양요원의 권리침해에 관한 상담 및 지원
> ㉡ 장기요양요원의 역량강화를 위한 교육지원
> ㉢ 장기요양요원에 대한 건강검진 등 건강관리를 위한 사업
> ㉣ 그 밖에 장기요양요원의 업무 등에 필요하여 대통령령으로 정하는 사항

12 요양요원지원센터의 설치·운영 등에 필요한 사항을 정하는 기준으로 바른 것은?

① 대통령령　　　　　　　　　　　　　② 보건복지부령
③ 해당 지방자치단체의 조례　　　　　　④ 장기요양위원회의 의결

> **TIP** 장기요양요원지원센터의 설치·운영 등에 필요한 사항은 보건복지부령으로 정하는 바에 따라 해당 지방자치단체의 조례로 정한다〈「노인장기요양보험법」제47조의2 제3항〉.

Answer　7.③　8.③　9.②　10.④　11.①　12.③

Chapter 09 관리운영기관

1 관리운영기관 등〈제48조〉

① **관리운영기관** : 장기요양사업의 관리운영기관은 공단으로 한다.

② **공단의 업무** : 공단은 다음의 업무를 관장한다.
  ㉠ 장기요양보험가입자 및 그 피부양자와 의료급여수급권자의 자격관리
  ㉡ 장기요양보험료의 부과 · 징수
  ㉢ 신청인에 대한 조사
  ㉣ 등급판정위원회의 운영 및 장기요양등급 판정
  ㉤ 장기요양인정서의 작성 및 개인별장기요양이용계획서의 제공
  ㉥ 장기요양급여의 관리 및 평가
  ㉦ 수급자 및 그 가족에 대한 정보제공 · 안내 · 상담 등 장기요양급여 관련 이용지원에 관한 사항
  ㉧ 재가 및 시설 급여비용의 심사 및 지급과 특별현금급여의 지급
  ㉨ 장기요양급여 제공내용 확인
  ㉩ 장기요양사업에 관한 조사 · 연구, 국제협력 및 홍보
  ㉪ 노인성질환예방사업
  ㉫ 이 법에 따른 부당이득금의 부과 · 징수 등
  ㉬ 장기요양급여의 제공기준을 개발하고 장기요양급여비용의 적정성을 검토하기 위한 장기요양기관의 설치 및 운영
  ㉭ 그 밖에 장기요양사업과 관련하여 보건복지부장관이 위탁한 업무

③ **장기요양기관 설치** : 공단은 장기요양기관을 설치할 때 노인인구 및 지역특성 등을 고려한 지역 간 불균형 해소를 고려하여야 하고, 설치 목적에 필요한 최소한의 범위에서 이를 설치 · 운영하여야 한다.

④ **공단의 정관** : 공단의 정관은 장기요양사업과 관련하여 다음의 사항을 포함 · 기재한다.
  ㉠ 장기요양보험료
  ㉡ 장기요양급여
  ㉢ 장기요양사업에 관한 예산 및 결산
  ㉣ 그 밖에 대통령령으로 정하는 사항

2 공단의 장기요양사업 조직 등⟨제49조⟩

① **조직의 구분** : 공단은 공단의 조직 등에 관한 규정을 정할 때 장기요양사업을 수행하기 위하여 두는 조직 등을 건강보험사업을 수행하는 조직 등과 구분하여 따로 두어야 한다.

② **예외사항** : 다만, 제48조 제2항 제1호 및 제2호의 자격관리와 보험료 부과 · 징수업무는 그러하지 아니하다.

> **조문참고**
> **제48조 제2항(공단의 관장업무)**
> 1. 장기요양보험가입자 및 그 피부양자와 의료급여수급권자의 자격관리
> 2. 장기요양보험료의 부과 · 징수

3 장기요양사업의 회계⟨제50조⟩

① **독립회계 설치 · 운영** : 공단은 장기요양사업에 대하여 독립회계를 설치 · 운영하여야 한다.

② **사업 재정 구분 운영**
  ㉠ 공단은 장기요양사업 중 장기요양보험료를 재원으로 하는 사업과 국가 · 지방자치단체의 부담금을 재원으로 하는 사업의 재정을 구분하여 운영하여야 한다.
  ㉡ 다만, 관리운영에 필요한 재정은 구분하여 운영하지 아니할 수 있다.

4 권한의 위임 등에 관한 준용⟨제51조⟩

① **권한 위임** : 「국민건강보험법」 제32조(이사장 권한의 위임) 및 제38조(준비금)는 노인장기요양보험법에 따른 이사장의 권한의 위임 및 준비금에 관하여 준용한다.

② 이 경우 "보험급여"는 "장기요양급여"로 본다.

> **조문참고**
> **국민건강보험법 제32조(이사장 권한의 위임)**
> 국민건강보험법에 규정된 이사장의 권한 중 급여의 제한, 보험료의 납입고지 등 대통령령으로 정하는 사항은 정관으로 정하는 바에 따라 분사무소의 장에게 위임할 수 있다.

국민건강보험법 제38조(준비금)

① 공단은 회계연도마다 결산상의 잉여금 중에서 그 연도의 보험급여에 든 비용의 100분의 5 이상에 상당하는 금액을 그 연도에 든 비용의 100분의 50에 이를 때까지 준비금으로 적립하여야 한다.

② 제1항에 따른 준비금은 부족한 보험급여 비용에 충당하거나 지출할 현금이 부족할 때 외에는 사용할 수 없으며, 현금 지출에 준비금을 사용한 경우에는 해당 회계연도 중에 이를 보전(補塡)하여야 한다.

③ 제1항에 따른 준비금의 관리 및 운영 방법 등에 필요한 사항은 보건복지부장관이 정한다.

5 등급판정위원회의 설치〈제52조〉

① **등급판정위원회의 설치** : 장기요양인정 및 장기요양등급 판정 등을 심의하기 위하여 공단에 장기요양등급 판정위원회를 둔다.

② **지방자치단체별로 설치**
  ㉠ 등급판정위원회는 특별자치시·특별자치도·시·군·구 단위로 설치한다.
  ㉡ 다만, 인구 수 등을 고려하여 하나의 특별자치시·특별자치도·시·군·구에 2 이상의 등급판정위원 회를 설치하거나 2 이상의 특별자치시·특별자치도·시·군·구를 통합하여 하나의 등급판정위원회 를 설치할 수 있다.

③ **등급판정위원회의 구성** : 등급판정위원회는 위원장 1인을 포함하여 15인의 위원으로 구성한다.

④ **등급판정위원회 위원**
  ㉠ **위촉** : 등급판정위원회 위원은 다음 사람 중에서 공단 이사장이 위촉한다.
  • 의료인
  • 사회복지사
  • 특별자치시·특별자치도·시·군·구 소속 공무원
  • 그 밖에 법학 또는 장기요양에 관한 학식과 경험이 풍부한 자
  ㉡ 이 경우 특별자치시장·특별자치도지사·시장·군수·구청장이 추천한 위원은 7인, 의사 또는 한의 사가 1인 이상 각각 포함되어야 한다.

⑤ **위원의 임기**
  ㉠ 등급판정위원회 위원의 임기는 3년으로 하되, 한 차례만 연임할 수 있다.
  ㉡ 다만, 공무원인 위원의 임기는 재임기간으로 한다.

6 등급판정위원회의 운영〈제53조〉

① 위원장 위촉
　　㉠ 등급판정위원회 위원장은 위원 중에서 특별자치시장·특별자치도지사·시장·군수·구청장이 위촉한다.
　　㉡ 2 이상의 특별자치시·특별자치도·시·군·구를 통합하여 하나의 등급판정위원회를 설치하는 때 해당 특별자치시장·특별자치도지사·시장·군수·구청장이 공동으로 위촉한다.

② 개의 및 의결 : 등급판정위원회 회의는 구성원 과반수의 출석으로 개의하고 출석위원 과반수의 찬성으로 의결한다.

③ 등급판정위원회의 구성·운영 등 : 이 법에 정한 것 외에 등급판정위원회의 구성·운영, 그 밖에 필요한 사항은 대통령령으로 정한다.

7 장기요양급여심사위원회의 설치(제53조의2)

① 장기요양급여심사위원회 설치 : 다음의 사항을 심의하기 위하여 공단에 장기요양급여심사위원회(이하 "급여심사위원회"라 한다)를 둔다.
　　㉠ 장기요양급여 제공 기준의 세부사항 설정 및 보완에 관한 사항
　　㉡ 장기요양급여비용 및 산정방법의 세부사항 설정 및 보완에 관한 사항
　　㉢ 장기요양급여비용 심사기준 개발 및 심사조정에 관한 사항
　　㉣ 그 밖에 공단 이사장이 필요하다고 인정한 사항

② 급여심사위원회 위원 : 급여심사위원회는 위원장 1명을 포함하여 10명 이하의 위원으로 구성한다.

③ 노인장기요양보험법에서 정한 것 외에 급여심사위원회의 구성·운영, 그 밖에 필요한 사항은 대통령령으로 정한다.

8 장기요양급여의 관리·평가〈제54조〉

① 장기요양급여 내용 관리·평가 : 공단은 장기요양기관이 제공하는 장기요양급여 내용을 지속적으로 관리·평가하여 장기요양급여의 수준이 향상되도록 노력하여야 한다.

② 장기요양급여 제공 평가 : 공단은 장기요양기관이 장기요양급여의 제공 기준·절차·방법 등에 따라 적정하게 장기요양급여를 제공하였는지 평가를 실시하고 그 결과를 공단의 홈페이지 등에 공표하는 등 필요한 조치를 할 수 있다.

③ 장기요양급여 제공내용의 평가 방법 등: 장기요양급여 제공내용의 평가 방법 및 평가 결과의 공표 방법, 그 밖에 필요한 사항은 보건복지부령으로 정한다.

등급판정위원회와 장기요양급여심사위원회의 비교		
구분	등급판정위원회〈법 제52조〉	급여심사위원회〈법 제제53조의2조〉
설치	• 특별자치시 · 특별자치도 · 시 · 군 · 구 단위로 설치	• 공단
목적	• 장기요양인정 및 장기요양등급 판정 등을 심의하기 위함	• 심의사항을 심의
위원 구성	• 위원장 1인을 포함하여 15인의 위원으로 구성 • 등급판정위원회 위원의 임기는 3년으로 하되, 한 차례만 연임할 수 있다. 다만, 공무원인 위원의 임기는 재임기간으로 함	• 위원장 1명을 포함하여 10명 이하의 위원으로 구성
위원 구성 및 심의 사항	• 등급판정위원회 위원은 다음의 자 중에서 공단 이사장이 위촉. 이 경우 특별자치시장 · 특별자치도지사 · 시장 · 군수 · 구청장이 추천한 위원은 7인, 의사 또는 한의사가 1인 이상 각각 포함되어야 함 –「의료법」에 따른 의료인 –「사회복지사업법」에 따른 사회복지사 –특별자치시 · 특별자치도 · 시 · 군 · 구 소속 공무원 –그 밖에 법학 또는 장기요양에 관한 학식과 경험이 풍부한 자	심의할 사항 • 장기요양급여 제공 기준의 세부사항 설정 및 보완에 관한 사항 • 장기요양급여비용 및 산정방법의 세부사항 설정 및 보완에 관한 사항 • 장기요양급여비용 심사기준 개발 및 심사조정에 관한 사항 • 그 밖에 공단 이사장이 필요하다고 인정한 사항
운영	• 등급판정위원회 위원장은 위원 중에서 특별자치시장 · 특별자치도지사 · 시장 · 군수 · 구청장이 위촉. 이 경우 통합하여 하나의 등급판정위원회를 설치하는 때 해당 특별자치시장 · 특별자치도지사 · 시장 · 군수 · 구청장이 공동으로 위촉 • 등급판정위원회 회의는 구성원 과반수의 출석으로 개의하고 출석위원 과반수의 찬성으로 의결	
필요 사항	• 구성 · 운영, 그 밖에 필요한 사항은 대통령령으로 정함	• 구성 · 운영, 그 밖에 필요한 사항은 대통령령으로 정함

암기요약 … 핵심조문 빈칸 채우기

(1) 장기요양사업의 관리운영기관은 ____으로 한다.

(2) 공단은 장기요양기관을 설치할 때 _____ 및 _____ 등을 고려한 지역 간 불균형 해소를 고려하여야 하고, 설치 목적에 필요한 최소한의 범위에서 이를 설치 · 운영하여야 한다.

(3) 공단의 정관에 장기요양사업과 관련하여 포함 · 기재해야 할 사항
　㉠ _____
　㉡ _____
　㉢ 장기요양사업에 관한 예산 및 결산
　㉣ 그 밖에 대통령령으로 정하는 사항

(4) 공단은 장기요양사업에 대하여 ____회계를 설치 · 운영하여야 하며, 장기요양사업 중 _____를 재원으로 하는 사업과 국가 · 지방자치단체의 부담금을 재원으로 하는 사업의 재정을 구분하여 운영하여야 한다.

(5) 공단은 회계연도마다 결산상의 잉여금 중에서 그 연도의 장기요양급여에 든 비용의 _____ 이상에 상당하는 금액을 그 연도에 든 비용의 100분의 50에 이를 때까지 _____으로 적립하여야 한다.

(6) 장기요양인정 및 장기요양등급 판정 등을 심의하기 위하여 공단에 _____를 두며, 특별자치시 · 특별자치도 · 시 · 군 · 구 단위로 설치한다.

(7) 등급판정위원회
　㉠ 위원장 1인을 포함하여 ___의 위원으로 구성한다. 위원은 공단 이사장이 위촉한다.
　㉡ 위원의 임기는 ___으로 하되, 한 차례만 연임할 수 있다. 다만, 공무원인 위원의 임기는 재임기간으로 한다.
　㉣ 위원장은 위원 중에서 특별자치시장 · 특별자치도지사 · 시장 · 군수 · 구청장이 ___한다.

(8) 등급판정위원회 회의는 구성원 과반수의 출석으로 개의하고 출석위원 _____의 찬성으로 의결한다.

(9) 공단에 설치하는 _____가 심의해야 할 사항
　㉠ 장기요양급여 제공 기준의 세부사항 설정 및 보완에 관한 사항
　㉡ 장기요양급여비용 및 산정방법의 세부사항 설정 및 보완에 관한 사항
　㉢ 장기요양급여비용 심사기준 개발 및 심사조정에 관한 사항
　㉣ 그 밖에 공단 이사장이 필요하다고 인정한 사항

(10) 급여심사위원회는 위원장 1명을 포함하여 _____의 위원으로 구성한다.

(11) 공단은 장기요양기관이 제공하는 장기요양급여 내용을 지속적으로 관리 · 평가하여 _____의 수준이 향상되도록 노력하여야 한다.

(12) 급여심사위원회의 구성 · 운영, 그 밖에 필요한 사항은 _____으로 정하고, 장기요양급여 제공내용의 평가방법 및 평가결과의 공표방법은 _____으로 정한다.

정답 및 해설

(1) 공단
(2) 노인인구, 지역특성
(3) 장기요양보험료, 장기요양급여
(4) 독립, 장기요양보험료
(5) 100분의 5, 준비금

(6) 등급판정위원회
(7) 15인, 3년, 위촉
(8) 과반수
(9) 급여심사위원회
(10) 10명 이하

(11) 장기요양급여
(12) 대통령령, 보건복지부령

출제예상문제

1 다음 중 노인장기요양보험법상 장기요양사업의 관리운영기관은?

① 보건복지부   ② 장기요양기관
③ 건강보험심사평가원   ④ 국민건강보험공단

TIP 장기요양사업의 관리운영기관은 공단으로 한다〈「노인장기요양보험법」 제48조 제1항〉.

2 공단이 장기요양기관을 설치할 때 특히 고려해야 할 사항으로 옳은 것은?

① 노인인구 및 지역특성   ② 지역특성 및 성별분포
③ 지역기후 및 교통환경   ④ 교통환경 및 경제여건

TIP 공단은 장기요양기관을 설치할 때 노인인구 및 지역특성 등을 고려한 지역 간 불균형 해소를 고려하여야 하고, 설치목적에 필요한 최소한의 범위에서 이를 설치·운영하여야 한다〈「노인장기요양보험법」 제48조 제3항〉.

3 다음 중 관리운영기관 등에 대한 설명으로 옳지 않은 것은?

① 관리운영기관은 의료급여수급권자의 자격관리 업무 등을 관장한다.
② 장기요양사업과 관련하여 보건복지부령으로 정하는 사항을 정관에 포함한다.
③ 공단은 장기요양기관을 설치할 때 지역 간 불균형 해소를 고려하여야 한다.
④ 공단의 정관에는 장기요양사업과 관련하여 장기요양보험 등의 사항을 포함·기재한다.

TIP ② 공단의 정관은 장기요양사업과 관련하여그 밖에 대통령령으로 정하는 사항을 포함·기재한다〈「노인장기요양보험법」 제48조 제4항 제4호〉.

4 노인장기요양보험법상 공단이 관장하는 업무 중 옳은 것을 모두 고르면?

⊙ 신청인에 대한 조사
ⓛ 장기요양보험가입자 및 그 피부양자와 의료급여수급권자의 자격관리
ⓒ 장기요양기관의 운영계획
ⓔ 장기요양급여의 관리 및 평가
ⓜ 장기요양인정서의 작성 및 개인별장기요양이용계획서의 제공
ⓗ 장기요양기관의 인권교육 실시
ⓢ 장기요양사업에 관한 조사 · 연구, 국제협력 및 홍보

---

① ⊙ⓛⓒⓔ   ② ⊙ⓛⓔⓜ
③ ⓛⓒⓔⓜⓗ   ④ ⊙ⓛⓒⓔⓜⓗ

> **TIP** ⓒ은 장기요양기관의 지정시 검토해야 할 사항이다〈「노인장기요양보험법」 제31조 제3항 제3호〉.
> ⓗ은 지정된 인권교육기관에서 실시해야 한다〈「노인장기요양보험법」 제35조3 제2항〉.

5 노인장기요양보험법 공단의 장기요양사업 조직과 장기요양사업의 회계에 관한 설명이다. 다음 중 가장 옳지 않은 것은?

① 공단은 공단의 조직 등에 관한 규정을 정할 때 장기요양사업을 수행하기 위하여 두는 조직 등을 건강보험사업을 수행하는 조직 등과 구분하여 따로 두어야 한다.
② 공단은 장기요양사업에 대하여 독립회계를 설치 · 운영하여야 한다.
③ 장기요양사업의 회계에서 관리운영에 필요한 재정은 구분하여 운영하여야 한다.
④ 공단은 장기요양사업 중 장기요양보험료를 재원으로 하는 사업과 국가 · 지방자치단체의 부담금을 재원으로 하는 사업의 재정을 구분하여 운영하여야 한다.

> **TIP** ③ 공단은 장기요양사업 중 장기요양보험료를 재원으로 하는 사업과 국가 · 지방자치단체의 부담금을 재원으로 하는 사업의 재정을 구분하여 운영하여야 한다. 다만, 관리운영에 필요한 재정은 구분하여 운영하지 아니할 수 있다〈「노인장기요양보험법」 제50조 제2항〉.
> ① 「노인장기요양보험법」 제49조 제1항
> ② 「노인장기요양보험법」 제50조 제1항
> ④ 「노인장기요양보험법」 제50조 제2항

Answer   1.④   2.①   3.②   4.②   5.③

6 다음 중 공단이 관장하는 업무로 가장 틀린 것을 고르면?

① 장기요양원의 처우에 관한 사항

② 재가 및 시설 급여비용의 심사 및 지급과 특별현금급여의 지급

③ 장기요양급여의 제공기준을 개발하고 장기요양급여비용의 적정성을 검토하기 위한 장기요양기관의 설치 및 운영

④ 수급자 및 그 가족에 대한 정보제공 · 안내 · 상담 등 장기요양급여 관련 이용지원에 관한 사항

TIP ①은 장기요양기본계획에 포함해 할 사항이다〈「노인장기요양보험법」 제6조 제1항 제3호〉.

7 다음 중 공단에서 관장하는 업무로 옳지 않은 것은?

① 장기요양보험료의 부과 · 징수　　　② 장기요양급여 제공내용 확인

③ 노인성질환예방사업　　　　　　　④ 요양병원간병비의 지급기준 심의

TIP ④는 장기요양위원회의 심의사항이다〈「노인장기요양보험법」 제45조 제4항 제2호〉.

8 다음 중 공단의 정관에 장기요양사업과 관련하여 포함 · 기재해야 할 사항으로 옳지 않는 것은?

① 장기요양보험료　　　　　　　　　② 장기요양사업에 관한 예산 및 결산

③ 재정운영위원회에 관한 사항　　　④ 장기요양급여

TIP 공단 정관에 장기요양사업과 관련하여 포함 · 기재해야 할 사항〈「노인장기요양보험법」 제48조 제4항〉
　　㉠ 장기요양보험료
　　㉡ 장기요양급여
　　㉢ 장기요양사업에 관한 예산 및 결산
　　㉣ 그 밖에 대통령령으로 정하는 사항

9 다음은 노인장기요양보험법 제51조의 국민건강보험법 준용규정이다. 밑줄 친 ㉠에서 말하는 위임할 수 있는 대상은?

> 국민건강보험법에 규정된 이사장의 권한 중 급여의 제한, 보험료의 납입고지 등 대통령령으로 정하는 사항은 정관으로 정하는 바에 따라 ㉠ <u>위임</u>할 수 있다.

① 지방자치단체의 장
② 분사무소의 장
③ 징수위원회의 위원장
④ 심사평가원장

TIP 국민건강보험법에 규정된 이사장의 권한 중 급여의 제한, 보험료의 납입고지 등 대통령령으로 정하는 사항은 정관으로 정하는 바에 따라 분사무소의 장에게 위임할 수 있다〈「국민건강보험법」 제32조 준용〉.

10 장기요양인정 및 장기요양등급 판정 등을 심의하기 위한 등급판정위원회를 두는 기관은?

① 보건복지부
② 공단
③ 건강보험심사평가원
④ 장기요양기관

TIP 등급판정위원회〈「노인장기요양보험법」 제52조 제1항〉… 장기요양인정 및 장기요양등급 판정 등을 심의하기 위하여 공단에 등급판정위원회를 둔다.

11 다음 중 등급판정위원회에 대한 설명으로 옳지 않은 것은?

① 등급판정위원회는 특별자치시·특별자치도·시·군·구 단위로 설치한다.
② 인구 수 등을 고려하여 하나의 시·군·구에 2 이상의 등급판정위원회를 설치하거나 2 이상의 특별자치시·특별자치도·시·군·구를 통합하여 하나의 등급판정위원회를 설치할 수 있다.
③ 법학 또는 장기요양에 관한 학식과 경험이 풍부한 자는 등급판정위원회 위원이 될 수 있다.
④ 등급판정위원회는 위원장 1인을 포함하여 16인 이상 22인 이하의 위원으로 구성한다.

TIP ④ 등급판정위원회는 위원장 1인을 포함하여 15인의 위원으로 구성한다〈「노인장기요양보험법」 제52조 제3항〉.

Answer 6.① 7.④ 8.③ 9.② 10.② 11.④

12 다음은 노인장기요양보험법 제51조에서 준용하고 있는 국민건강보험법이다. 빈칸에 들어갈 내용은?

> 국민건강보험공단은 회계연도마다 결산상의 잉여금 중에서 그 연도의 보험급여에 든 비용의 100분의 5 이상에 상당하는 금액을 그 연도에 든 비용의 100분의 50에 이를 때까지 (　　　)으로 적립하여야 한다.

① 의료지원금　　　　　　　　　　　② 보증보험기금

③ 요양급여비용　　　　　　　　　　④ 준비금

TIP 준비금〈「국민건강보험법」 제38조 준용〉
　　 ㉠ 공단은 회계연도마다 결산상의 잉여금 중에서 그 연도의 보험급여에 든 비용의 100분의 5 이상에 상당하는 금액을 그 연도에 든 비용의 100분의 50에 이를 때까지 <u>준비금</u>으로 적립하여야 한다.
　　 ㉡ 준비금은 부족한 보험급여 비용에 충당하거나 지출할 현금이 부족할 때 외에는 사용할 수 없으며, 현금 지출에 준비금을 사용한 경우에는 해당 회계연도 중에 이를 보전(補塡)하여야 한다.
　　 ㉢ 준비금의 관리 및 운영 방법 등에 필요한 사항은 보건복지부장관이 정한다.

13 다음 중 등급판정위원회 위원에 대한 설명으로 옳지 않은 것은?

① 등급판정위원회 위원은 공단 이사장이 위촉한다.
② 특별자치시장·특별자치도지사·시장·군수·구청장이 추천한 위원은 7인, 의사 또는 한의사가 1인 이상 각각 포함되어야 한다.
③ 등급판정위원회 위원은 한 차례만 연임할 수 있다.
④ 공무원인 위원의 임기는 2년으로 하고 연임할 수 없다.

TIP ④ 공무원인 위원의 임기는 재임기간으로 한다〈「노인장기요양보험법」 제52조 제5항〉.

14 노인장기요양보험법상 등급판정위원회 위원의 임기는?

① 1년　　　　　　　　　　　　　　② 2년
③ 3년　　　　　　　　　　　　　　④ 4년

TIP 등급판정위원회 위원의 임기는 3년으로 하되, 한 차례만 연임할 수 있다. 다만, 공무원인 위원의 임기는 재임기간으로 한다〈「노인장기요양보험법」 제52조 제5항〉.

15 다음 중 등급판정위원회 위원이 될 수 없는 사람은?

① 의료인
② 장기요양기관을 대표하는 자
③ 사회복지사
④ 특별자치시·특별자치도 소속 공무원

TIP 등급판정위원회 위원의 자격⟨「노인장기요양보험법」제52조 제4항⟩ … 등급판정위원회 위원은 다음의 자 중에서 공단 이사장이 위촉한다. 이 경우 특별자치시장·특별자치도지사·시장·군수·구청장이 추천한 위원은 7인, 의사 또는 한의사가 1인 이상 각각 포함되어야 한다.
　　㉠ 의료인
　　㉡ 사회복지사
　　㉢ 특별자치시·특별자치도·시·군·구 소속 공무원
　　㉣ 그 밖에 법학 또는 장기요양에 관한 학식과 경험이 풍부한 자

16 다음은 등급판정위원회의 운영에 대하여 설명한 것이다. 옳지 않은 것은?

① 등급판정위원회 회의는 출석위원 과반수의 찬성으로 의결한다.
② 등급판정위원회의 구성·운영, 그 밖에 필요한 사항은 대통령령으로 정한다.
③ 등급판정위원회 위원장은 위원 중에서 공단 이사장이 위촉한다.
② 등급판정위원회 회의는 구성원 과반수의 출석으로 개의할 수 있다.

TIP ③ 등급판정위원회 위원장은 위원 중에서 특별자치시장·특별자치도지사·시장·군수·구청장이 위촉한다. 이 경우 2 이상의 특별자치시·특별자치도·시·군·구를 통합하여 하나의 등급판정위원회를 설치하는 때 해당 특별자치시장·특별자치도지사·시장·군수·구청장이 공동으로 위촉한다⟨「노인장기요양보험법」제53조 제1항⟩.

17 다음 중 급여심사위원회 위원의 임기는?

① 1년
② 3년
③ 보건복지부령으로 정한다.
④ 대통령으로 정한다.

TIP 급여심사위원회의 구성·운영, 그 밖에 필요한 사항은 대통령령으로 정한다⟨「노인장기요양보험법」제53조의2 제3항⟩.

Answer 12.④ 13.④ 14.③ 15.② 16.③ 17.④

18 다음 중 급여심사위원회에 대한 설명으로 옳은 것은?

① 급여심사위원회는 보건복지부에 둔다.

② 급여심사위원회는 위원장 1명과 부위원장 1명을 둔다.

③ 급여심사위원회의 위원은 10명 이하로 구성한다.

④ 급여심사위원회는 보건복지부령으로 정하는 사항을 심의한다.

> **TIP** ① 급여심사위원회는 공단에 둔다〈「노인장기요양보험법」 제53조의2 제1항〉.
> ② 급여심사위원회는 위원장 1명을 둔다〈「노인장기요양보험법」 제53조의2 제2항〉.
> ④ 급여심사위원회는 공단 이사장이 필요하다고 인정한 사항을 심의한다〈「노인장기요양보험법」 제53조의2 제1항 제4호〉.

19 다음 중 장기요양급여심사위원회가 심의하는 사항으로 옳지 않은 것은?

① 장기요양급여 제공 기준의 세부사항 설정 및 보완에 관한 사항

② 장기요양보험가입자 및 그 피부양자와 의료급여수급권자의 자격관리에 관한 사항

③ 장기요양급여비용 및 산정방법의 세부사항 설정 및 보완에 관한 사항

④ 장기요양급여비용 심사기준 개발 및 심사조정에 관한 사항

> **TIP** ②는 공단이 관장하는 업무이다〈「노인장기요양보험법」 제48조 제2항 제1호〉.
> ※ **장기요양급여심사위원회의 설치**〈「노인장기요양보험법」 제53조의2 제1항〉 … 다음의 사항을 심의하기 위하여 공단에 장기요양급여심사위원회(이하 "급여심사위원회"라 한다)를 둔다.
> ㉠ 장기요양급여 제공 기준의 세부사항 설정 및 보완에 관한 사항
> ㉡ 장기요양급여비용 및 산정방법의 세부사항 설정 및 보완에 관한 사항
> ㉢ 장기요양급여비용 심사기준 개발 및 심사조정에 관한 사항
> ㉣ 그 밖에 공단 이사장이 필요하다고 인정한 사항

20 노인장기요양보험법상 장기요양급여의 관리 · 평가기관은?

① 보건복지부

② 심사평가원

③ 공단

④ 급여심사위원회

TIP 공단은 장기요양기관이 제공하는 장기요양급여 내용을 지속적으로 관리 · 평가하여 장기요양급여의 수준이 향상되도록 노력하여야 한다〈「노인장기요양보험법」 제54조 제1항〉.

21 장기요양급여의 관리 · 평가에 대한 설명으로 바르지 않은 것은?

① 공단은 장기요양기관이 제공하는 장기요양급여 내용을 지속적으로 관리 · 평가하여 장기요양급여의 수준이 향상되도록 노력하여야 한다.

② 공단은 장기요양기관이 장기요양급여의 제공 기준 · 절차 · 방법 등에 따라 적정하게 장기요양급여를 제공하였는지 평가를 실시하여야 한다.

③ 공단은 장기요양급여의 관리 · 평가결과를 매년 장기요양기관에 통보하여야 한다.

④ 장기요양급여 제공내용의 평가 방법 및 평가 결과의 공표 방법, 그 밖에 필요한 사항은 보건복지부령으로 정한다.

TIP ②③ 공단은 장기요양기관이 장기요양급여의 제공 기준 · 절차 · 방법 등에 따라 적정하게 장기요양급여를 제공하였는지 평가를 실시하고 그 결과를 공단의 홈페이지 등에 공표하는 등 필요한 조치를 할 수 있다〈「노인장기요양보험법」 제54조 제2항〉.
① 「노인장기요양보험법」 제54조 제1항
④ 「노인장기요양보험법」 제54조 제3항

Answer 18.③ 19.② 20.③ 21.③

심사청구 및 재심사청구

1 심사청구〈제55조〉

① **심사청구** : 장기요양인정 · 장기요양등급 · 장기요양급여 · 부당이득 · 장기요양급여비용 또는 장기요양보험료 등에 관한 공단의 처분에 이의가 있는 자는 공단에 심사청구를 할 수 있다.

② **심사청구 기한**
  ㉠ 심사청구는 그 처분이 있음을 안 날부터 90일 이내에 문서(「전자정부법」에 따른 전자문서를 포함한다)로 하여야 하며, 처분이 있은 날부터 180일을 경과하면 이를 제기하지 못한다.
  ㉡ 다만, 정당한 사유로 그 기간에 심사청구를 할 수 없었음을 증명하면 그 기간이 지난 후에도 심사청구를 할 수 있다.

③ **심사청구 심사** : 심사청구 사항을 심사하기 위하여 공단에 장기요양심사위원회(이하 "심사위원회"라 한다)를 둔다.

④ **심사위원회 의원** : 심사위원회는 위원장 1명을 포함한 50명 이내의 위원으로 구성한다.

⑤ **심사위원회의 구성 · 운영** : 심사위원회의 구성 · 운영, 그 밖에 필요한 사항은 대통령령으로 정한다.

2 재심사청구〈제56조〉

① **재심사청구** : 심사청구에 대한 결정에 불복하는 사람은 그 결정통지를 받은 날부터 90일 이내에 장기요양재심사위원회(이하 "재심사위원회"라 한다)에 재심사를 청구할 수 있다.

② **재심사위원회의 구성** : 재심사위원회는 보건복지부장관 소속으로 두고, 위원장 1인을 포함한 20인 이내의 위원으로 구성한다.

③ 재심사위원회의 위원
  ㉠ 재심사위원회의 위원은 관계 공무원, 법학, 그 밖에 장기요양사업 분야의 학식과 경험이 풍부한 자 중에서 보건복지부장관이 임명 또는 위촉한다.
  ㉡ 재심사위원회의 위원은 공무원이 아닌 위원이 전체 위원의 과반수가 되도록 하여야 한다.

④ 재심사위원회의 구성·운영 : 재심사위원회의 구성·운영, 그 밖에 필요한 사항은 대통령령으로 정한다.

3 행정심판과의 관계〈제56조의2〉

① 행정심판법 준용 : 재심사위원회의 재심사에 관한 절차에 관하여는 「행정심판법」을 준용한다.

② 재심사 거친 경우 : 재심사청구 사항에 대한 재심사위원회의 재심사를 거친 경우에는 「행정심판법」에 따른 행정심판을 청구할 수 없다.

◆ 행정심판법
- 개요 … 행정심판법은 행정청의 위법·부당한 처분이나 공권력 행사로 인해 국민의 권익이 침해된 경우, 이를 간편하고 신속하게 구제하기 위해 마련된 법률이다.
- 목적 … 행정심판법은 행정심판 절차를 통하여 행정청의 위법 또는 부당한 처분(處分)이나 부작위(不作爲)로 침해된 국민의 권리 또는 이익을 구제하고, 아울러 행정의 적정한 운영을 꾀함을 목적으로 한다.

4 행정소송〈제57조〉

공단의 처분에 이의가 있는 자와 심사청구 또는 재심사청구에 대한 결정에 불복하는 자는 「행정소송법」으로 정하는 바에 따라 행정소송을 제기할 수 있다.

◆ 행정소송법
- 개요 … 행정소송법은 행정청의 위법한 처분이나 공권력 행사로 인해 권익이 침해된 국민이 법원에 소송을 제기하여 구제를 받을 수 있도록 정한 법률이다.
- 목적 … 행정소송법은 행정소송절차를 통하여 행정청의 위법한 처분 그 밖에 공권력의 행사·불행사등으로 인한 국민의 권리 또는 이익의 침해를 구제하고, 공법상의 권리관계 또는 법적용에 관한 다툼을 적정하게 해결함을 목적으로 한다.

심사위원회와 재심사위원회의 비교		
구분	심사위원회〈법 제55조 제3항〉	재심사위원회〈법 제56조 제2항〉
소속	• 공단	• 보건복지부장관
구성	• 위원장 1명을 포함한 50명 이내의 위원으로 구성	• 위원장 1인을 포함한 20인 이내의 위원으로 구성
위원		• 재심사위원회의 위원은 관계 공무원, 법학, 그 밖에 장기요양사업 분야의 학식과 경험이 풍부한 자 중에서 보건복지부장관이 임명 또는 위촉 • 공무원이 아닌 위원이 전체 위원의 과반수가 되도록 하여야 함
구성 운영	• 심사위원회의 구성·운영, 그 밖에 필요한 사항은 대통령령으로 정함	• 재심사위원회의 구성·운영, 그 밖에 필요한 사항은 대통령령으로 정함

(1) 장기요양인정 · 장기요양등급 · 장기요양급여 · 부당이득 · 장기요양급여비용 또는 장기요양보험료 등에 관한 공단의 처분에 이의가 있는 자는 ___에 _____를 할 수 있다.

(2) 심사청구는 그 처분이 있음을 안 날부터 ___ 이내에 문서(전자문서를 포함한다)로 하여야 하며, 처분이 있은 날부터 _____을 경과하면 이를 제기하지 못한다. 다만, 정당한 사유로 그 기간에 심사청구를 할 수 없었음을 증명하면 그 기간이 지난 후에도 심사청구를 할 수 있다.

(3) 심사청구 사항을 심사하기 위하여 ___에 _____를 둔다.

(4) 심사위원회는 위원장 1명을 포함한 ___ 이내의 위원으로 구성한다.

(5) 노인장기요양보험법에서 정한 것 외에 심사위원회의 구성 · 운영, 그 밖에 필요한 사항은 _____으로 정한다.

(6) 심사청구에 대한 결정에 불복하는 사람은 그 결정통지를 받은 날부터 ___ 이내에 _____에 재심사를 청구할 수 있다.

(7) 재심사위원회는 _____ 소속으로 두고, 위원장 1인을 포함한 ___ 이내의 위원으로 구성한다.

(8) 재심사위원회의 위원은 관계 공무원, 법학, 그 밖에 장기요양사업 분야의 학식과 경험이 풍부한 자 중에서 _____ _____이 임명 또는 위촉한다. 이 경우 공무원이 아닌 위원이 전체 위원의 _____가 되도록 하여야 한다.

(9) 노인장기요양보험법에서 정한 것 외에 재심사위원회의 구성 · 운영, 그 밖에 필요한 사항은 _____으로 정한다.

(10) 재심사위원회의 재심사에 관한 절차에 관하여는 _____을 준용한다.

(11) 재심사청구 사항에 대한 재심사위원회의 재심사를 거친 경우에는 행정심판법에 따른 _____을 청구할 수 없다.

(12) 공단의 처분에 이의가 있는 자와 심사청구 또는 재심사청구에 대한 결정에 불복하는 자는 _____으로 정하는 바에 따라 행정소송을 제기할 수 있다.

정답 및 해설

(1) 공단, 심사청구

(2) 90일, 180일

(3) 공단, 심사위원회

(4) 50명

(5) 대통령령

(6) 90일, 재심사위원회

(7) 보건복지부장관, 20인

(8) 보건복지부장관, 과반수

(9) 대통령령

(10) 행정심판법

(11) 행정심판

(12) 행정소송법

출제예상문제

1 노인장기요양보험법상 공단의 처분에 있어서 심사청구의 대상으로 볼 수 없는 것은?

① 장기요양보험자격   ② 장기요양보험료
③ 부당이득   ④ 장기요양등급

> **TIP** 장기요양인정 · 장기요양등급 · 장기요양급여 · 부당이득 · 장기요양급여비용 또는 장기요양보험료 등에 관한 공단의 처분에 이의가 있는 자는 공단에 심사청구를 할 수 있다〈「노인장기요양보험법」 제55조 제1항〉.

2 다음 중 심사청구에 대한 설명으로 옳지 않은 것은?

① 장기요양보험료 등에 관한 공단의 처분에 이의가 있는 자는 심사청구를 할 수 있다.
② 심사청구는 장기요양심사위원회에 하여야 한다.
③ 공단에 심사청구 사항을 심사하기 위하여 장기요양심사위원회를 둔다.
④ 심사위원회는 위원장 1명을 포함한 50명 이내의 위원으로 구성한다.

> **TIP** ② 공단의 처분에 이의가 있는 자는 공단에 심사청구를 할 수 있다〈「노인장기요양보험법」 제55조 제1항〉.

3 노인장기요양보험법상 공단의 처분에 이의가 있는 자의 심사청구기한으로 옳은 것은? (단. 그 처분이 있음을 안 날을 기준으로 함)

① 30일 이내   ② 60일 이내
③ 90일 이내   ④ 180일 이내

> **TIP** 심사청구는 그 처분이 있음을 안 날부터 90일 이내에 문서(「전자정부법」 제2조 제7호에 따른 전자문서를 포함한다)로 하여야 하며, 처분이 있은 날부터 180일을 경과하면 이를 제기하지 못한다. 다만, 정당한 사유로 그 기간에 심사청구를 할 수 없었음을 증명하면 그 기간이 지난 후에도 심사청구를 할 수 있다〈「노인장기요양보험법」 제55조 제21항〉.

4 다음을 읽고 ( ) 안의 숫자를 모두 합한 것으로 옳은 것은?

> 심사청구는 그 처분이 있음을 안 날부터 ( ) 이내에 문서(「전자정부법」 제2조 제7호에 따른 전자문서를 포함한다)로 하여야 하며, 처분이 있은 날부터 ( )을 경과하면 이를 제기하지 못한다. 다만, 정당한 사유로 그 기간에 심사청구를 할 수 없었음을 증명하면 그 기간이 지난 후에도 심사청구를 할 수 있다.
>
> ─ 노인장기요양보험법 제55조 제2항 ─

① 180일   ② 210일
③ 250일   ④ 270일

TIP 심사청구는 그 처분이 있음을 안 날부터 <u>90일</u> 이내에 문서(전자문서를 포함)로 하여야 하며, 처분이 있은 날부터 <u>180일</u>을 경과하면 이를 제기하지 못한다. 다만, 정당한 사유로 그 기간에 심사청구를 할 수 없었음을 증명하면 그 기간이 지난 후에도 심사청구를 할 수 있다〈「노인장기요양보험법」 제55조 제2항〉.

5 공단에 두는 심사위원회의 구성에 대한 설명으로 옳지 않은 것은?

① 감사는 위원 중에서 선출한다.
② 위원장은 1명을 두고 부회장은 두지 않는다.
③ 위원의 총수는 50명 이내로 구성한다.
④ 심사위원회의 구성·운영에 관한 세부사항은 대통령령으로 정한다.

TIP 심사위원회는 위원장 1명을 포함한 50명 이내의 위원으로 구성한다〈「노인장기요양보험법」 제55조 제4항〉.

6 재심사위원회에 재심사를 청구할 수 있는 기한은? (단, 재심사 청구는 결정통지를 받은 날 기준)

① 30일   ② 60일
③ 90일   ④ 120일

TIP 심사청구에 대한 결정에 불복하는 사람은 그 결정통지를 받은 날부터 90일 이내에 장기요양재심사위원회에 재심사를 청구할 수 있다〈「노인장기요양보험법」 제56조 제1항〉.

Answer 1.① 2.② 3.③ 4.④ 5.① 6.③

7 다음 중 재심사위원회에 대한 설명으로 옳은 것은?

① 재심사위원회는 공단소속으로 둔다.
② 위원장 1인과 부위원장 1인을 둔다.
③ 재심사위원회의 위원은 장기요양사업 분야의 학식과 경험이 풍부한 자 중에서 보건복지부장관이 임명 또는 위촉한다.
④ 재심사위원회의 위원은 공무원이 전체 위원의 과반수가 되도록 하여야 한다.

TIP ①② 재심사위원회는 보건복지부장관 소속으로 두고, 위원장 1인을 포함한 20인 이내의 위원으로 구성한다〈「노인장기요양보험법」 제56조 제2항〉.
③④ 재심사위원회의 위원은 관계 공무원, 법학, 그 밖에 장기요양사업 분야의 학식과 경험이 풍부한 자 중에서 보건복지부장관이 임명 또는 위촉한다. 이 경우 공무원이 아닌 위원이 전체 위원의 과반수가 되도록 하여야 한다〈「노인장기요양보험법」 제56조 제3항〉.

8 노인장기요양보험법상 재심사위원회의 위원 구성에 대한 설명으로 옳지 않은 것은?

① 재심사위원회의 위원은 보건복지부장관이 임명 또는 위촉한다.
② 위원장을 포함하여 위원의 총수는 50인 이내로 한다.
③ 재심사위원회의 위원은 관계 공무원, 법학, 장기요양사업 분야의 학식과 경험이 풍부한 자 중에서 선정한다.
④ 공무원이 아닌 위원이 전체 위원의 과반수가 되도록 하여야 한다.

TIP ② 재심사위원회는 보건복지부장관 소속으로 두고, 위원장 1인을 포함한 20인 이내의 위원으로 구성한다〈「노인장기요양보험법」 제56조 제2항〉.

9 노인장기요양보험법상 재심사위원회의 구성 및 운영방법을 정하는 기준은?

① 대통령령
② 보건복지부령
③ 지방자치단체의 조례
④ 재심사위원회의 의결

TIP ① 재심사위원회의 구성·운영, 그 밖에 필요한 사항은 대통령령으로 정한다〈「노인장기요양보험법」 제56조 제4항〉.

10 다음은 행정심판과의 관계 및 행정소송에 관한 설명이다. 옳지 않은 것은?

① 재심사위원회의 재심사에 관한 절차에 관하여는 「행정심판법」을 준용한다.
② 재심사청구 사항에 대한 재심사위원회의 재심사를 거친 이후 이의가 있는 자는 행정심판을 청구할 수 있다.
③ 공단의 처분에 이의가 있는 자는 「행정소송법」으로 정하는 바에 따라 행정소송을 제기할 수 있다.
④ 심사청구 또는 재심사청구에 대한 결정에 불복하는 자는 행정소송을 제기할 수 있다.

TIP ② 재심사청구 사항에 대한 재심사위원회의 재심사를 거친 경우에는 「행정심판법」에 따른 행정심판을 청구할 수 없다〈「노인장기요양보험법」 제56조의2 제2항〉.

Answer 7.③ 8.② 9.① 10.②

Chapter 11 보칙

1 국가의 부담〈제58조〉

① **국가지원** : 국가는 매년 예산의 범위 안에서 해당 연도 장기요양보험료 예상수입액의 100분의 20에 상당하는 금액을 공단에 지원한다.

② **국가와 지방자치단체 부담** : 국가와 지방자치단체는 대통령령으로 정하는 바에 따라 의료급여수급권자의 장기요양급여비용, 의사소견서 발급비용, 방문간호지시서 발급비용 중 공단이 부담하여야 할 비용(면제 및 감경됨으로 인하여 공단이 부담하게 되는 비용을 포함한다) 및 관리운영비의 전액을 부담한다.

③ **지방자치단체 부담 금액** : 지방자치단체가 부담하는 금액은 보건복지부령으로 정하는 바에 따라 특별시 · 광역시 · 특별자치시 · 도 · 특별자치도와 시 · 군 · 구가 분담한다.

④ **지방자치단체의 부담액 부과 등** : 지방자치단체의 부담액 부과, 징수 및 재원관리, 그 밖에 필요한 사항은 대통령령으로 정한다.

2 전자문서의 사용〈제59조〉

① **전자문서 사용** : 장기요양사업에 관련된 각종 서류의 기록, 관리 및 보관은 보건복지부령으로 정하는 바에 따라 전자문서로 한다.

② **전자문서교환방식 이용** : 공단 및 장기요양기관은 장기요양기관의 지정신청, 재가 · 시설 급여비용의 청구 및 지급, 장기요양기관의 재무 · 회계정보 처리 등에 대하여 전산매체 또는 전자문서교환방식을 이용하여야 한다.

③ **전자문서교환방식 이용 예외** : 정보통신망 및 정보통신서비스 시설이 열악한 지역 등 보건복지부장관이 정하는 지역의 경우 전자문서 · 전산매체 또는 전자문서교환방식을 이용하지 아니할 수 있다.

◆ 전자문서(電子文書)
- 컴퓨터를 이용하여 자료를 분류, 정리, 선택, 연산하여 처리한 시스템에 의하여 전자적 형태로 작성되어 송신 또는 수신되거나 저장된 정보를 말한다.

3 자료의 제출 등〈제60조〉

① **자료 제출 요구** : 공단은 장기요양급여 제공내용 확인, 장기요양급여의 관리 · 평가 및 장기요양보험료 산정 등 장기요양사업 수행에 필요하다고 인정할 때 다음의 어느 하나에 해당하는 자에게 자료의 제출을 요구할 수 있다.
   ㉠ 장기요양보험가입자 또는 그 피부양자 및 의료급여수급권자
   ㉡ 수급자, 장기요양기관 및 의료기관

② **자료 제출** : 자료의 제출을 요구받은 자는 성실히 이에 응하여야 한다.

4 보고 및 검사〈제61조〉

① **보고 및 자료 제출 요구** : 보건복지부장관, 특별시장 · 광역시장 · 도지사 또는 특별자치시장 · 특별자치도지사 · 시장 · 군수 · 구청장은 다음의 어느 하나에 해당하는 자에게 보수 · 소득이나 그 밖에 보건복지부령으로 정하는 사항의 보고 또는 자료의 제출을 명하거나 소속 공무원으로 하여금 관계인에게 질문을 하게 하거나 관계 서류를 검사하게 할 수 있다.
   ㉠ 장기요양보험가입자
   ㉡ 피부양자
   ㉢ 의료급여수급권자

② **장기요양급여 관련 자료 제출 요구** : 보건복지부장관, 특별시장 · 광역시장 · 도지사 또는 특별자치시장 · 특별자치도지사 · 시장 · 군수 · 구청장은 다음의 어느 하나에 해당하는 자에게 장기요양급여의 제공 명세, 재무 · 회계에 관한 사항 등 장기요양급여에 관련된 자료의 제출을 명하거나 소속 공무원으로 하여금 관계인에게 질문을 하게 하거나 관계 서류를 검사하게 할 수 있다.
   ㉠ 장기요양기관 및 의료기관
   ㉡ 장기요양급여를 받은 자

③ 행정응원 요청
   ㉠ 보건복지부장관, 특별시장 · 광역시장 · 도지사 또는 특별자치시장 · 특별자치도지사 · 시장 · 군수 · 구청장은 보고 또는 자료제출 명령이나 질문 또는 검사 업무를 효율적으로 수행하기 위하여 필요한 경우에는 공단에 행정응원(行政應援)을 요청할 수 있다.
   ㉡ 이 경우 공단은 특별한 사유가 없으면 이에 따라야 한다.

◆ **행정응원** (行政應援)
• 대등한 행정기관 사이에서 직무수행에 필요한 특정한 행위를 도와주는 일을 말한다. 행정응원은 법적 근거가 없이도 가능하며, 특히 관련 법규정이 있는 경우 요구받은 관청은 이를 거부하지 못한다.

④ **증표 및 조사 관련 서류 제시**: 소속 공무원은 그 권한을 표시하는 증표 및 조사기간, 조사범위, 조사담당자, 관계 법령 등 보건복지부령으로 정하는 사항이 기재된 서류를 지니고 이를 관계인에게 내보여야 한다.

⑤ **질문 또는 검사의 절차·방법**: 질문 또는 검사의 절차·방법 등에 관하여는 노인장기요양보험법에서 정하는 사항을 제외하고는 「행정조사기본법」에서 정하는 바에 따른다.

> ◆ **행정조사기본법**
> - 목적 … 행정조사기본법은 행정조사에 관한 기본원칙·행정조사의 방법 및 절차 등에 관한 공통적인 사항을 규정함으로써 행정의 공정성·투명성 및 효율성을 높이고, 국민의 권익을 보호함을 목적으로 한다.
> - 행정조사 … 행정기관이 정책을 결정하거나 직무를 수행하는 데 필요한 정보나 자료를 수집하기 위하여 현장조사·문서열람·시료채취 등을 하거나 조사대상자에게 보고요구·자료제출요구 및 출석·진술요구를 행하는 활동을 말한다.

⑥ **행정응원의 절차·방법**: 행정응원의 절차·방법 등에 관하여 필요한 사항은 대통령령으로 정한다.

5 비밀누설금지〈제62조〉

다음에 해당하는 자는 업무수행 중 알게 된 비밀을 누설하여서는 아니 된다.
① 특별자치시·특별자치도·시·군·구, 공단, 등급판정위원회, 장기요양위원회, 공표심의위원회, 심사위원회, 재심사위원회 및 장기요양기관에 종사하고 있거나 종사한 자
② 가족요양비·특례요양비 및 요양병원간병비와 관련된 급여를 제공한 자

6 유사명칭의 사용금지〈제62조의2〉

이 법에 따른 장기요양보험 사업을 수행하는 자가 아닌 자는 보험계약 또는 보험계약의 명칭에 노인장기요양보험 또는 이와 유사한 용어를 사용하지 못한다.

7 청문〈제63조〉

특별자치시장·특별자치도지사·시장·군수·구청장은 다음의 어느 하나에 해당하는 처분 또는 공표를 하려는 경우에는 청문을 하여야 한다.
① 장기요양기관 지정취소 또는 업무정지명령
② 위반사실 등의 공표
③ 장기요양급여 제공의 제한 처분

8 시효 등에 관한 준용〈제64조〉

「국민건강보험법」제91조, 제92조, 제96조, 제103조, 제104조, 제107조, 제111조 및 제112조는 시효, 기간의 계산, 자료의 제공, 공단 등에 대한 감독, 권한의 위임 및 위탁, 업무의 위탁, 단수처리 등에 관하여 준용한다. 이 경우 "보험료"를 "장기요양보험료"로, "보험급여"를 "장기요양급여"로, "요양기관"을 "장기요양기관"으로, "건강보험사업"을 "장기요양사업"으로 본다.

(1) 시효〈국민건강보험법 제91조 준용〉

① 소멸시효 : 다음의 권리는 3년 동안 행사하지 아니하면 소멸시효가 완성된다.
   ㉠ 보험료, 연체금 및 가산금을 징수할 권리
   ㉡ 보험료, 연체금 및 가산금으로 과오납부한 금액을 환급받을 권리
   ㉢ 보험급여를 받을 권리
   ㉣ 보험급여 비용을 받을 권리
   ㉤ 과다납부된 본인일부부담금을 돌려받을 권리
   ㉥ 근로복지공단의 권리

② 시효중단 : 시효는 다음의 어느 하나의 사유로 중단된다.
   ㉠ 보험료의 고지 또는 독촉
   ㉡ 보험급여 또는 보험급여 비용의 청구

③ 시효정지 : 휴직자등의 보수월액보험료를 징수할 권리의 소멸시효는 고지가 유예된 경우 휴직 등의 사유가 끝날 때까지 진행하지 아니한다.

④ 소멸시효기간, 시효중단 및 시효정지에 관하여 국민건강보험법에서 정한 사항 외에는 「민법」에 따른다.

◆ **기간계산**〈국민건강보험법 제92조 준용〉
   • 국민건강보험법이나 국민건강보험법에 따른 명령에 규정된 기간의 계산에 관하여 국민건강보험법에서 정한 사항 외에는 「민법」의 기간에 관한 규정을 준용한다.

(2) 자료의 제공〈국민건강보험법 제96조 준용〉

① **자료제공요청** : 공단은 국가, 지방자치단체, 요양기관, 보험회사 및 보험료율 산출 기관, 공공기관, 그 밖의 공공단체 등에 대하여 다음의 업무를 수행하기 위하여 주민등록·가족관계등록·국세·지방세·토지·건물·출입국관리 등의 자료로서 대통령령으로 정하는 자료를 제공하도록 요청할 수 있다.
   ㉠ 가입자 및 피부양자의 자격 관리, 보험료의 부과·징수, 보험급여의 관리 등 건강보험사업의 수행
   ㉡ 제14조 제1항 제11호에 따른 업무의 수행

국민건강보험법 제14조 제1항

11. 「국민연금법」, 「고용보험 및 산업재해보상보험의 보험료징수 등에 관한 법률」, 「임금채권보장법」 및 「석면피해구제법」(이하 "징수위탁근거법"이라 한다)에 따라 위탁받은 업무

② **심사평가원** : 심사평가원은 국가, 지방자치단체, 요양기관, 보험회사 및 보험료율 산출 기관, 공공기관, 그 밖의 공공단체 등에 대하여 요양급여비용을 심사하고 요양급여의 적정성을 평가하기 위하여 주민등록 · 출입국관리 · 진료기록 · 의약품공급 등의 자료로서 대통령령으로 정하는 자료를 제공하도록 요청할 수 있다.

③ **보건복지부장관** : 보건복지부장관은 관계 행정기관의 장에게 약제에 대한 요양급여비용 상한금액의 감액 및 요양급여의 적용 정지를 위하여 필요한 자료를 제공하도록 요청할 수 있다.

④ **성실한 이행** : 규정에 따라 자료제공을 요청받은 자는 성실히 이에 따라야 한다.

⑤ **자료제공요청서 발송** : 공단 또는 심사평가원은 요양기관, 보험회사 및 보험료율 산출기관에 자료의 제공을 요청하는 경우 자료제공요청근거 및 사유, 자료제공대상자, 대상기간, 자료제공기한, 제출자료 등이 기재된 자료제공요청서를 발송하여야 한다.

⑥ **수수료 등의 면제** : 국가, 지방자치단체, 요양기관, 「보험업법」에 따른 보험료율 산출기관 그 밖의 공공기관 및 공공단체가 공단 또는 심사평가원에 제공하는 자료에 대하여는 사용료와 수수료 등을 면제한다.

(3) 공단 등에 대한 감독 등〈국민건강보험법 제103조 준용〉

① **감독** : 보건복지부장관은 공단과 심사평가원의 경영목표를 달성하기 위하여 다음의 사업이나 업무에 대하여 보고를 명하거나 그 사업이나 업무 또는 재산상황을 검사하는 등 감독을 할 수 있다.
   ㉠ 공단의 업무 및 심사평가원의 업무
   ㉡ 경영지침의 이행과 관련된 사업
   ㉢ 국민건강보험법 또는 다른 법령에서 공단과 심사평가원이 위탁받은 업무
   ㉣ 그 밖에 관계 법령에서 정하는 사항과 관련된 사업

② **처분** : 보건복지부장관은 감독상 필요한 경우에는 정관이나 규정의 변경 또는 그 밖에 필요한 처분을 명할 수 있다.

(4) 포상금 등의 지급〈국민건강보험법 제104조 준용〉

① **포상금지급** : 공단은 다음의 어느 하나에 해당하는 자 또는 재산을 신고한 사람에 대하여 포상금을 지급할 수 있다. 다만, 공무원이 그 직무와 관련하여 은닉재산을 신고한 경우에는 그러하지 아니한다.
   ㉠ 속임수나 그 밖의 부당한 방법으로 보험급여를 받은 사람
   ㉡ 속임수나 그 밖의 부당한 방법으로 다른 사람이 보험급여를 받도록 한 자

ⓒ 속임수나 그 밖의 부당한 방법으로 보험급여 비용을 받은 요양기관 또는 보험급여를 받은 준요양기관 및 보조기기 판매업자

ⓔ 징수금을 납부하여야 하는 자의 은닉재산

② **장려금지급** : 공단은 건강보험 재정을 효율적으로 운영하는 데에 이바지한 요양기관에 대하여 장려금을 지급할 수 있다.

③ **은닉재산** : "은닉재산"이란 징수금을 납부하여야 하는 자가 은닉한 현금, 예금, 주식, 그 밖에 재산적 가치가 있는 유형·무형의 재산을 말한다. 다만, 다음의 어느 하나에 해당하는 재산은 제외한다.

ⓐ 「민법」 제406조 등 관계 법령에 따라 사해행위(詐害行爲) 취소소송의 대상이 되어 있는 재산

ⓑ 공단이 은닉사실을 알고 조사 또는 강제징수 절차에 착수한 재산

ⓒ 그 밖에 은닉재산 신고를 받을 필요가 없다고 인정되어 대통령령으로 정하는 재산

◆ **사해행위(詐害行爲)**
• 채무자가 고의로 재산을 줄여서 채권자가 충분한 변제를 받지 못하게 하는 행위를 말한다. 채권자 취소권으로 채권자를 보호하고 있다.

④ **포상금 및 장려금의 지급 기준** : 포상금 및 장려금의 지급 기준과 범위, 절차 및 방법 등에 필요한 사항은 대통령령으로 정한다.

(5) 끝수 처리 및 권한의 위임

① **끝수 처리**〈국민건강보험법 제107조 준용〉 : 보험료등과 보험급여에 관한 비용을 계산할 때 「국고금관리법」 제47조에 따른 끝수는 계산하지 아니한다.

② **권한의 위임**〈국민건강보험법 제111조 준용〉 : 국민건강보험법에 따른 보건복지부장관의 권한은 대통령령으로 정하는 바에 따라 그 일부를 특별시장·광역시장·특별자치시장·도지사 또는 특별자치도지사에게 위임할 수 있다.

(6) 업무의 위탁〈국민건강보험법 제112조 준용〉

① **금융기관에 위탁** : 공단은 대통령령으로 정하는 바에 따라 다음의 업무를 체신관서, 금융기관 또는 그 밖의 자에게 위탁할 수 있다.

ⓐ 보험료의 수납 또는 보험료납부의 확인에 관한 업무

ⓑ 보험급여비용의 지급에 관한 업무

ⓒ 징수위탁근거법의 위탁에 따라 징수하는 연금보험료, 고용보험료, 산업재해보상보험료, 부담금 및 분담금 등(이하 "징수위탁보험료등"이라 한다)의 수납 또는 그 납부의 확인에 관한 업무

② **국가기관 및 지방자치단체에 위탁** : 공단은 그 업무의 일부를 국가기관, 지방자치단체 또는 다른 법령에

따른 사회보험 업무를 수행하는 법인이나 그 밖의 자에게 위탁할 수 있다. 다만, 보험료와 징수위탁보험료등의 징수 업무는 그러하지 아니하다.

③ 업무 및 위탁자의 범위 : 공단이 위탁할 수 있는 업무 및 위탁받을 수 있는 자의 범위는 보건복지부령으로 정한다.

9 다른 법률에 따른 소득 등의 의제금지〈제65조〉

노인장기요양보험법에 따른 장기요양급여로 지급된 현금 등은 「국민기초생활 보장법」 제2조 제9호의 소득 또는 재산으로 보지 아니한다.

> **조문참고**
>
> 국민기초생활 보장법 제2조 제9호
>
> 9. "소득인정액"이란 보장기관이 급여의 결정 및 실시 등에 사용하기 위하여 산출한 개별가구의 소득평가액과 재산의 소득환산액을 합산한 금액을 말한다.

10 수급권의 보호〈제66조〉

① 담보 제공금지 : 장기요양급여를 받을 권리는 양도 또는 압류하거나 담보로 제공할 수 없다.

② 압류금지 : 특별현금급여수급계좌의 예금에 관한 채권은 압류할 수 없다.

11 벌칙 적용에서 공무원 의제〈제66조의2〉

등급판정위원회, 장기요양위원회, 공표심의위원회, 심사위원회 및 재심사위원회 위원 중 공무원이 아닌 사람은 「형법」의 규정을 적용할 때에는 공무원으로 본다.

12 소액 처리〈제66조의3〉

① 소액 처리 대상 : 공단은 징수 또는 반환하여야 할 금액이 1건당 1,000원 미만인 경우(각각 상계할 수 있는 지급금 및 장기요양보험료등은 제외한다)에는 징수 또는 반환하지 아니한다.

② 소액 처리 대상 제외 : 국민건강보험법에 따른 소액 처리 대상에서 제외되는 건강보험료와 통합하여 징수 또는 반환되는 장기요양보험료의 경우에는 그러하지 아니하다.

암기요약 … 핵심조문 빈칸 채우기

(1) 국가는 매년 예산의 범위 안에서 해당 연도 장기요양보험료 예상수입액의 _____에 상당하는 금액을 공단에 지원한다.

(2) 국가와 지방자치단체는 대통령령으로 정하는 바에 따라 의료급여수급권자의 _____, 의사소견서 발급비용, 방문간호지시서 발급비용 중 공단이 부담하여야 할 비용 및 관리운영비의 ____을 부담한다.

(3) 지방자치단체가 부담하는 금액은 _____으로 정하는 바에 따라 특별시 · 광역시 · 특별자치시 · 도 · 특별자치도 와 시 · 군 · 구가 분담한다.

(4) 공단 및 장기요양기관은 장기요양기관의 지정신청, 재가 · 시설 급여비용의 청구 및 지급, 장기요양기관의 재무 · 회계 정보 처리 등에 대하여 _____ 또는 전자문서교환방식을 이용하여야 한다.

(5) 공단은 장기요양급여 제공내용 확인, 장기요양급여의 관리 · 평가 및 장기요양보험료 산정 등 장기요양사업 수행에 필요하다고 인정할 때 다음의 어느 하나에 해당하는 자에게 자료의 제출을 요구할 수 있다.
㉠ 장기요양보험가입자 또는 그 피부양자 및 _____
㉠ 수급자, 장기요양기관 및 _____

(6) 보건복지부장관, 특별시장 · 광역시장 · 도지사 또는 특별자치시장 · 특별자치도지사 · 시장 · 군수 · 구청장은 _____ _____, _____, 의료급여수급권자에게 보수 · 소득이나 그 밖에 보건복지부령으로 정하는 사항의 보고 또는 자료의 제출을 명하거나 소속 공무원으로 하여금 관계인에게 질문을 하게 하거나 관계 서류를 검사하게 할 수 있다.

(7) 보건복지부장관, 특별시장 · 광역시장 · 도지사 또는 특별자치시장 · 특별자치도지사 · 시장 · 군수 · 구청장은 보고 또는 자료제출 명령이나 질문 또는 검사 업무를 효율적으로 수행하기 위하여 필요한 경우에는 ____에 _____을 요청할 수 있다. 이 경우 공단은 특별한 사유가 없으면 이에 따라야 한다.

(8) 질문 또는 검사의 절차 · 방법 등에 관하여는 이 법에서 정하는 사항을 제외하고는 _____에서 정하는 바에 따르며, 행정응원의 절차 · 방법 등에 관하여 필요한 사항은 _____으로 정한다.

(9) 특별자치시 · 특별자치도 · 시 · 군 · 구, 공단, _____, 장기요양위원회, _____, 심사위원회, 재심사 위원회 및 장기요양기관에 종사하고 있거나 종사한 자는 업무수행 중 알게 된 비밀을 누설하여서는 아니 된다.

(10) 특별자치시장 · 특별자치도지사 · 시장 · 군수 · 구청장이 처분 또는 공표를 하려는 경우에는 청문을 해야 하는 경우
㉠ 장기요양기관 지정취소 또는 _____
㉡ _____
㉢ 장기요양급여 제공의 제한 처분

(11) 노인장기요양보험법에 따른 장기요양급여로 지급된 현금 등은 「국민기초생활 보장법」상 ____ 또는 ____으로 보지 않는다.

(12) _____를 받을 권리는 양도 또는 압류하거나 담보로 제공할 수 없다.

정답 및 해설

(1) 100분의 20
(2) 장기요양급여비용, 전액
(3) 보건복지부령
(4) 전산매체
(5) 의료급여수급권자, 의료기관

(6) 장기요양보험가입자, 피부양자
(7) 공단, 행정응원
(8) 행정조사기본법, 대통령령
(9) 등급판정위원회, 공표심의위원회
(10) 업무정지명령, 위반사실 등의 공표

(11) 소득, 재산
(12) 장기요양급여

출제예상문제

1 국가는 매년 예산범위 안에서 해당연도 장기요양보험료 예상수입액의 일정비율에 상당하는 금액을 공단에 지원한다. 이 때 지원하는 비율은?

① 100분의 5   ② 100분의 10

③ 100분의 15   ④ 100분의 20

> **TIP** 국가는 매년 예산의 범위 안에서 해당 연도 장기요양보험료 예상수입액의 100분의 20에 상당하는 금액을 공단에 지원한다〈「노인장기요양보험법」 제58조 제1항〉.

2 노인장기요양보험법상 장기요양보험료의 국가부담에 대한 설명으로 옳지 않은 것은?

① 국가는 매년 해당연도 장기요양보험료 예상수입액의 일부 금액을 공단에 지원한다.
② 국가와 지방자치단체는 공단이 부담하여야 할 비용 및 관리운영비의 전액을 부담한다.
③ 지방자치단체의 부담금액은 특별시·광역시·특별자치시·도·특별자치도와 시·군·구가 분담한다.
④ 지방자치단체의 부담액 부과, 징수 및 재원관리에 필요한 사항은 보건복지부령으로 정한다.

> **TIP** ④ 지방자치단체의 부담액 부과, 징수 및 재원관리, 그 밖에 필요한 사항은 대통령령으로 정한다〈「노인장기요양보험법」 제58조 제4항〉.

3 노인장기요양보험법상 지방자치단체가 공단에 부담하는 금액을 정하고 있는 기준은?

① 대통령령   ② 보건복지부령

③ 지방단치단체의 조례   ④ 국회 상임위원회

> **TIP** 지방자치단체가 부담하는 금액은 보건복지부령으로 정하는 바에 따라 특별시·광역시·특별자치시·도·특별자치도와 시·군·구가 분담한다〈「노인장기요양보험법」 제58조 제3항〉.

4 다음은 노인장기요양보험법 제58조이다. ㉠㉡㉢에 포함되지 않는 것은?

> 국가와 지방자치단체는 의료급여수급권자의 (㉠), (㉡), (㉢) 중 공단이 부담하여야 할 비용 및 관리운영비의 전액을 부담한다.

① 의사소견서 발급비용

② 방문간호지시서 발급비용

③ 장기요양기관 시설비용

④ 장기요양급여비용

TIP 국가와 지방자치단체는 대통령령으로 정하는 바에 따라 의료급여수급권자의 <u>장기요양급여비용</u>, <u>의사소견서 발급비용</u>, <u>방문간호지시서 발급비용</u> 중 공단이 부담하여야 할 비용(면제 및 감경됨으로 인하여 공단이 부담하게 되는 비용을 포함한다) 및 관리운영비의 전액을 부담한다〈「노인장기요양보험법」 제58조 제2항〉.

5 노인장기요양보험법 제59조(전자문서의 사용)에 대한 법조항이다. 다음 중 전자문서의 사용에 대한 설명으로 옳지 않은 것은?

① 장기요양사업에 관련된 각종 서류의 기록, 관리 및 보관은 보건복지부령으로 정하는 바에 따라 전자문서로 한다.

② 공단 및 장기요양기관은 장기요양기관의 지정신청, 재가·시설 급여비용의 청구 및 지급 등에 대하여 전산매체 또는 전자문서교환방식을 이용하여야 한다.

③ 정보통신망 및 정보통신서비스 시설이 열악한 지역의 경우 장기요양기관의 재무·회계정보 처리 등에 대해서는 반드시 전자문서·전산매체 또는 전자문서교환방식을 이용하여야 한다.

④ 장기요양기관의 재무·회계정보 처리 등에 대하여 전산매체 또는 전자문서교환방식을 이용하여야 한다.

TIP ③ 정보통신망 및 정보통신서비스 시설이 열악한 지역 등 보건복지부장관이 정하는 지역의 경우 전자문서·전산매체 또는 전자문서교환방식을 이용하지 아니할 수 있다〈「노인장기요양보험법」 제59조 제3항〉.

Answer 1.④ 2.④ 3.② 4.③ 5.③

6 다음 중 공단이 자료의 제출 등을 요구할 수 있는 자로 볼 수 없는 사람은?

① 장기요양요원　　　　　　　　　　　② 장기요양보험가입자의 피부양자
③ 의료급여수급권자　　　　　　　　　　④ 수급자

> **TIP** 공단이 자료제출을 요구할 수 있는 자〈「노인장기요양보험법」 제60조 제1항〉
> ㉠ 장기요양보험가입자 또는 그 피부양자 및 의료급여수급권자
> ㉡ 수급자, 장기요양기관 및 의료기관

7 공단이 장기요양기관 또는 의료기관에게 자료의 제출을 요구할 수 있는 사유로 옳지 않은 것은?

① 장기요양급여의 관리 · 평가　　　　　② 의료급여수급권자의 인적사항
③ 장기요양보험료 산정　　　　　　　　④ 장기요양급여 제공내용 확인

> **TIP** 공단은 장기요양급여 제공내용 확인, 장기요양급여의 관리 · 평가 및 장기요양보험료 산정 등 장기요양사업 수행에 필요하다고 인정할 때 다음의 어느 하나에 해당하는 자에게 자료의 제출을 요구할 수 있다〈「노인장기 요양보험법」 제60조 제1항〉

8 노인장기요양보험법 제61조에서 보건복지부장관이나 시장 · 군수 · 구청장이 다음에 해당하는 자료에 대하여 제출을 누구에게 명할 수 있나?

장기요양급여의 제공명세, 재무 · 회계에 관한 사항 등 장기요양급여에 관련된 자료

① 공단　　　　　　　　　　　　　　　② 심사평가원
③ 의료기관　　　　　　　　　　　　　④ 건강보험 가입자

> **TIP** 장기요양급여의 제공 명세, 재무 · 회계에 관한 사항 보고 및 검사〈「노인장기요양보험법」 제61조 제2항〉 ··· 보건 복지부장관, 특별시장 · 광역시장 · 도지사 또는 특별자치시장 · 특별자치도지사 · 시장 · 군수 · 구청장은 다음의 어느 하나에 해당하는 자에게 장기요양급여의 제공명세, 재무 · 회계에 관한 사항 등 장기요양급여에 관련된 자료의 제출을 명하거나 소속 공무원으로 하여금 관계인에게 질문을 하게 하거나 관계 서류를 검사하게 할 수 있다.
> ㉠ 장기요양기관 및 의료기관
> ㉡ 장기요양급여를 받은 자

9 다음 중 수급자 및 의료기관에 대하여 보고 및 검사를 명할 수 있는 기관장으로 볼 수 없는 사람은?

① 심사위원회 위원장　　　　　　　　　② 서울특별시장

③ 고양특례시장　　　　　　　　　　　　④ 보건복지부장관

> **TIP** 보고 및 검사를 할 수 있는 기관장〈「노인장기요양보험법」 제61조 제1항〉… 보건복지부장관, 특별시장·광역시장·도지사 또는 특별자치시장·특별자치도지사·시장·군수·구청장이다.

10 보건복지부장관은 보고 및 검사 대상에 해당하는 자에게 보수·소득이나 그 밖에 보건복지부령으로 정하는 사항의 보고 또는 자료의 제출을 명하거나 소속 공무원으로 하여금 관계인에게 질문을 하게 하거나 관계서류를 검사하게 할 수 있다. 다음 중 보고 및 검사할 수 있는 대상만을 고르면?

㉠ 장기요양보험가입자　　　　　　　㉡ 장기요양기관의 담당공무원 ㉢ 피부양자　　　　　　　　　　　　㉣ 의료급여수급권자

① ㉠㉡㉢　　　　　　　　　　　　　② ㉠㉢㉣

③ ㉠㉡㉣　　　　　　　　　　　　　④ ㉡㉢㉣

> **TIP** 보건복지부장관, 특별시장·광역시장·도지사 또는 특별자치시장·특별자치도지사·시장·군수·구청장은 장기요양보험가입자, 피부양자, 의료급여수급권자에게 보수·소득이나 그 밖에 보건복지부령으로 정하는 사항의 보고 또는 자료의 제출을 명하거나 소속 공무원으로 하여금 관계인에게 질문을 하게 하거나 관계 서류를 검사하게 할 수 있다〈「노인장기요양보험법」 제61조 제1항〉.

11 질문 또는 검사의 절차·방법 등에 관하여 노인장기요양보험법에서 정하는 사항을 제외하고는 (　　)에서 정하는 바에 따른다. (　　) 안에 알맞은 것은?

① 국민건강보험법　　　　　　　　　　② 행정심판법

③ 행정소송법　　　　　　　　　　　　④ 행정조사기본법

> **TIP** 질문 또는 검사의 절차·방법 등에 관하여는 노인장기요양보험법에서 정하는 사항을 제외하고는 「행정조사기본법」에서 정하는 바에 따른다〈「노인장기요양보험법」 제61조 제5항〉.

12 노인장기요양보험법상 다음 중에서 공단에 행정응원을 요청할 수 있는 사람은?

① 시장·군수·구청장　　　　　　　　② 장기요양위원장
③ 건강보험심사평가원장　　　　　　　④ 등급판정위원장

> **TIP** 행정응원(行政應援) 요청〈「노인장기요양보험법」 제61조 제3항〉 … 보건복지부장관, 특별시장·광역시장·도지사
> 또는 특별자치시장·특별자치도지사·시장·군수·구청장은 보고 또는 자료제출 명령이나 질문 또는 검사 업
> 무를 효율적으로 수행하기 위하여 필요한 경우에는 공단에 행정응원을 요청할 수 있다.

13 다음 중 노인장기요양보험법 제11조의 보고 및 검사에 대한 설명으로 바르지 못한 것은?

① 보건복지부장관이 행정응원을 요청할 경우 특별한 사유가 없으면 공단은 이에 따라야 한다.
② 도지사는 소속 공무원으로 하여금 관계인에게 질문 또는 관계 서류를 검사하게 할 수 있다.
③ 소속 공무원은 그 권한을 표시하는 증표 및 조사기간, 조사범위, 조사담당자, 관계 법령 등이 기
　재된 서류를 지니고 관계인에게 내보여야 한다.
④ 행정응원의 절차·방법 등에 관한 사항은 보건복지부령으로 정한다.

> **TIP** ④ 행정응원의 절차·방법 등에 관하여 필요한 사항은 대통령령으로 정한다〈「노인장기요양보험법」 제61조 제6항〉.

14 노인장기요양보험법 제62조에서 규정하고 있는 업무수행 중 알게 된 비밀을 누설해서는 안 되는 자 중
옳지 않은 사람은?

① 특별자치시·특별자치도 및 시·군·구에 종사하고 있는 자
② 공단, 등급판정위원회, 장기요양위원회, 공표심의위원회, 심사위원회, 재심사위원회에 종사한 자
③ 의료급여수급권자, 요양병원간병비와 관련된 급여를 제공한 자
④ 장기요양기관에 종사하고 있거나 종사한 자

> **TIP** 업무수행 중 알게 된 비밀을 누설하여서는 아니되는 자〈「노인장기요양보험법」 제62조〉
> 　　㉠ 특별자치시·특별자치도·시·군·구, 공단, 등급판정위원회, 장기요양위원회, 공표심의위원회, 심사위원
> 　　　회, 재심사위원회 및 장기요양기관에 종사하고 있거나 종사한 자
> 　　㉡ 가족요양비·특례요양비 및 요양병원간병비와 관련된 급여를 제공한 자

15 다음 중 청문을 하여야 하는 경우가 아닌 것은?

① 장기요양기관 지정취소 또는 업무정지명령   ② 업무수행 중 알게 된 비밀누설

③ 위반사실 등의 공표   ④ 장기요양급여 제공의 제한처분

> **TIP** 청문〈「노인장기요양보험법」제63조〉… 특별자치시장·특별자치도지사·시장·군수·구청장은 다음의 어느 하나에 해당하는 처분 또는 공표를 하려는 경우에는 청문을 하여야 한다.
> ㉠ 장기요양기관 지정취소 또는 업무정지명령
> ㉡ 위반사실 등의 공표
> ㉢ 장기요양급여 제공의 제한 처분

16 노인장기요양보험법 제66조에서 정하고 있는 수급권보호에 대한 금지사항 중 가장 옳지 않은 것을 고르면?

① 장기요양급여를 받을 권리의 양도금지   ② 특별현금급여수급계좌의 예금인출금지

③ 특별현금급여수급계좌의 예금압류금지   ④ 장기요양급여를 받을 권리의 압류금지

> **TIP** 수급권의 보호〈「노인장기요양보험법」제66조〉
> ㉠ 장기요양급여를 받을 권리는 양도 또는 압류하거나 담보로 제공할 수 없다.
> ㉡ 특별현금급여수급계좌의 예금에 관한 채권은 압류할 수 없다.

17 다음은 수급권의 보호 및 소액처리에 대한 설명이다. 옳지 않은 것은?

① 장기요양급여를 받을 권리는 양도 또는 압류하거나 담보로 제공할 수 없다.

② 특별현금급여수급계좌의 예금에 관한 채권은 압류할 수 없다.

③ 공단은 징수할 금액이 1건당 1,000원 미만인 경우에는 징수하지 아니한다.

④ 공단은 반환하여야 할 금액이 1건당 1,000원 미만인 경우에는 반환한다.

> **TIP** ④ 공단은 징수 또는 반환하여야 할 금액이 1건당 1,000원 미만인 경우(각각 상계할 수 있는 지급금 및 장기요양보험료등 제외)에는 징수 또는 반환하지 아니한다. 다만, 소액처리대상에서 제외되는 건강보험료와 통합하여 징수 또는 반환되는 장기요양보험료의 경우에는 그러하지 아니하다〈「노인장기요양보험법」제66조의3〉.

Answer   12.①   13.④   14.③   15.②   16.②   17.④

본 문제부터는 국민건강보험법을 준용한 법조항으로, "보험료"를 "장기요양보험료"로, "보험급여"를 "장기요양급여"로, "요양기관"을 "장기요양기관"으로, "건강보험사업"을 "장기요양사업"으로 본다.

18 국민건강보험법상 권리를 3년 동안 행사하지 않을 경우 소멸시효가 완성되는 것으로 틀린 것은?

① 보험급여를 받을 권리

② 보험료, 연체금 및 가산금으로 과오납부한 금액을 환급받을 권리

③ 보험료 인상의 조정 받을 권리

④ 보험료, 연체금 및 가산금을 징수할 권리

> **TIP** 시효〈「국민건강보험법」 제91조 제1항〉 … 다음의 권리는 3년 동안 행사하지 아니하면 소멸시효가 완성된다.
> ㉠ 보험료, 연체금 및 가산금을 징수할 권리
> ㉡ 보험료, 연체금 및 가산금으로 과오납부한 금액을 환급받을 권리
> ㉢ 보험급여를 받을 권리
> ㉣ 보험급여 비용을 받을 권리
> ㉤ 과다납부된 본인일부부담금을 돌려받을 권리
> ㉥ 근로복지공단의 권리

19 국민건강보험법 제103조에 따라 보건복지부장관이 공단과 심사평가원에 업무보고를 명하거나 감독 할 수 있는 업무로 틀린 것은?

① 공단의 업무 및 따른 심사평가원의 업무   ② 정관, 규정, 법률의 변경

③ 경영지침의 이행과 관련된 사업   ④ 공단과 심사평가원이 위탁받은 업무

> **TIP** 공단 등에 대한 감독 등〈「국민건강보험법」 제103조 제1항〉 … 보건복지부장관은 공단과 심사평가원의 경영목표를 달성하기 위하여 다음의 사업이나 업무에 대하여 보고를 명하거나 그 사업이나 업무 또는 재산상황을 검사하는 등 감독을 할 수 있다.
> ㉠ 공단의 업무 및 심사평가원의 업무
> ㉡ 경영지침의 이행과 관련된 사업
> ㉢ 이 법 또는 다른 법령에서 공단과 심사평가원이 위탁받은 업무
> ㉣ 그 밖에 관계 법령에서 정하는 사항과 관련된 사업

20 국민건강보험법상 보험급여를 받을 권리의 소멸시효는?

① 2년   ② 3년

③ 4년   ④ 5년

TIP ② 보험급여를 받을 권리를 3년 동안 행사하지 않으면 소멸시효가 완성된다〈「국민건강보험법」제91조 제1항〉.

21 국민건강보험법상 포상금을 지급할 수 있는 경우로 옳지 않은 것은? (단, 재산을 신고한 사람에 한함)

① 속임수나 그 밖의 부당한 방법으로 보험급여를 받은 사람을 신고한 장기요양요원

② 속임수나 그 밖의 부당한 방법으로 보험급여 비용을 받은 요양기관 또는 보험급여를 받은 준요양기관 및 보조기기 판매업자

③ 징수금을 납부하여야 하는 자의 은닉재산을 신고한 공무원

④ 속임수나 그 밖의 부당한 방법으로 다른 사람이 보험급여를 받도록 한 자

TIP 포상금 등의 지급〈「국민건강보험법」제104조 제1항〉 … 공단은 다음의 어느 하나에 해당하는 자 또는 재산을 신고한 사람에 대하여 포상금을 지급할 수 있다. 다만, 공무원이 그 직무와 관련하여 ㉣에 따른 은닉재산을 신고한 경우에는 그러하지 아니한다.

㉠ 속임수나 그 밖의 부당한 방법으로 보험급여를 받은 사람

㉡ 속임수나 그 밖의 부당한 방법으로 다른 사람이 보험급여를 받도록 한 자

㉢ 속임수나 그 밖의 부당한 방법으로 보험급여 비용을 받은 요양기관 또는 보험급여를 받은 준요양기관 및 보조기기 판매업자

㉣ 징수금을 납부하여야 하는 자의 은닉재산

22 국민건강보험법에 따른 명령에 규정된 기간의 계산에 관하여 준용할 수 있는 법률은?

① 민법   ② 상법

③ 행정소송법   ④ 국세징수법

TIP 기간계산〈「국민건강보험법」제92조〉 … 국민건강보험법이나 국민건강보험법에 따른 명령에 규정된 기간의 계산에 관하여 국민건강보험법에서 정한 사항 외에는 「민법」의 기간에 관한 규정을 준용한다.

Answer 18.③ 19.② 20.② 21.③ 22.①

23 다음은 국민건강보험법 제96조이다. (   ) 안에 알맞은 것에 대한 설명으로 옳지 않은 것은?

> ㉠ (   )은 국가, 지방자치단체, 요양기관, 보험회사 및 보험료율 산출 기관, 공공기관, 그 밖의 공공단체 등에 대하여 요양급여비용을 심사하고 요양급여의 적정성을 평가하기 위하여 주민등록 · 출입국관리 · 진료기록 · 의약품공급 등의 자료로서 대통령령으로 정하는 자료를 제공하도록 요청할 수 있다.
>
> ㉡ (   )은 관계 행정기관의 장에게 약제에 대한 요양급여비용 상한금액의 감액 및 요양급여의 적용 정지를 위하여 필요한 자료를 제공하도록 요청할 수 있다.

① 심사평가원, 보건복지부장관
② 보건복지부장관, 심사평가원
③ 공단, 보건복지부장관
④ 보험회사 및 요양기관

TIP ㉠ 심사평가원은 국가, 지방자치단체, 요양기관, 보험회사 및 보험료율 산출 기관, 공공기관, 그 밖의 공공단체 등에 대하여 요양급여비용을 심사하고 요양급여의 적정성을 평가하기 위하여 주민등록 · 출입국관리 · 진료기록 · 의약품공급 등의 자료로서 대통령령으로 정하는 자료를 제공하도록 요청할 수 있다〈「국민건강보험법」 제96조 제2항〉.
㉡ 보건복지부장관은 관계 행정기관의 장에게 약제에 대한 요양급여비용 상한금액의 감액 및 요양급여의 적용 정지를 위하여 필요한 자료를 제공하도록 요청할 수 있다〈「국민건강보험법」 제96조 제3항〉.

24 공단이 국가, 지방자치단체, 요양기관, 보험회사, 공공기관, 그 밖의 공공단체 등에 대하여 다음의 업무를 수행하기 위하여 요청할 수 있는 자료로 옳지 않은 것은?

> • 가입자 및 피부양자의 자격 관리, 보험료의 부과 · 징수, 보험급여의 관리 등 건강보험사업의 수행
> • 징수위탁근거법에 따른 업무의 수행

① 가족관계등록 자료
② 국세 및 지방세 관련 자료
③ 직업 및 경력 자료
④ 출입국관리 등의 자료

TIP 공단은 국가, 지방자치단체, 요양기관, 보험회사 및 보험료율 산출 기관, 공공기관, 그 밖의 공공단체 등에 대하여 다음의 업무를 수행하기 위하여 주민등록 · 가족관계등록 · 국세 · 지방세 · 토지 · 건물 · 출입국관리 등의 자료로서 대통령령으로 정하는 자료를 제공하도록 요청할 수 있다〈「국민건강보험법」 제96조 제1항〉.
㉠ 가입자 및 피부양자의 자격 관리, 보험료의 부과 · 징수, 보험급여의 관리 등 건강보험사업의 수행
㉡ 제14조 제1항 제11호에 따른 업무의 수행
※ **국민건강보험법 제14조 제1항 제11호** …「국민연금법」, 「고용보험 및 산업재해보상보험의 보험료징수 등에 관한 법률」, 「임금채권보장법」 및 「석면피해구제법」(이하 "징수위탁근거법"이라 한다)에 따라 위탁받은 업무

25 국민건강보험법 제104조에 따라 공단이 재정을 효율적으로 운영한 요양기관에게 지급할 수 있는 것은?

① 격려금   ② 포상금

③ 성과금   ④ 장려금

TIP 공단은 건강보험 재정을 효율적으로 운영하는 데에 이바지한 요양기관에 대하여 장려금을 지급할 수 있다 〈「국민건강보험법」 제104조 제2항〉.

26 국민건강보험법 제111조(권한의 위임)에 따라 보건복지부장관의 권한을 위임받을 수 없는 사람은?

① 특별자치도지사   ② 광역시장

③ 특별자치시장   ④ 군수 · 구청장

TIP 권한의 위임〈「국민건강보험법」 제111조〉… 국민건강보험법에 따른 보건복지부장관의 권한은 대통령령으로 정하는 바에 따라 그 일부를 특별시장 · 광역시장 · 특별자치시장 · 도지사 또는 특별자치도지사에게 위임할 수 있다.

27 공단이 체신관서나 금융기관 등에 위탁할 수 있는 업무가 아닌 것은?

① 보험료의 수납   ② 가입자 및 피부양자의 자격관리

③ 보험급여비용의 지급에 관한 업무   ④ 징수위탁보험료등의 수납

TIP 공단이 체신관서, 금융기관 또는 그 밖의 자에게 위탁할 수 있는 업무〈「국민건강보험법」 제112조 제1항〉.
    ㉠ 보험료의 수납 또는 보험료납부의 확인에 관한 업무
    ㉡ 보험급여비용의 지급에 관한 업무
    ㉢ 징수위탁보험료등의 수납 또는 그 납부의 확인에 관한 업무

Chapter 12 벌칙

1 벌칙〈제67조〉

① **3년 이하의 징역 또는 3천만 원 이하의 벌금** : 다음의 어느 하나에 해당하는 자는 3년 이하의 징역 또는 3천만 원 이하의 벌금에 처한다.

　㉠ 거짓이나 그 밖의 부정한 방법으로 장기요양급여비용을 청구한 자

　㉡ 폐쇄회로 텔레비전의 설치 목적과 다른 목적으로 폐쇄회로 텔레비전을 임의로 조작하거나 다른 곳을 비추는 행위를 한 자

　㉢ 녹음기능을 사용하거나 보건복지부령으로 정하는 저장장치 이외의 장치 또는 기기에 영상정보를 저장한 자

② **2년 이하의 징역 또는 2천만 원 이하의 벌금** : 다음의 어느 하나에 해당하는 자는 2년 이하의 징역 또는 2천만 원 이하의 벌금에 처한다.

　㉠ 지정받지 아니하고 장기요양기관을 운영하거나 거짓이나 그 밖의 부정한 방법으로 지정받은 자

　㉡ 안전성 확보에 필요한 조치를 하지 아니하여 영상정보를 분실·도난·유출·변조 또는 훼손당한 자

　㉢ 본인부담금을 면제 또는 감경하는 행위를 한 자

　㉣ 수급자를 소개, 알선 또는 유인하는 행위를 하거나 이를 조장한 자

　㉤ 업무수행 중 알게 된 비밀을 누설한 자

③ **1년 이하의 징역 또는 1천만 원 이하의 벌금** : 다음의 어느 하나에 해당하는 자는 1년 이하의 징역 또는 1천만 원 이하의 벌금에 처한다.

　㉠ 정당한 사유 없이 장기요양급여의 제공을 거부한 자

　㉡ 거짓이나 그 밖의 부정한 방법으로 장기요양급여를 받거나 다른 사람으로 하여금 장기요양급여를 받게 한 자

　㉢ 정당한 사유 없이 권익보호조치를 하지 아니한 사람

　㉣ 수급자가 부담한 비용을 정산하지 아니한 자

④ **1천만 원 이하의 벌금** : 다음의 어느 하나에 해당하는 경우에는 1천만 원 이하의 벌금에 처한다.

　㉠ 자료제출 명령에 따르지 아니하거나 거짓으로 자료제출을 한 장기요양기관 또는 의료기관

　㉡ 질문 또는 검사를 거부·방해 또는 기피하거나 거짓으로 답변한 장기요양기관 또는 의료기관

2 양벌규정〈제68조〉

① **양벌규정 적용** : 법인의 대표자, 법인이나 개인의 대리인·사용인 및 그 밖의 종사자가 그 법인 또는 개인의 업무에 관하여 제67조(벌칙)에 해당하는 위반행위를 한 때에는 그 행위자를 벌하는 외에 그 법인 또는 개인에 대하여도 해당 조의 벌금형을 과한다.

② **적용 예외** : 법인 또는 개인이 그 위반행위를 방지하기 위하여 해당 업무에 관하여 상당한 주의와 감독을 게을리 하지 아니한 경우에는 그러하지 아니하다.

3 과태료〈제69조〉

① **500만 원 이하의 과태료** : 정당한 사유 없이 다음의 어느 하나에 해당하는 자에게는 500만 원 이하의 과태료를 부과한다.
  ㉠ 변경지정을 받지 아니하거나 변경신고를 하지 아니한 자 또는 거짓이나 그 밖의 부정한 방법으로 변경지정을 받거나 변경신고를 한 자
  ㉡ 장기요양기관에 관한 정보를 게시하지 아니하거나 거짓으로 게시한 자
  ㉢ 수급자에게 장기요양급여비용에 대한 명세서를 교부하지 아니하거나 거짓으로 교부한 자
  ㉣ 장기요양급여 제공 자료를 기록·관리하지 아니하거나 거짓으로 작성한 사람
  ㉤ 장기요양요원의 보호 규정에서 다음 행위를 위반한 자
  • 장기요양요원에게 제28조의2 제1항 각 호에 따른 급여외행위의 제공을 요구하는 행위

> **조문참고**
> **법 제28조의2(급여외행위의 제공 금지)**
> ① 수급자 또는 장기요양기관은 장기요양급여를 제공받거나 제공할 경우 다음 각 호의 행위(이하 "급여외행위"라 한다)를 요구하거나 제공하여서는 아니 된다.
>   1. 수급자의 가족만을 위한 행위
>   2. 수급자 또는 그 가족의 생업을 지원하는 행위
>   3. 그 밖에 수급자의 일상생활에 지장이 없는 행위

  • 수급자가 부담하여야 할 본인부담금의 전부 또는 일부를 부담하도록 요구하는 행위
  ㉥ 장기요양요원의 보호 규정에서 적절한 조치를 하지 아니한 자
  ㉦ 폐업·휴업 신고 또는 자료이관을 하지 아니하거나 거짓이나 그 밖의 부정한 방법으로 신고한 자
  ㉧ 행정제재처분을 받았거나 그 절차가 진행 중인 사실을 양수인등에게 지체 없이 알리지 아니한 자
  ㉨ 거짓이나 그 밖의 부정한 방법으로 수급자에게 장기요양급여비용을 부담하게 한 자
  ㉩ 보고 또는 자료제출 요구·명령에 따르지 아니하거나 거짓으로 보고 또는 자료제출을 한 자나 질문 또는 검사를 거부·방해 또는 기피하거나 거짓으로 답변한 자
  ※ **장기요양기관 및 의료기관은 제외한다.**

ⓒ 거짓이나 그 밖의 부정한 방법으로 장기요양급여비용 청구에 가담한 사람

ⓔ 노인장기요양보험 또는 이와 유사한 용어를 사용한 자

② **300만 원 이하의 과태료** : 다음의 어느 하나에 해당하는 자에게는 300만 원 이하의 과태료를 부과한다.

ⓐ 폐쇄회로 텔레비전을 설치하지 아니하거나 설치 · 관리의무를 위반한 자

ⓑ 영상정보 열람 요청에 응하지 아니한 자

③ **과태료 부과 · 징수** : 과태료는 대통령령으로 정하는 바에 따라 관할 특별자치시장 · 특별자치도지사 · 시장 · 군수 · 구청장이 부과 · 징수한다.

암기요약 … 핵심조문 빈칸 채우기

(1) 다음의 어느 하나에 해당하는 자는 3년 이하의 징역 또는 3천만 원 이하의 벌금에 처한다.
  ㉠ 거짓이나 그 밖의 부정한 방법으로 _____비용을 청구한 자
  ㉡ 폐쇄회로 텔레비전의 설치 목적과 다른 목적으로 폐쇄회로 텔레비전을 임의로 조작하거나 다른 곳을 비추는 행위를 한 자
  ㉢ 녹음기능을 사용하거나 보건복지부령으로 정하는 저장장치 이외의 장치 또는 기기에 _____를 저장한 자

(2) 지정받지 아니하고 장기요양기관을 운영하거나 거짓이나 그 밖의 부정한 방법으로 지정받은 자는 는 _____의 징역 또는 _____ 이하의 벌금에 처한다.

(3) 정당한 사유 없이 거짓이나 그 밖의 부정한 방법으로 장기요양급여비용 청구에 가담한 사람에게는 _____ 이하의 과태료를 부과한다.

(4) 정당한 사유 없이 장기요양급여의 제공을 거부한 자는 _____의 징역 또는 _____ 이하의 벌금에 처한다.

(5) 안전성 확보에 필요한 조치를 하지 아니하여 영상정보를 분실·도난·유출·변조 또는 훼손당한 자는 _____의 징역 또는 _____ 이하의 벌금에 처한다.

(6) 정당한 사유 없이 장기요양기관에 관한 정보를 게시하지 아니하거나 거짓으로 게시한 자에게는 _____ 이하의 과태료를 부과한다.

(7) 폐쇄회로 텔레비전을 설치하지 아니하거나 설치·관리의무를 위반한 자에게는 _____ 이하의 과태료를 부과한다.

(8) 업무수행 중 알게 된 비밀을 누설한 자는 _____의 징역 또는 _____ 이하의 벌금에 처한다.

(9) 과태료는 대통령령으로 정하는 바에 따라 관할 특별자치시장·특별자치도지사·_____이 부과·징수한다.

(10) 정당한 사유 없이 행정제재처분을 받았거나 그 절차가 진행 중인 사실을 양수인등에게 지체 없이 알리지 아니한 자에게는 _____ 이하의 과태료를 부과한다.

(11) 본인부담금을 면제 또는 감경하는 행위를 한 자는 _____의 징역 또는 _____ 이하의 벌금에 처한다.

(12) 범죄의 수사와 공소의 제기 및 유지, 법원의 재판업무 수행을 위하여 필요한 경우임에도 열람 요청에 응하지 아니한 자자에게는 _____ 이하의 과태료를 부과한다.

(13) 정당한 사유 없이 _____조치를 하지 아니한 사람은 1년 이하의 징역 또는 1천만 원 이하의 벌금에 처한다.

(14) 정당한 사유 없이 장기요양급여 제공 자료를 기록·관리하지 아니하거나 거짓으로 작성한 사람에게는 _____ 이하의 과태료를 부과한다

(15) 자료제출 명령에 따르지 아니하거나 거짓으로 자료제출을 한 장기요양기관 또는 의료기관이나 질문 또는 검사를 거부·방해 또는 기피하거나 거짓으로 답변한 장기요양기관 또는 의료기관은 _____ 이하의 벌금에 처한다.

정답 및 해설

(1) 장기요양급여, 영상정보
(2) 2년 이하, 2천만 원
(3) 500만 원
(4) 1년 이하, 1천만 원
(5) 2년 이하, 2천만 원

(6) 500만 원
(7) 300만 원
(8) 2년 이하, 2천만 원
(9) 시장·군수·구청장
(10) 500만 원

(11) 2년 이하, 2천만 원
(12) 300만 원
(13) 권익보호
(14) 500만 원
(15) 1천만 원

출제예상문제

1 다음 중 거짓이나 그 밖의 부정한 방법으로 장기요양급여비용을 청구한 자의 벌칙은?

① 1년 이하의 징역 또는 1천만 원 이하의 벌금

② 2년 이하의 징역 또는 2천만 원 이하의 벌금

③ 3년 이하의 징역 또는 3천만 원 이하의 벌금

④ 3년 이하의 징역 또는 5천만 원 이하의 벌금

TIP 거짓이나 그 밖의 부정한 방법으로 장기요양급여비용을 청구한 자는 3년 이하의 징역 또는 3천만 원 이하의 벌금에 처한다〈「노인장기요양보험법」 제67조 제1항 제1호〉.

2 본인부담금을 면제 또는 감경하는 행위를 한 사람에 대한 벌금형이 처해질 경우의 벌금액은?

① 1천만 원 이하   ② 2천만 원 이하

③ 3천만 원 이하   ④ 5천만 원 이하

TIP 2년 이하의 징역 또는 2천만 원 이하의 벌금에 처한다〈「노인장기요양보험법」 제67조 제2항 제3호〉.

3 다음 중 2년 이하의 징역 또는 2천만 원 이하의 벌금에 해당하지 않는 경우는?

① 안전성확보에 필요한 조치를 하지 않아 영상정보를 분실·도난·유출·변조 또는 훼손당한 자

② 업무수행 중 알게 된 비밀을 누설한 자

③ 지정받지 아니하고 장기요양기관을 운영하거나 거짓이나 그 밖의 부정한 방법으로 지정받은 자

④ 정당한 사유 없이 권익보호조치를 하지 아니한 사람

TIP 2년 이하의 징역 또는 2천만 원 이하의 벌금〈「노인장기요양보험법」 제67조 제2항〉
　　㉠ 지정받지 아니하고 장기요양기관을 운영하거나 거짓이나 그 밖의 부정한 방법으로 지정받은 자
　　㉡ 안전성 확보에 필요한 조치를 하지 아니하여 영상정보를 분실·도난·유출·변조 또는 훼손당한 자
　　㉢ 본인부담금을 면제 또는 감경하는 행위를 한 자
　　㉣ 수급자를 소개, 알선 또는 유인하는 행위를 하거나 이를 조장한 자
　　㉤ 업무수행 중 알게 된 비밀을 누설한 자

4 다음 중 1년 이하의 징역 또는 1천만 원 이하의 벌금에 해당하지 않는 사람은?

① 정당한 사유 없이 장기요양급여의 제공을 거부한 자

② 거짓이나 그 밖의 부정한 방법으로 장기요양급여를 받거나 다른 사람으로 하여금 장기요양급여를 받게 한 자

③ 업무수행 중 알게 된 비밀을 누설한 자

④ 수급자가 부담한 비용을 정산하지 아니한 자

> **TIP** 1년 이하의 징역 또는 1천만 원 이하의 벌금〈「노인장기요양보험법」 제67조 제3항〉
> ㉠ 정당한 사유 없이 장기요양급여의 제공을 거부한 자
> ㉡ 거짓이나 그 밖의 부정한 방법으로 장기요양급여를 받거나 다른 사람으로 하여금 장기요양급여를 받게 한 자
> ㉢ 정당한 사유 없이 권익보호조치를 하지 아니한 사람
> ㉣ 수급자가 부담한 비용을 정산하지 아니한 자
> ③은 2년 이하의 징역 또는 2천만 원 이하의 벌금에 처한다〈「노인장기요양보험법」 제67조 제2항 제5호〉.

5 다음에 해당하는 사람 중 징역형 또는 벌금액이 다른 하나는?

> ㉠ 거짓이나 그 밖의 부정한 방법으로 장기요양급여를 받거나 다른 사람으로 하여금 장기요양급여를 받게 한 자
> ㉡ 수급자를 소개, 알선 또는 유인하는 행위를 하거나 이를 조장한 자
> ㉢ 업무수행 중 알게 된 비밀을 누설한 자
> ㉣ 지정받지 아니하고 장기요양기관을 운영하거나 거짓이나 그 밖의 부정한 방법으로 지정받은 자

① ㉠

② ㉡

③ ㉢

④ ㉣

> **TIP** ㉠ 1년 이하의 징역 또는 1천만 원 이하의 벌금에 처한다〈「노인장기요양보험법」 제67조 제3항 제2호〉.
> ㉡㉢㉣ 2년 이하의 징역 또는 2천만 원 이하의 벌금에 처한다〈「노인장기요양보험법」 제67조 제2항〉.

Answer 1.③ 2.② 3.④ 4.③ 5.①

6 노인장기요양보험법상 다음에 해당하는 장기요양기관 또는 의료기관에 대한 벌금으로 옳은 것은?

> ㉠ 자료제출 명령에 따르지 아니하거나 거짓으로 자료제출을 한 장기요양기관 또는 의료기관
> ㉡ 질문 또는 검사를 거부·방해 또는 기피하거나 거짓으로 답변한 장기요양기관 또는 의료기관

① 5백만 원 이하의 벌금   ② 1천만 원 이하의 벌금
③ 1천 5백만 원 이하의 벌금   ④ 2천만 원 이하의 벌금

TIP 1천만 원 이하의 벌금⟨「노인장기요양보험법」 제67조 제4항⟩ … 자료제출 명령에 따르지 아니하거나 거짓으로 자료제출을 한 장기요양기관 또는 의료기관이나 질문 또는 검사를 거부·방해 또는 기피하거나 거짓으로 답변한 장기요양기관 또는 의료기관은 1천만 원 이하의 벌금에 처한다.

7 다음 중 노인장기요양보험법상 500만 원 이하의 과태료 부과대상으로 옳지 않은 사람은?

① 거짓이나 그 밖의 부정한 방법으로 수급자에게 장기요양급여비용을 부담하게 한 자
② 장기요양급여 제공자료를 기록·관리하지 아니하거나 거짓으로 작성한 사람
③ 거짓으로 장기요양급여를 받거나 다른 사람으로 하여금 장기요양급여를 받게 한 자
④ 장기요양기관에 관한 정보를 게시하지 아니하거나 거짓으로 게시한 자

TIP ③ 1년 이하의 징역 또는 1천만 원 이하의 벌금에 처한다⟨「노인장기요양보험법」 제67조 제3항 제2호⟩.

8 노인장기요양보험법상 다음 중에서 징역형이나 벌금형이 가장 높은 경우는?

① 장기요양기관 지정을 받지 않고 장기요양기관을 운영한 자
② 다른 사람으로 하여금 장기요양급여를 받게 한 자
③ 본인부담금을 감경하는 행위를 한 자
④ 부정한 방법으로 장기요양급여비용을 청구한 자

TIP ④ 3년 이하의 징역 또는 3천만 원 이하의 벌금⟨「노인장기요양보험법」 제67조 제1항 제1호⟩
① 2년 이하의 징역 또는 2천만 원 이하의 벌금⟨「노인장기요양보험법」 제67조 제2항 제1호⟩
② 1년 이하의 징역 또는 1천만 원 이하의 벌금⟨「노인장기요양보험법」 제67조 제3항 제2호⟩
③ 2년 이하의 징역 또는 2천만 원 이하의 벌금⟨「노인장기요양보험법」 제67조 제2항 제3호⟩

9 다음 중 500만 원 이하의 과태료 부과대상자로만 묶여진 것은?

> ⊙ 거짓으로 장기요양급여를 받거나 다른 사람으로 하여금 장기요양급여를 받게 한 자
> ⓛ 거짓이나 그 밖의 부정한 방법으로 장기요양급여비용 청구에 가담한 사람
> ⓒ 노인장기요양보험 또는 이와 유사한 용어를 사용한 자
> ⓔ 업무수행 중 알게 된 비밀을 누설한 자
> ⓜ 폐업·휴업 신고 또는 자료이관을 하지 아니하거나 거짓이나 그 밖의 부정한 방법으로 신고한 자

① ⊙ⓛⓒ

② ⊙ⓒⓜ

③ ⓛⓒⓔ

④ ⓛⓒⓜ

TIP 500만 원 이하의 과태료 부과대상자〈「노인장기요양보험법」제69조 제1항〉
  ⊙ 변경지정을 받지 아니하거나 변경신고를 하지 아니한 자 또는 거짓이나 그 밖의 부정한 방법으로 변경지정을 받거나 변경신고를 한 자
  ⓛ 장기요양기관에 관한 정보를 게시하지 아니하거나 거짓으로 게시한 자
  ⓒ 수급자에게 장기요양급여비용에 대한 명세서를 교부하지 아니하거나 거짓으로 교부한 자
  ⓔ 장기요양급여 제공 자료를 기록·관리하지 아니하거나 거짓으로 작성한 사람
  ⓜ 장기요양요원의 보호규정에서 장기요양요원에게 급여외행위의 제공을 요구하는 행위 또는 수급자가 부담하여야 할 본인부담금의 전부 또는 일부를 부담하도록 요구하는 행위를 위반한 자
  ⓗ 장기요양요원의 보호 규정에서 적절한 조치를 하지 아니한 자
  ⓢ 폐업·휴업 신고 또는 자료이관을 하지 아니하거나 거짓이나 그 밖의 부정한 방법으로 신고한 자
  ⓞ 행정제재처분을 받았거나 그 절차가 진행 중인 사실을 양수인등에게 지체 없이 알리지 아니한 자
  ⓩ 거짓이나 그 밖의 부정한 방법으로 수급자에게 장기요양급여비용을 부담하게 한 자
  ⓩ 보고 또는 자료제출 요구·명령에 따르지 아니하거나 거짓으로 보고 또는 자료제출을 한 자나 질문 또는 검사를 거부·방해 또는 기피하거나 거짓으로 답변한 자(장기요양기관 및 의료기관은 제외한다)
  ⓚ 거짓이나 그 밖의 부정한 방법으로 장기요양급여비용 청구에 가담한 사람
  ⓔ 노인장기요양보험 또는 이와 유사한 용어를 사용한 자

10 다음 중 과태료를 부과·징수할 수 있는 사람은?

① 보건복지부장관

② 특별자치시장·특별자치도지사

③ 공단 이사장

④ 장기요양기관장

TIP 과태료 부과·징수〈「노인장기요양보험법」제69조 제3항〉 … 과태료는 대통령령으로 정하는 바에 따라 관할 특별자치시장·특별자치도지사·시장·군수·구청장이 부과·징수한다.

Answer 6.② 7.③ 8.④ 9.④ 10.②

PART

III

단원별 OX문제

01 총칙

02 장기요양보험

03 장기요양인정

04 장기요양급여의 종류

05 장기요양급여의 제공

06 장기요양기관

07 재가 및 시설 급여비용 등

08 장기요양위원회 및 장기요양요원지원센터

09 관리운영기관

10 심사청구 및 재심사청구

11 보칙

12 벌칙

단원점검 O X 문제 **제1장 총칙**

1 노인장기요양보험법은 고령이나 노인성 질병 등의 사유로 일상생활을 혼자서 수행하기 어려운 노인등에게 제공하는 신체활동 또는 가사활동 지원 등의 장기요양급여에 관한 사항을 규정하여 노후의 건강증진 및 생활안정을 도모하고 그 가족의 부담을 덜어줌으로써 국민의 삶의 질을 향상하도록 함을 목적으로 한다. (   )

2 "노인등"이란 65세 이상의 노인 또는 70세 미만의 자로서 치매·뇌혈관성질환 등 대통령령으로 정하는 노인성 질병을 가진 자를 말한다. (   )

3 "장기요양급여"란 10개월 이상 동안 혼자서 일상생활을 수행하기 어렵다고 인정되는 자에게 신체활동·가사활동의 지원 또는 간병 등의 서비스나 이에 갈음하여 지급하는 현금 등을 말한다. (   )

4 "장기요양요원"이란 장기요양기관에 소속되어 노인등의 신체활동 또는 가사활동 지원 등의 업무를 수행하는 자를 말한다. (   )

5 장기요양급여는 노인등이 자신의 의사와 능력에 따라 최대한 자립적으로 일상생활을 수행할 수 있도록 제공하여야 한다. (   )

6 장기요양급여는 노인등의 심신상태·생활환경과 노인등 및 그 가족의 욕구·선택을 종합적으로 고려하여 필요한 범위 안에서 이를 적정하게 제공하여야 한다. (   )

7 장기요양급여는 노인등이 가족과 함께 생활하면서 가정에서 장기요양을 받는 요양급여를 우선적으로 제공하여야 한다. (   )

8 장기요양급여는 노인등의 심신상태나 건강 등이 악화되지 아니하도록 의료서비스와 연계하여 이를 제공하여야 한다. (   )

9 보건복지부장관이 장기요양기본계획을 수립·시행할 경우에는 연도별 장기요양급여 대상인원 및 재원 조달 계획에 대한 사항이 포함되어야 한다. (   )

10 보건복지부장관은 장기요양사업의 실태를 파악하기 위하여 5년마다 장기요양기관에 관한 사항 등의 조사를 정기적으로 실시하고 그 결과를 공표하여야 한다. (   )

11 실태조사의 방법과 내용 등에 필요한 사항은 보건복지부령으로 정한다. (   )

ANSWER 1.O 2.X 3.X 4.O 5.O 6.O 7.X 8.O 9.O 10.X 11.O

단 원 점 검 O X 문 제 제2장 장기요양보험

1 노인장기요양보험법상 장기요양보험사업은 국민건강보험공단이 관장한다. (　　)

2 노인장기요양보험법상 장기요양보험사업의 보험자는 공단으로 한다. (　　)

3 공단은 「외국인근로자의 고용 등에 관한 법률」에 따른 외국인근로자 등 대통령령으로 정하는 외국인이 신청하는 경우 보건복지부령으로 정하는 바에 따라 장기요양보험가입자에서 제외할 수 있다. (　　)

4 공단은 장기요양보험료는 건강보험료와 분리하여 징수한다. (　　)

5 공단은 장기요양사업에 사용되는 비용에 충당하기 위하여 장기요양보험료를 징수한다. (　　)

6 공단은 통합 징수한 장기요양보험료와 건강보험료를 각각의 통합회계로 관리하여야 한다. (　　)

7 장기요양보험료는 산정한 보험료액에서 경감 또는 면제되는 비용을 공제한 금액에 건강보험료율 대비 장기요양보험료율의 비율을 곱하여 산정한 금액으로 한다. (　　)

8 장기요양보험료율은 장기요양위원회의 심의를 거쳐 대통령령으로 정한다. (　　)

9 장기요양보험의 특성을 고려하여 경감 또는 면제되는 비용을 달리 적용할 필요가 있는 경우에는 보건복지부령으로 정하는 바에 따라 경감 또는 면제되는 비용의 공제 수준을 달리 정할 수 있다. (　　)

10 공단은 장애인 또는 이와 유사한 자로서 대통령령으로 정하는 자가 장기요양보험가입자 또는 그 피부양자인 경우 수급자로 결정되지 못한 때 대통령령으로 정하는 바에 따라 장기요양보험료의 전부 또는 일부를 감면할 수 있다. (　　)

ANSWER 1.× 2.○ 3.○ 4.× 5.○ 6.× 7.○ 8.○ 9.× 10.○

1 장기요양인정을 신청할 수 있는 자는 노인등으로서 장기요양보험가입자 또는 그 피부양자 또는 의료급여수급권자에 해당하는 자격을 갖추어야 한다. (   )

2 장기요양인정을 신청하는 자는 공단에 보건복지부령으로 정하는 바에 따라 장기요양인정신청서에 의사 또는 한의사가 발급하는 의사소견서를 첨부하여 제출하여야 한다. (   )

3 거동이 현저하게 불편하거나 도서·벽지 지역에 거주하여 의료기관을 방문하기 어려운 자 등 보건복지부령령으로 정하는 자는 의사소견서를 제출하지 아니할 수 있다. (   )

4 공단은 장기요양인정 신청서를 접수한 후 조사하는 경우 3명 이상의 소속 직원이 조사할 수 있도록 노력하여야 하며, 조사를 하는 자는 조사일시, 장소 및 조사를 담당하는 자의 인적사항 등을 미리 신청인에게 통보하여야 한다. (   )

5 공단은 장기요양인정 신청 따른 조사가 완료된 때 조사결과서, 신청서, 의사소견서, 그 밖에 심의에 필요한 자료를 등급판정위원회에 제출하여야 한다. (   )

6 등급판정위원회는 신청인이 장기요양인정 신청자격요건을 충족하고 3개월 이상 동안 혼자서 일상생활을 수행하기 어렵다고 인정하는 경우 심신상태 및 장기요양이 필요한 정도 등 대통령령으로 정하는 등급판정기준에 따라 수급자로 판정한다. (   )

7 등급판정위원회는 장기요양인정에 대한 심의·판정을 하는 때 신청인과 그 가족, 의사소견서를 발급한 의사 등 관계인의 의견을 들을 수 있다. (   )

8 등급판정위원회는 제출된 조사 결과를 토대로 다시 수급자 등급을 조정하고 수급자 여부를 판정할 수 있다. (   )

9 등급판정위원회는 신청인이 신청서를 제출한 날부터 30일 이내에 장기요양등급판정을 완료하여야 한다. 다만, 신청인에 대한 정밀조사가 필요한 경우 등 기간 이내에 등급판정을 완료할 수 없는 부득이한 사유가 있는 경우 60일 이내의 범위에서 이를 연장할 수 있다. (   )

10 공단은 등급판정위원회가 장기요양인정심의 및 등급판정기간을 연장하고자 하는 경우 신청인 및 대리인에게 그 내용·사유 및 기간을 통보하여야 한다. (   )

ANSWER 1.○ 2.○ 3.× 4.× 5.○ 6.× 7.○ 8.○ 9.× 10.○

11 공단은 등급판정위원회가 장기요양인정 및 등급판정의 심의를 완료한 경우 지체 없이 장기요양인정서를 작성하여 수급자에게 송부하여야 한다. (   )

12 공단은 장기요양인정서를 송부하는 때 장기요양급여를 원활히 이용할 수 있도록 연간 한도액 범위 안에서 개인별장기요양이용계획서를 작성하여 이를 함께 송부하여야 한다. (   )

13 장기요양인정서 및 개인별장기요양이용계획서의 작성방법에 관하여 필요한 사항은 보건복지부령으로 정한다. (   )

14 장기요양인정의 유효기간은 최소 1년 이상으로서 대통령령으로 정하고, 유효기간의 산정방법과 그 밖에 필요한 사항은 대통령령으로 정한다. (   )

15 수급자는 장기요양인정의 유효기간이 만료된 후 장기요양급여를 계속하여 받고자 하는 경우 공단에 장기요양인정의 갱신을 신청하여야 하며, 장기요양인정의 갱신 신청은 유효기간이 만료되기 전 30일까지 이를 완료하여야 한다. (   )

16 장기요양급여를 받고 있는 수급자는 장기요양등급, 장기요양급여의 종류 또는 내용을 변경하여 장기요양급여를 받고자 하는 경우 해당 지방자치단체에 변경신청을 하여야 한다. (   )

17 장기요양급여를 받고자 하는 자 또는 수급자가 신체적·정신적인 사유로 노인장기요양보험법에 따른 장기요양인정의 신청, 장기요양인정의 갱신신청 또는 장기요양등급의 변경신청 등을 직접 수행할 수 없을 때 본인의 가족이나 친족, 그 밖의 이해관계인은 이를 대리할 수 있다. (   )

18 장기요양급여를 받고자 하는 자 또는 수급자가 장기요양인정신청 등을 할 수 없는 경우 특별자치시장·특별자치도지사·시장·군수·구청장이 지정하는 자는 이를 대리할 수 있다. (   )

19 사회복지전담공무원 또는 치매안심센터의 장은 관할 지역 안에 거주하는 사람 중 장기요양급여를 받고자 하는 사람 또는 수급자가 장기요양인정신청 등을 직접 수행할 수 없을 때 본인 또는 가족의 동의를 받아 그 신청을 대리할 수 있다. (   )

20 장기요양급여를 받고자 하는 자 또는 수급자가 장기요양인정신청 등을 할 수 없는 경우 특별자치시장·특별자치도지사·시장·군수·구청장이 지정하는 자는 이를 대리할 수 있다. (   )

21 장기요양인정신청 등의 방법 및 절차 등에 관하여 필요한 사항은 대통령령으로 정한다. (   )

22 장기요양인정서 및 개인별장기요양이용계획서의 작성방법에 관하여 필요한 사항은 보건복지부령으로 정한다. (   )

ANSWER 11.○ 12.× 13.○ 14.× 15.○ 16.× 17.○ 18.○ 19.○ 20.○ 21.× 22.○

1 노인장기요양보험법에 따른 장기요양급여는 재가급여, 시설급여, 특별현금급여가 있다. ( )

2 "시설급여"란 장기요양기관에 장기간 입소한 수급자에게 신체활동 지원 및 심신기능의 유지·향상을 위한 교육·훈련 등을 제공하는 장기요양급여를 말한다. ( )

3 수급자를 하루 중 일정한 시간 동안 장기요양기관에 보호하여 신체활동 지원 및 심신기능의 유지·향상을 위한 교육·훈련 등을 제공하는 장기요양급여를 재가급여 중 "단기보호"라 한다. ( )

4 재가급여에서 "방문요양"은 장기요양요원이 수급자의 가정 등을 방문하여 신체활동 및 가사활동 등을 지원하는 장기요양급여를 말한다. ( )

5 재가급여는 방문요양, 방문간호, 주·야간보호, 단기보호, 기타재가급여 등 5종류가 있다. ( )

6 특별현금급여로는 가족요양비, 특례요양비, 요양병원간병비가 있다. ( )

7 "기타재가급여"는 수급자의 일상생활·신체활동 지원 및 인지기능의 유지·향상에 필요한 용구를 제공하거나 가정을 방문하여 재활에 관한 지원 등을 제공하는 장기요양급여로서 대통령령으로 정하는 것을 말한다. ( )

8 장기요양급여를 제공할 수 있는 장기요양기관의 종류 및 기준과 장기요양급여 종류별 장기요양요원의 범위·업무·보수교육 등에 관하여 필요한 사항은 대통령령으로 정한다. ( )

9 장기요양기관은 재가급여 전부 또는 일부를 통합하여 제공하는 통합재가서비스를 제공할 수 있다. 통합재가서비스를 제공하는 장기요양기관은 보건복지부령으로 정하는 기준을 준수하여야 한다. ( )

10 공단은 신체·정신 또는 성격 등 대통령령으로 정하는 사유로 인하여 가족 등으로부터 장기요양을 받아야 하는 자는 수급자가 가족 등으로부터 방문요양에 상당한 장기요양급여를 받은 때 보건복지부령으로 정하는 기준에 따라 해당 수급자에게 가족요양비를 지급할 수 있다. ( )

11 공단은 수급자가 장기요양기관이 아닌 노인요양시설 등의 기관 또는 시설에서 재가급여 또는 시설급여에 상당한 장기요양급여를 받은 경우 대통령령으로 정하는 기준에 따라 해당 장기요양급여비용의 일부를 해당 수급자에게 특례요양비로 지급할 수 있다. ( )

ANSWER 1.O 2.O 3.× 4.O 5.× 6.O 7.O 8.O 9.O 10.× 11.O

단 원 점 검 O X 문 제 **제5장 장기요양급여의 제공**

1 수급자는 장기요양인정서와 개인별장기요양이용계획서가 도달한 날부터 장기요양급여를 받을 수 있다. (   )

2 수급자는 돌볼 가족이 없는 경우 등 대통령령으로 정하는 사유가 있는 경우 신청서를 제출한 날부터 장기요양인정서가 도달되는 날까지의 기간 중에도 장기요양급여를 받을 수 있다. (   )

3 수급자는 장기요양급여를 받으려면 장기요양기관에 장기요양인정서와 개인별장기요양이용계획서를 제시하여야 한다. (   )

4 장기요양급여 인정 범위와 절차, 장기요양급여 제공계획서 작성절차에 관한 구체적인 사항 등은 보건복지부령으로 정한다. (   )

5 공단은 특별현금급여를 받는 수급자의 신청이 있는 경우에는 특별현금급여를 수급자 명의의 지정된 계좌(이하 "특별현금급여수급계좌"라 한다)로 입금하여야 한다. 다만, 정보통신장애나 그 밖에 대통령령으로 정하는 불가피한 사유로 특별현금급여수급계좌로 이체할 수 없을 때에는 현금 지급 등 대통령령으로 정하는 바에 따라 특별현금급여를 지급할 수 있다. (   )

6 특별현금급여수급계좌가 개설된 금융기관은 특별현금급여만이 특별현금급여수급계좌에 입금되도록 관리하여야 한다. (   )

7 장기요양급여는 연간 한도액 범위 안에서 제공한다. 이 경우 월 한도액은 장기요양등급 및 장기요양급여의 종류 등을 고려하여 산정한다. (   )

8 장기요양급여의 월 한도액의 산정기준 및 방법, 그 밖에 필요한 사항은 보건복지부령으로 정한다. (   )

9 수급자 또는 장기요양기관은 장기요양급여를 제공받거나 제공할 경우 급여외행위를 요구하거나 제공하여서는 아니 되며, 급여외행위의 범위 등에 관한 구체적인 사항은 보건복지부령으로 정한다. (   )

10 공단은 장기요양급여를 받고 있거나 받을 수 있는 자가 장기요양기관이 거짓이나 그 밖의 부정한 방법으로 장기요양급여비용을 받는 데에 가담한 경우 장기요양급여를 중단하거나 2년의 범위에서 장기요양급여의 횟수 또는 제공 기간을 제한할 수 있다. (   )

11 장기요양급여의 중단 및 제한 기준과 그 밖에 필요한 사항은 보건복지부령으로 정한다. (   )

ANSWER 1.○ 2.○ 3.○ 4.× 5.○ 6.○ 7.× 8.○ 9.○ 10.× 11.○

단원점검OX문제 제6장 장기요양기관

1 재가급여 또는 시설급여를 제공하는 장기요양기관을 운영하려는 자는 보건복지부령으로 정하는 장기요양에 필요한 시설 및 인력을 갖추어 소재지를 관할 구역으로 하는 시장·군수·구청장으로부터 지정을 받아야 한다. (   )

2 장기요양기관으로 지정을 받을 수 있는 시설은 「노인복지법」에 따른 노인복지시설 중 보건복지부령으로 정하는 시설로 한다. (   )

3 특별자치시장·특별자치도지사·시장·군수·구청장은 장기요양기관을 지정한 때 지체 없이 지정 명세를 보건복지부에 통보하여야 한다. (   )

4 재가급여를 제공하는 장기요양기관 중 의료기관이 아닌 자가 설치·운영하는 장기요양기관이 방문간호를 제공하는 경우에는 방문간호의 관리책임자로서 간호사를 둔다. (   )

5 미성년자, 피성년후견인 또는 피한정후견인은 장기요양기관으로 지정받을 수 없다. (   )

6 금고 이상의 실형을 선고받고 그 집행이 종료되거나 집행이 면제된 날부터 10년이 경과되지 아니한 사람은 장기요양기관으로 지정받을 수 없다. (   )

7 장기요양기관 지정의 유효기간은 지정을 받은 날부터 5년으로 한다. (   )

8 장기요양기관의 장은 지정의 유효기간이 끝난 후에도 계속하여 그 지정을 유지하려는 경우에는 소재지를 관할구역으로 하는 특별자치시장·특별자치도지사·시장·군수·구청장에게 지정 유효기간이 끝나기 90일 전까지 지정 갱신을 신청하여야 한다. (   )

9 장기요양기관의 장은 시설 및 인력 등 중요한 사항을 변경하려는 경우에는 보건복지부령으로 정하는 바에 따라 특별자치시장·특별자치도지사·시장·군수·구청장의 변경지정을 받아야 한다. (   )

10 국가 또는 지방자치단체는 폐쇄회로 텔레비전 설치비의 전부 또는 일부를 지원할 수 있으며, 장기요양기관을 운영하는 자는 폐쇄회로 텔레비전에 기록된 영상정보를 60일 이상 보관하여야 한다. (   )

11 폐쇄회로 텔레비전을 설치·관리하는 자는 범죄의 수사와 공소의 제기 및 유지, 법원의 재판업무 수행을 위하여 필요한 경우에는 영상정보를 열람하게 할 수 있다. (   )

ANSWER 1.○ 2.× 3.× 4.○ 5.○ 6.× 7.× 8.○ 9.○ 10.○ 11.○

12 장기요양기관은 수급자가 장기요양급여를 쉽게 선택하도록 하고 장기요양기관이 제공하는 급여의 질을 보장하기 위하여 장기요양기관별 급여의 내용, 시설·인력 등 현황자료 등을 공단이 운영하는 인터넷 홈페이지에 게시하여야 한다. (　　)

13 장기요양기관은 수급자로부터 장기요양급여신청을 받은 때 장기요양급여의 제공을 거부하여서는 아니 된다. 다만, 입소정원에 여유가 없는 경우 등 정당한 사유가 있는 경우는 그러하지 아니하다. (　　)

14 장기요양기관의 장은 공단정관으로 정하는 장기요양기관 재무·회계기준에 따라 장기요양기관을 투명하게 운영하여야 한다. (　　)

15 대통령령으로 정하는 장기요양기관을 운영하는 자와 그 종사자는 인권교육을 받아야 한다. (　　)

16 공단은 장기요양기관이 전문인 배상책임보험에 가입하지 않은 경우 그 기간 동안 해당 장기요양기관에 지급하는 장기요양급여비용의 일부를 증액할 수 있다. (　　)

17 장기요양기관의 장은 폐업하거나 휴업하고자 하는 경우 폐업이나 휴업 예정일 전 30일까지 특별자치시장·특별자치도지사·시장·군수·구청장에게 신고하여야 한다. (　　)

18 특별자치시장·특별자치도지사·시장·군수·구청장은 장기요양기관의 장이 유효기간이 끝나기 30일 전까지 지정 갱신 신청을 하지 아니하는 경우 그 사실을 공단에 통보하여야 한다. (　　)

19 특별자치시장·특별자치도지사·시장·군수·구청장은 장기요양기관 재무·회계기준을 위반한 장기요양기관에 대하여 3개월 이내의 범위에서 일정한 기간을 정하여 시정을 명할 수 있다. (　　)

20 장기요양기관이 거짓이나 그 밖의 부정한 방법으로 지정을 받은 경우에는 지정을 취소한다. (　　)

21 특별자치시장·특별자치도지사·시장·군수·구청장은 장기요양기관이 지정기준에 적합하지 아니한 경우 그 지정을 취소하거나 6개월의 범위에서 업무정지를 명할 수 있다. (　　)

22 특별자치시장·특별자치도지사·시장·군수·구청장은 업무정지명령을 하였을 경우 그 업무정지가 해당 장기요양기관을 이용하는 수급자에게 심한 불편을 줄 우려가 있는 등 보건복지부장관이 정하는 특별한 사유가 있다고 인정되는 경우에는 업무정지명령을 갈음하여 2억 원 이하의 과징금을 부과할 수 있다. (　　)

23 과징금을 부과하는 위반행위의 종류 및 위반의 정도 등에 따른 과징금의 금액과 과징금의 부과절차 등에 필요한 사항은 보건복지부령으로 정한다. (　　)

ANSWER 12.○ 13.○ 14.× 15.○ 16.× 17.○ 18.○ 19.× 20.○ 21.○ 22.○ 23.×

1 장기요양기관은 수급자에게 재가급여 또는 시설급여를 제공한 경우 공단에 장기요양급여비용을 청구하여야 한다. (   )

2 공단은 장기요양기관으로부터 재가 또는 시설 급여비용의 청구를 받은 경우 이를 심사하여 그 내용을 심사평가원에 통보하여야 한다. (   )

3 공단은 장기요양기관의 장기요양급여평가 결과에 따라 장기요양급여비용을 가산 또는 감액조정하여 지급할 수 있다. (   )

4 공단은 장기요양급여비용을 심사한 결과 수급자가 낸 본인부담금이 통보한 본인부담금보다 더 많으면 두 금액 간의 차액을 장기요양기관에 지급할 금액에서 공제하여 수급자에게 지급하여야 한다. (   )

5 보건복지부장관은 매년 급여종류 및 장기요양등급 등에 따라 장기요양위원회의 심의를 거쳐 다음 연도의 재가 및 시설 급여비용과 특별현금급여의 지급금액을 정하여 고시하여야 한다. (   )

6 재가 및 시설 급여비용과 특별현금급여의 지급금액의 구체적인 산정방법 및 항목 등에 관하여 필요한 사항은 대통령령으로 정한다. (   )

7 특별현금급여를 받는 자는 대통령령으로 정하는 바에 따라 비용의 일부를 본인이 부담한다. 이 경우 장기요양급여를 받는 수급자의 장기요양등급, 이용하는 장기요양급여의 종류 및 수준 등에 따라 본인부담의 수준을 달리 정할 수 있다. (   )

8 수급자 중 「국민기초생활 보장법」에 따른 의료급여 수급자는 본인부담금을 부담하지 아니한다. (   )

9 소득·재산 등이 보건복지부장관이 정하여 고시하는 일정 금액 이하인 자에 대해서는 본인부담금의 100분의 30의 범위에서 보건복지부장관이 정하는 바에 따라 차등하여 감경할 수 있다. (   )

10 방문간호지시서를 발급하는데 사용되는 비용, 비용부담방법 및 비용 청구·지급절차 등에 관하여 필요한 사항은 보건복지부령으로 정한다. (   )

11 공단은 장기요양급여를 받은 자가 제3자로부터 이미 손해배상을 받은 때 그 손해배상액의 한도 안에서 장기요양급여를 행한다. (   )

ANSWER 1.○ 2.× 3.○ 4.○ 5.○ 6.× 7.× 8.○ 9.× 10.○ 11.×

1 장기요양위원회는 보건복지부장관 소속으로 둔다. (　　　)

2 장기요양위원회가 심의해야 할 사항은 장기요양보험료율, 가족요양비, 특례요양비 및 요양병원간병비의 지급기준, 재가 및 시설 급여비용, 그 밖에 대통령령으로 정하는 주요 사항 등이 있다. (　　　)

3 장기요양위원회는 위원장 1인, 부위원장 1인을 포함한 16인 이상 25인 이하의 위원으로 구성한다. (　　　)

4 장기요양기관 또는 의료계를 대표하는 자를 장기요양위원회의 위원으로 위촉할 수 있다. (　　　)

5 장기요양위원회의 위원은 보건복지부장관이 임명 또는 위촉한다. (　　　)

6 장기요양위원회의 위원장은 보건복지부장관이 되고, 부위원장은 위원 중에서 위원장이 지명한다. (　　　)

7 장기요양위원회 위원의 임기는 2년으로 한다. 다만, 공무원인 위원의 임기는 재임기간으로 한다. (　　　)

8 장기요양위원회 회의는 구성원 과반수의 출석으로 개의하고 출석위원 과반수의 찬성으로 의결한다. (　　　)

9 장기요양요원의 역량강화를 위한 교육지원은 장기요양요원지원센터의 업무 중 하나이다. (　　　)

10 노인장기요양보험법에서 정한 것 외에 장기요양위원회의 구성·운영, 그 밖에 필요한 사항은 보건복지부령으로 정한다. (　　　)

11 공단은 장기요양요원의 권리를 보호하기 위해 장기요양요원지원센터를 설치·운영할 수 있다. (　　　)

12 장기요양요원지원센터는 장기요양요원의 권리 침해에 관한 상담 및 지원을 하는 업무를 한다. (　　　)

13 장기요양요원지원센터는 장기요양요원에 대한 건강검진 등 건강관리를 위한 사업을 시행한다. (　　　)

14 장기요양요원지원센터의 설치·운영 등에 필요한 사항은 보건복지부령으로 정하는 바에 따라 해당 지방자치단체의 조례로 정한다. (　　　)

ANSWER 1.○ 2.○ 3.× 4.○ 5.○ 6.× 7.× 8.○ 9.○ 10.× 11.× 12.○ 13.○ 14.○

단원점검OX문제 제9장 관리운영기관

1 장기요양사업의 관리운영기관은 보건복지부로 한다. (　　)

2 공단은 장기요양기관을 설치할 때 노인인구 및 지역특성 등을 고려한 지역 간 불균형 해소를 고려하여야 하고, 설치 목적에 필요한 최소한의 범위에서 이를 설치·운영하여야 한다. (　　)

3 공단은 공단의 조직 등에 관한 규정을 정할 때 장기요양사업을 수행하기 위하여 두는 조직 등을 건강보험사업을 수행하는 조직 등과 구분하여 따로 두어야 한다. (　　)

4 공단은 장기요양사업에 대하여 독립회계를 설치·운영하여야 한다. (　　)

5 공단은 회계연도마다 결산상의 잉여금 중에서 그 연도의 장기요양급여에 든 비용의 100분의 5 이상에 상당하는 금액을 그 연도에 든 비용의 100분의 30에 이를 때까지 준비금으로 적립하여야 한다. (　　)

6 장기요양인정 및 장기요양등급 판정 등을 심의하기 위하여 공단에 장기요양등급판정위원회를 둔다. (　　)

7 등급판정위원회는 위원장 1인을 포함하여 20인의 위원으로 구성하고, 위원은 공단 이사장이 위촉한다. (　　)

8 등급판정위원회 위원의 임기는 3년으로 하되, 한 차례만 연임할 수 있다. 다만, 공무원인 위원의 임기는 재임기간으로 한다. (　　)

9 등급판정위원회 위원장은 위원 중에서 특별자치시장·특별자치도지사·시장·군수·구청장이 위촉하고, 등급판정위원회 회의는 구성원 과반수의 출석으로 개의하고 출석위원 과반수의 찬성으로 의결한다. (　　)

10 급여심사위원회는 위원장 1명을 포함하여 13명 이하의 위원으로 구성한다. (　　)

11 급여심사위원회의 구성·운영, 그 밖에 필요한 사항은 대통령령으로 정한다. (　　)

12 공단은 장기요양기관이 제공하는 장기요양급여 내용을 지속적으로 관리·평가하여 장기요양급여의 수준이 향상되도록 노력하여야 한다. (　　)

ANSWER 1.✕ 2.○ 3.○ 4.○ 5.✕ 6.○ 7.✕ 8.○ 9.○ 10.✕ 11.○ 12.○

1 장기요양인정 · 장기요양등급 · 장기요양급여 · 부당이득 · 장기요양급여비용 또는 장기요양보험료 등에 관한 공단의 처분에 이의가 있는 자는 공단에 심사청구를 할 수 있다. (   )

2 심사청구는 그 처분이 있음을 안 날부터 90일 이내에 문서(전자문서를 포함한다)로 하여야 하며, 처분이 있은 날부터 120일을 경과하면 이를 제기하지 못한다. 다만, 정당한 사유로 그 기간에 심사청구를 할 수 없었음을 증명하면 그 기간이 지난 후에도 심사청구를 할 수 있다. (   )

3 심사청구 사항을 심사하기 위하여 공단에 장기요양심사위원회를 둔다. (   )

4 심사위원회는 위원장 1명을 포함한 30명 이내의 위원으로 구성한다. (   )

5 노인장기요양보험법에서 정한 것 외에 심사위원회의 구성 · 운영, 그 밖에 필요한 사항은 대통령령으로 정한다. (   )

6 심사청구에 대한 결정에 불복하는 사람은 그 결정통지를 받은 날부터 90일 이내에 장기요양재심사위원회(이하 "재심사위원회"라 한다)에 재심사를 청구할 수 있다. (   )

7 재심사위원회는 보건복지부장관 소속이며, 위원장 1인을 포함한 20인 이내의 위원으로 구성한다. (   )

8 재심사위원회의 위원은 관계 공무원, 법학, 그 밖에 장기요양사업 분야의 학식과 경험이 풍부한 자 중에서 보건복지부장관이 임명 또는 위촉한다. 이 경우 공무원이 아닌 위원이 전체 위원의 과반수가 되도록 하여야 한다. (   )

9 재심사위원회의 구성 · 운영 등 그 밖에 필요한 사항은 보건복지부령으로 정한다. (   )

10 재심사위원회의 재심사에 관한 절차에 관하여는 행정심판법을 준용한다. (   )

11 재심사청구 사항에 대한 재심사위원회의 재심사를 거친 경우에는 행정심판법에 따른 행정심판을 청구할 수 없다. (   )

12 공단의 처분에 이의가 있는 자와 심사청구 또는 재심사청구에 대한 결정에 불복하는 자는 행정소송법으로 정하는 바에 따라 행정소송을 제기할 수 있다. (   )

ANSWER 1.○ 2.× 3.○ 4.× 5.○ 6.○ 7.○ 8.○ 9.× 10.○ 11.○ 12.○

1 국가는 매년 예산의 범위 안에서 해당 연도 장기요양보험료 예상수입액의 100분의 50에 상당하는 금액을 공단에 지원한다. (　　)

2 지방자치단체가 부담하는 금액은 보건복지부령으로 정하는 바에 따라 특별시 · 광역시 · 특별자치시 · 도 · 특별자치도와 시 · 군 · 구가 분담하며, 지방자치단체의 부담액 부과, 징수 및 재원관리, 그 밖에 필요한 사항은 대통령령으로 정한다. (　　)

3 국가와 지방자치단체는 대통령령으로 정하는 바에 따라 의료급여수급권자의 장기요양급여비용, 의사소견서 발급비용, 방문간호지시서 발급비용 중 공단이 부담하여야 할 비용 및 관리운영비의 전액을 부담한다. (　　)

4 장기요양사업에 관련된 각종 서류의 기록, 관리 및 보관은 대통령령으로 정하는 바에 따라 전자문서로 한다. (　　)

5 공단은 장기요양급여 제공내용 확인, 장기요양급여의 관리 · 평가 및 장기요양보험료 산정 등 장기요양사업 수행에 필요하다고 인정할 때 장기요양보험가입자 또는 그 피부양자 및 의료급여수급권자, 수급자, 장기요양기관 및 의료기관 등에게 자료의 제출을 요구할 수 있다. (　　)

6 보건복지부장관, 특별시장 · 광역시장 · 도지사 또는 특별자치시장 · 특별자치도지사 · 시장 · 군수 · 구청장은 장기요양보험가입자, 피부양자, 의료급여수급권자에게 보수 · 소득이나 그 밖에 보건복지부령으로 정하는 사항의 보고 또는 자료의 제출을 명하거나 소속 공무원으로 하여금 관계인에게 질문을 하게 하거나 관계 서류를 검사하게 할 수 있다. (　　)

7 보건복지부장관, 특별시장 · 광역시장 · 도지사 또는 특별자치시장 · 특별자치도지사 · 시장 · 군수 · 구청장은 보고 또는 자료제출 명령이나 질문 또는 검사 업무를 효율적으로 수행하기 위하여 필요한 경우에는 공단에 행정응원(行政應援)을 요청할 수 있다. (　　)

8 질문 또는 검사의 절차 · 방법 등에 관하여는 이 법에서 정하는 사항을 제외하고는 「행정법」에서 정하는 바에 따른다. (　　)

9 가족요양비 · 특례요양비 및 요양병원간병비와 관련된 급여를 제공한 자는 업무수행 중 알게 된 비밀을 누설하여서는 아니 된다. (　　)

ANSWER 1.× 2.○ 3.○ 4.× 5.○ 6.○ 7.○ 8.× 9.○

1 녹음기능을 사용하거나 보건복지부령으로 정하는 저장장치 이외의 장치 또는 기기에 영상정보를 저장한 자는 3년 이하의 징역 또는 3천만 원 이하의 벌금에 처한다. (   )

2 수급자가 부담한 비용을 정산하지 아니한 자는 1년 이하의 징역 또는 1천만 원 이하의 벌금에 처한다. (   )

3 지정받지 아니하고 장기요양기관을 운영하거나 거짓이나 그 밖의 부정한 방법으로 지정받은 자는 2년 이하의 징역 또는 2천만 원 이하의 벌금에 처한다. (   )

4 정당한 사유 없이 변경지정을 받지 아니하거나 변경신고를 하지 아니한 자 또는 거짓이나 그 밖의 부정한 방법으로 변경지정을 받거나 변경신고를 한 자에게는 300만 원 이하의 과태료를 부과한다. (   )

5 수급자를 소개, 알선 또는 유인하는 행위를 하거나 이를 조장한 자는 2년 이하의 징역 또는 2천만 원 이하의 벌금에 처한다. (   )

6 폐쇄회로 텔레비전을 설치하지 아니하거나 설치 · 관리의무를 위반한 자에게는 300만 원 이하의 과태료를 부과한다. (   )

7 거짓이나 그 밖의 부정한 방법으로 장기요양급여비용을 청구한 자는 3년 이하의 징역 또는 3천만 원 이하의 벌금에 처한다. (   )

8 정당한 사유 없이 폐업 · 휴업 신고 또는 자료이관을 하지 아니하거나 거짓이나 그 밖의 부정한 방법으로 신고한 자에게는 300만 원 이하의 과태료를 부과한다. (   )

9 업무수행 중 알게 된 비밀을 누설한 자는 2년 이하의 징역 또는 2천만 원 이하의 벌금에 처한다. (   )

10 권익보호조치를 하지 아니한 사람은 1년 이하의 징역 또는 1천만 원 이하의 벌금에 처한다. (   )

11 자료제출 명령에 따르지 아니하거나 거짓으로 자료제출을 한 장기요양기관은 1천만 원 이하의 벌금에 처한다. (   )

12 과태료는 대통령령으로 정하는 바에 따라 보건복지부장관이 부과 · 징수한다. (   )

ANSWER 1.○ 2.○ 3.○ 4.× 5.○ 6.○ 7.○ 8.× 9.○ 10.○ 11.○ 12.×

PART

IV

실전 모의고사

01 제1회 실전 모의고사
02 제2회 실전 모의고사
03 제3회 실전 모의고사
04 제4회 실전 모의고사
05 제5회 실전 모의고사

1 다음 (   ) 안에 알맞은 것은?

> 노인장기요양보험법은 고령이나 노인성 질병 등의 사유로 일상생활을 혼자서 수행하기 어려운 (   )에게 제공하는 신체활동 또는 가사활동 지원 등의 장기요양급여에 관한 사항을 규정하여 (   ) 및 생활안정을 도모하고 그 가족의 부담을 덜어줌으로써 국민의 삶의 질을 향상하도록 함을 목적으로 한다.

① 고령자 – 노인등의 건강관리
② 국민등 – 건전한 환경
③ 노인등 – 노후의 건강증진
④ 수급자 – 건강한 활동

2 다음 용어설명을 잘못 설명하고 있는 것은?

① 노인등 : 60세 이상으로 치매·뇌혈관성질환을 가진 노인을 말한다.
② 장기요양급여 : 6개월 이상 동안 혼자서 일상생활을 수행하기 어렵다고 인정되는 자에게 신체활동·가사활동의 지원 또는 간병 등의 서비스나 이에 갈음하여 지급하는 현금 등을 말한다.
③ 장기요양기관 : 장기요양기관의 지정을 받은 기관으로서 장기요양급여를 제공하는 기관을 말한다.
④ 장기요양요원 : 장기요양기관에 소속되어 노인등의 신체활동 또는 가사활동 지원 등의 업무를 수행하는 자를 말한다.

3 다음 중 국가 및 지방자치단체의 책무 등에 대한 설명으로 옳지 않은 것은?

① 국가 및 지방자치단체는 노인성질환예방사업을 실시하여야 한다.

② 국가는 노인성질환예방사업을 수행하는 지방자치단체와 공단에 대하여 소요되는 비용을 지원할 수 있다.

③ 지방자치단체는 지역의 특성에 맞는 장기요양사업의 표준을 개발·보급할 수 있다.

④ 지방자치단체는 장기요양급여가 원활히 제공될 수 있도록 요양기관에 필요한 재정적 지원을 할 수 있다.

---

1 노인장기요양보험법은 고령이나 노인성 질병 등의 사유로 일상생활을 혼자서 수행하기 어려운 노인등에게 제공하는 신체활동 또는 가사활동 지원 등의 장기요양급여에 관한 사항을 규정하여 노후의 건강증진 및 생활안정을 도모하고 그 가족의 부담을 덜어줌으로써 국민의 삶의 질을 향상하도록 함을 목적으로 한다〈「노인장기요양보험법」제1조〉.

2 ① 노인등이란 65세 이상의 노인 또는 65세 미만의 자로서 치매·뇌혈관성질환 등 대통령령으로 정하는 노인성 질병을 가진 자를 말한다〈「노인장기요양보험법」제2조 제1호〉.

3 ④ 국가 및 지방자치단체는 장기요양급여가 원활히 제공될 수 있도록 공단에 필요한 행정적 또는 재정적 지원을 할 수 있다〈「노인장기요양보험법」제4조 제4항〉.
　① 「노인장기요양보험법」제4조 제1항
　② 「노인장기요양보험법」제4조 제2항
　③ 「노인장기요양보험법」제4조 제6항

🔊 **TIP**　1.③　2.①　3.④

4 다음 설명 중 (   ) 안에 적절한 것은?

> 국가는 장기요양기본계획을 수립·시행함에 있어서 노인뿐만 아니라 (   ) 등 일상생활을 혼자서 수행하기 어려운 모든 국민이 장기요양급여, (   ) 등을 제공받을 수 있도록 노력하고 나아가 이들의 생활안정과 자립을 지원할 수 있는 시책을 강구하여야 한다.

① 독거인 – 사회보장급여
② 장애인 – 신체활동지원서비스
③ 노인성 치매질환 – 노인장기요양급여
④ 뇌혈관성질환 – 사회복지지원서비스

5 다음 중 장기요양기본계획에 대한 설명으로 옳지 않은 것은?

① 장기요양기본계획은 보건복지부장관이 수립·시행한다.
② 장기요양기본계획 5년 단위로 수립·시행하여야 한다.
③ 지방자치단체의 장이 세부시행계획을 수립한다.
④ 장기요양기본계획의 세부시행계획의 수립·시행에 관한 사항은 대통령령으로 정한다.

6 다음 중 장기요양인정의 신청에 대한 설명으로 옳지 않은 것은?

① 장기요양인정 신청인은 공단에 장기요양인정신청서를 제출하여야 한다.
② 장기요양인정을 신청할 때에는 신청서와 의사소견서를 함께 제출하여야 한다.
③ 공단은 신청서가 접수되면 신청인의 심신상태 등을 조사한다.
④ 거동이 현저하게 불편사람은 의사소견서를 제출하지 아니할 수 있다.

7 다음에서 장기요양인정에 대한 설명 중 옳은 것만 모두 고르면?

> ⊙ 장기요양인정서는 등급판정위원회가 장기요양인정 및 등급판정의 심의를 완료한 경우에 공단이 수급자에게 송부하여야 한다.
> ⓛ 장기요양인정의 유효기간은 최소 1년 이상으로 정한다.
> ⓒ 장기요양인정의 갱신 신청은 유효기간이 만료되기 전 30일까지 완료하여야 한다.
> ⓔ 장기요양급여를 받고 있는 수급자는 장기요양등급, 장기요양급여의 종류 또는 내용을 변경하여 장기요양급여를 받고자 하는 경우 공단에 변경신청을 하여야 한다.

① ⊙ⓛ
② ⊙ⓛⓒ
③ ⓛⓒⓔ
④ ⊙ⓛⓒⓔ

---

4 장기요양급여에 관한 국가정책방향 … 국가는 장기요양기본계획을 수립·시행함에 있어서 노인뿐만 아니라 장애인 등 일상생활을 혼자서 수행하기 어려운 모든 국민이 장기요양급여, 신체활동지원서비스 등을 제공받을 수 있도록 노력하고 나아가 이들의 생활안정과 자립을 지원할 수 있는 시책을 강구하여야 한다〈「노인장기요양보험법」 제5조〉.

5 ④ 지방자치단체의 장은 제1항에 따른 장기요양기본계획에 따라 세부시행계획을 수립·시행하여야 한다〈「노인장기요양보험법」 제6조 제2항〉.
①② 「노인장기요양보험법」 제6조 제1항
③ 「노인장기요양보험법」 제6조 제2항

6 ② 장기요양인정을 신청하는 자는 공단에 보건복지부령으로 정하는 바에 따라 장기요양인정신청서에 의사 또는 한의사가 발급하는 소견서(의사소견서)를 첨부하여 제출하여야 한다. 다만, 의사소견서는 공단이 등급판정위원회에 자료를 제출하기 전까지 제출할 수 있다〈「노인장기요양보험법」 제13조 제1항〉.
① 「노인장기요양보험법」 제13조 제1항
③ 「노인장기요양보험법」 제14조 제1항
④ 「노인장기요양보험법」 제13조 제2항

7 ⊙ 「노인장기요양보험법」 제17조 제1항
ⓛ 「노인장기요양보험법」 제19조 제1항
③ 「노인장기요양보험법」 제20조 제2항
④ 「노인장기요양보험법」 제21조 제1항

🔊 **TIP** 4.② 5.④ 6.② 7.④

8 다음에서 설명하고 있는 장기요양급여는?

> 수급자를 하루 중 일정한 시간 동안 장기요양기관에 보호하여 신체활동 지원 및 심신기능의 유지·향상을 위한 교육·훈련 등을 제공하는 장기요양급여를 말한다.

① 시설급여
② 단기보호급여
③ 방문간호급여
④ 주·야간보호급여

9 다음은 장기요양급여의 제한에 관한 설명이다. (　) 안에 알맞은 것은?

> 공단은 장기요양급여를 받고 있거나 받을 수 있는 자가 장기요양기관이 거짓이나 그 밖의 부정한 방법으로 장기요양급여비용을 받는 데에 가담한 경우 장기요양급여를 중단하거나 (　)의 범위에서 장기요양급여의 횟수 또는 제공 기간을 제한할 수 있다.

① 3개월
② 6개월
③ 1년
④ 3년

10 다음에서 장기요양기관 지정시 결격사유에 해당하는 것을 모두 고르면?

> ㉠ 피한정후견인
> ㉡ 파산선고를 받고 복권되지 아니한 사람
> ㉢ 미성년자, 피성년후견인
> ㉣ 금고 이상의 실형을 선고받고 그 집행이 면제된 날부터 2년이 경과되지 아니한 사람
> ㉤ 금고 이상의 형의 집행유예를 선고받고 그 유예기간 중에 있는 사람

① ㉠㉡㉢

② ㉠㉡㉢㉤

③ ㉡㉣㉤㉥

④ ㉠㉡㉢㉣㉤

---

8 ① **시설급여** : 장기요양기관에 장기간 입소한 수급자에게 신체활동 지원 및 심신기능의 유지·향상을 위한 교육·훈련 등을 제공하는 장기요양급여를 말한다〈「노인장기요양보험법」 제23조 제1항 제2호〉.
　② **단기보호급여** : 수급자를 보건복지부령으로 정하는 범위 안에서 일정 기간 동안 장기요양기관에 보호하여 신체활동 지원 및 심신기능의 유지·향상을 위한 교육·훈련 등을 제공하는 장기요양급여를 말한다〈「노인장기요양보험법」 제23조 제1항 제1호 마목〉.
　③ **방문간호급여** : 장기요양요원인 간호사 등이 의사, 한의사 또는 치과의사의 방문간호지시서에 따라 수급자의 가정 등을 방문하여 간호, 진료의 보조, 요양에 관한 상담 또는 구강위생 등을 제공하는 장기요양급여를 말한다〈「노인장기요양보험법」 제23조 제1항 제1호 다목〉.

9 공단은 장기요양급여를 받고 있거나 받을 수 있는 자가 장기요양기관이 거짓이나 그 밖의 부정한 방법으로 장기요양급여비용을 받는 데에 가담한 경우 장기요양급여를 중단하거나 1년의 범위에서 장기요양급여의 횟수 또는 제공 기간을 제한할 수 있다〈「노인장기요양보험법」 제29조 제2항〉.

10 **장기요양기관 결격사유**〈「노인장기요양보험법」 제32조의2〉
　㉠ 미성년자, 피성년후견인 또는 피한정후견인
　㉡ 정신질환자
　㉢ 마약류에 중독된 사람
　㉣ 파산선고를 받고 복권되지 아니한 사람
　㉤ 금고 이상의 실형을 선고받고 그 집행이 종료(집행이 종료된 것으로 보는 경우를 포함)되거나 집행이 면제된 날부터 5년이 경과되지 아니한 사람
　㉥ 금고 이상의 형의 집행유예를 선고받고 그 유예기간 중에 있는 사람
　㉦ 대표자가 ㉠~㉥까지의 규정 중 어느 하나에 해당하는 법인

TIP 8.④ 9.③ 10.②

11 폐쇄회로 텔레비전을 설치·관리하는 자가 정보주체의 권리가 침해되지 아니하도록 준수하여야 하는 사항으로 옳지 않은 것은?

① 노인학대 방지 등 수급자의 안전과 장기요양기관의 보안을 위하여 필요시 목적 외의 용도로 활용하여 사용할 것

② 노인학대 방지 등 수급자의 안전과 장기요양기관의 보안을 위하여 최소한의 영상정보만을 적법하고 정당하게 수집 할 것

③ 수급자 및 장기요양기관 종사자 등 정보주체의 권리가 침해받을 가능성과 그 위험 정도를 고려하여 영상정보를 안전하게 관리할 것

④ 수급자 및 장기요양기관 종사자 등 정보주체의 사생활 침해를 최소화하는 방법으로 영상정보를 처리할 것

12 다음 중 장기요양기관이 폐업을 하려고 한다면 폐업 예정일 전 며칠까지 신고해야 하는가?

① 7일
② 15일
③ 30일
④ 90일

13 다음 중 재가 및 시설 급여비용의 청구 및 지급 등에 대한 설명으로 옳지 않은 것은?

① 장기요양기관은 수급자에게 재가급여나 시설급여를 제공한 경우 공단에 장기요양급여비용을 청구하여야 한다.

② 공단은 장기요양기관의 장기요양급여평가 결과에 따라 장기요양급여비용을 가산하거나 감액조정하여 지급할 수 있다.

③ 공단은 수급자에게 지급할 금액과 수급자가 납부할 징수금과 상계(相計)할 수 없다.

④ 재가 및 시설 급여비용의 심사기준, 장기요양급여비용의 가감지급의 기준, 청구절차, 지급방법 및 지급 보류의 절차·방법 등에 관한 사항은 보건복지부령으로 정한다.

14 다음 중 장기요양위원회에 대한 설명으로 옳지 않은 것은?

① 장기요양위원회는 보건복지부장관 소속이다.

② 장기요양보험료율 등을 심의한다.

③ 위원장 1인, 부위원장 1인을 포함한 15인의 위원으로 구성한다.

④ 장기요양위원회 회의는 구성원 과반수의 출석으로 개의하고 출석위원 과반수의 찬성으로 의결한다.

---

11 **폐쇄회로 텔레비전의 설치 등**〈「노인장기요양보험법」 제33조의2 제2항〉 … 폐쇄회로 텔레비전을 설치·관리하는 자는 수급자 및 장기요양기관 종사자 등 정보주체의 권리가 침해되지 아니하도록 다음의 사항을 준수하여야 한다.
ㄱ 노인학대 방지 등 수급자의 안전과 장기요양기관의 보안을 위하여 최소한의 영상정보만을 적법하고 정당하게 수집하고, 목적 외의 용도로 활용하지 아니하도록 할 것
ㄴ 수급자 및 장기요양기관 종사자 등 정보주체의 권리가 침해받을 가능성과 그 위험 정도를 고려하여 영상정보를 안전하게 관리할 것
ㄷ 수급자 및 장기요양기관 종사자 등 정보주체의 사생활 침해를 최소화하는 방법으로 영상정보를 처리할 것

12 **장기요양기관의 폐업 등의 신고 등** … ① 장기요양기관의 장은 폐업하거나 휴업하고자 하는 경우 폐업이나 휴업 예정일 전 30일까지 특별자치시장·특별자치도지사·시장·군수·구청장에게 신고하여야 한다〈「노인장기요양보험법」 제36조 제1항〉.

13 ③ 공단은 수급자에게 지급하여야 하는 금액을 그 수급자가 납부하여야 하는 장기요양보험료 및 그 밖에 이 법에 따른 징수금과 상계(相計)할 수 있다〈「노인장기요양보험법」 제38조 제5항〉.
① 「노인장기요양보험법」 제38조 제1항
② 「노인장기요양보험법」 제38조 제3항
④ 「노인장기요양보험법」 제38조 제8항

14 ③ **장기요양위원회의 구성** … 장기요양위원회는 위원장 1인, 부위원장 1인을 포함한 16인 이상 22인 이하의 위원으로 구성한다〈「노인장기요양보험법」 제46조 제1항〉.
①② 「노인장기요양보험법」 제45조
④ 「노인장기요양보험법」 제47조 제1항

TIP 11.① 12.③ 13.③ 14.③

15 다음 중 장기요양위원회의 위원으로 임명 또는 위촉할 수 없는 사람은?

① 의료계를 대표하는 사람　　　　② 장기요양기관을 대표하는 사람
③ 약업계를 대표하는 단체　　　　④ 근로자단체를 대표하는 사람

16 다음 중 공단이 관장하는 업무로 옳지 않은 것은?

① 등급판정위원회의 운영 및 장기요양등급 판정
② 장기요양기관을 운영하려는 자의 장기요양급여 제공 이력
③ 장기요양인정서의 작성 및 개인별장기요양이용계획서의 제공
④ 재가 및 시설 급여비용의 심사 및 지급과 특별현금급여의 지급

17 다음 중 국민건강보험법의 공단 정관에 장기요양사업과 관련하여 포함 · 기재할 사항이 아닌 것은?

① 장기요양보험료　　　　　　　　② 장기요양급여
③ 장기요양사업에 관한 예산 및 결산　④ 장기요양급여비용의 심사

18 공단은 다음에 해당하는 자에게 자료 제출을 요구할 수 있다. 다음 중 요구할 수 있는 자료가 아닌 것은?

┌───┐
│ ㉠ 장기요양보험가입자 또는 그 피부양자 및 의료급여수급권자 │
│ ㉡ 수급자, 장기요양기관 및 의료기관   │
└───┘

① 장기요양보험 수급자의 자격 관리
② 장기요양급여의 관리 · 평가
③ 장기요양보험료 산정
④ 장기요양급여 제공내용 확인

15 장기요양위원회 위원의 구성〈「노인장기요양보험법」제46조 제2항〉… 위원장이 아닌 위원은 다음의 사람 중에서 보건복지부장관이 임명 또는 위촉한 자로 하고, 다음에 해당하는 자를 각각 동수로 구성하여야 한다.

    ㉠ 근로자단체, 사용자단체, 시민단체(「비영리민간단체 지원법」제2조에 따른 비영리민간단체를 말한다), 노인단체, 농어업인단체 또는 자영자단체를 대표하는 자

    ㉡ 장기요양기관 또는 의료계를 대표하는 자

    ㉢ 대통령령으로 정하는 관계 중앙행정기관의 고위공무원단 소속 공무원, 장기요양에 관한 학계 또는 연구계를 대표하는 자, 공단 이사장이 추천하는 자

16 ② 「노인장기요양보험법」제31조(장기요양기관의 지정) 제3항 제1호에 관한 내용이다.

    ※ 관리운영기관 등〈「노인장기요양보험법」제48조 제2항〉

      ㉠ 장기요양보험가입자 및 그 피부양자와 의료급여수급권자의 자격관리

      ㉡ 장기요양보험료의 부과·징수

      ㉢ 신청인에 대한 조사

      ㉣ 등급판정위원회의 운영 및 장기요양등급 판정

      ㉤ 장기요양인정서의 작성 및 개인별장기요양이용계획서의 제공

      ㉥ 장기요양급여의 관리 및 평가

      ㉦ 수급자 및 그 가족에 대한 정보제공·안내·상담 등 장기요양급여 관련 이용지원에 관한 사항

      ㉧ 재가 및 시설 급여비용의 심사 및 지급과 특별현금급여의 지급

      ㉨ 장기요양급여 제공내용 확인

      ㉩ 장기요양사업에 관한 조사·연구, 국제협력 및 홍보

      ㉪ 노인성질환예방사업

      ㉫ 이 법에 따른 부당이득금의 부과·징수 등

      ㉬ 장기요양급여의 제공기준을 개발하고 장기요양급여비용의 적정성을 검토하기 위한 장기요양기관의 설치 및 운영

      ㉭ 그 밖에 장기요양사업과 관련하여 보건복지부장관이 위탁한 업무

17 정관에 포함 기재할 사항〈「노인장기요양보험법」제48조 제4항〉… 국민건강보험법 제17조에 따른 공단의 정관은 장기요양사업과 관련하여 다음 사항을 포함·기재한다.

    ㉠ 장기요양보험료

    ㉡ 장기요양급여

    ㉢ 장기요양사업에 관한 예산 및 결산

    ㉣ 그 밖에 대통령령으로 정하는 사항

18 자료의 제출 등〈「노인장기요양보험법」제60조 제1항〉… 공단은 장기요양급여 제공내용 확인, 장기요양급여의 관리·평가 및 장기요양보험료 산정 등 장기요양사업 수행에 필요하다고 인정할 때 다음 각 호의 어느 하나에 해당하는 자에게 자료의 제출을 요구할 수 있다.

    ㉠ 장기요양보험가입자 또는 그 피부양자 및 의료급여수급권자

    ㉡ 수급자, 장기요양기관 및 의료기관

TIP   15.③   16.②   17.④   18.①

19 다음 중 청문을 해야 하는 경우가 아닌 것은?

① 장기요양기관 업무정지명령
② 위반사실 등의 공표
③ 과태료 부과 처분
④ 장기요양급여 제공의 제한 처분

20 다음 중 1년 이하의 징역 또는 1천만 원 이하의 벌금에 처해지는 행위가 아닌 것은?

① 업무수행 중 알게 된 비밀을 누설하였다.
② 정당한 사유 없이 장기요양급여의 제공을 거부하였다.
③ 정당한 사유 없이 권익보호조치를 하지 않았다.
④ 다른 사람으로 하여금 장기요양급여를 받게 하였다.

19 청문〈「노인장기요양보험법」 제63조〉 ··· 특별자치시장 · 특별자치도지사 · 시장 · 군수 · 구청장은 다음의 어느 하나에 해당하는 처분 또는 공표를 하려는 경우에는 청문을 하여야 한다.
    ㉠ 장기요양기관 지정취소 또는 업무정지명령
    ㉡ 위반사실 등의 공표
    ㉢ 장기요양급여 제공의 제한 처분

20 ①은 2년 이하의 징역 또는 2천만 원 이하의 벌금이다〈「노인장기요양보험법」 제67조 제2항〉.
    ※ 1년 이하의 징역 또는 1천만 원 이하의 벌금〈「노인장기요양보험법」 제67조 제3항〉
      ㉠ 정당한 사유 없이 장기요양급여의 제공을 거부한 자
      ㉡ 거짓이나 그 밖의 부정한 방법으로 장기요양급여를 받거나 다른 사람으로 하여금 장기요양급여를 받게 한 자
      ㉢ 정당한 사유 없이 권익보호조치를 하지 아니한 자
      ㉣ 수급자가 부담한 비용을 정산하지 아니한 자

TIP 19.③ 20.①

1　다음 중 노인장기요양보험법에서 사용하는 용어를 설명한 것으로 옳은 것은?

① 노인등이란 63세 이상의 노인 또는 치매·뇌혈관성질환 등 노인성 질병을 가진 자를 말한다.

② 장기요양급여란 3개월 이상 혼자서 일상생활을 수행하기 어렵다고 인정되는 사람에게 간병 등에 지급하는 현금 등을 말한다.

③ 장기요양사업이란 장기요양보험료 등을 재원으로 하여 노인등에게 장기요양급여를 제공하는 사업을 말한다.

④ 장기요양기관이란 장기요양사업 신고를 한 기관으로서 장기요양급여를 제공하는 기관을 말한다.

2　다음에서 장기요양급여 제공의 기본원칙으로 적절한 것을 모두 고르면?

> ㉠ 노인등의 심신상태·생활환경과 노인등 및 그 가족의 욕구·선택을 종합적으로 고려하여 필요한 범위 안에서 이를 적정하게 제공하여야 한다.
> ㉡ 노인등이 자신의 의사와 능력에 따라 최대한 자립적으로 일상생활을 수행할 수 있도록 제공하여야 한다.
> ㉢ 노인등의 심신상태나 건강 등이 악화되지 아니하도록 의료서비스와 연계하여 이를 제공하여야 한다.
> ㉣ 노인등이 가족과 함께 생활하면서 가정에서 장기요양을 받는 재가급여를 우선적으로 제공하여야 한다.

① ㉠㉡

② ㉠㉡㉢

③ ㉡㉢㉣

④ ㉠㉡㉢㉣

3 다음 중 장기요양기본계획에 포함되어야 할 사항이 아닌 것은?

① 연도별 장기요양급여 대상인원 및 재원조달 계획

② 연도별 장기요양기관 및 장기요양전문인력 관리 방안

③ 요양급여비용에 관한 사항

④ 장기요양요원의 처우에 관한 사항

---

1 ① 노인등이란 65세 이상의 노인 또는 65세 미만의 자로서 치매·뇌혈관성질환 등 대통령령으로 정하는 노인성 질병을 가진 자를 말한다〈「노인장기요양보험법」 제2조 제1호〉.

② 장기요양급여란 6개월 이상 동안 혼자서 일상생활을 수행하기 어렵다고 인정되는 자에게 신체활동·가사활동의 지원 또는 간병 등의 서비스나 이에 갈음하여 지급하는 현금 등을 말한다〈「노인장기요양보험법」 제2조 제2호〉.

④ 장기요양기관이란 장기요양기관의 지정을 받은 기관으로서 장기요양급여를 제공하는 기관을 말한다〈「노인장기요양보험법」 제2조 제4호〉.

2 장기요양급여 제공의 기본원칙〈「노인장기요양보험법」 제3조〉

㉠ 장기요양급여는 노인등이 자신의 의사와 능력에 따라 최대한 자립적으로 일상생활을 수행할 수 있도록 제공하여야 한다.

㉡ 장기요양급여는 노인등의 심신상태·생활환경과 노인등 및 그 가족의 욕구·선택을 종합적으로 고려하여 필요한 범위 안에서 이를 적정하게 제공하여야 한다.

㉢ 장기요양급여는 노인등이 가족과 함께 생활하면서 가정에서 장기요양을 받는 재가급여를 우선적으로 제공하여야 한다.

㉣ 장기요양급여는 노인등의 심신상태나 건강 등이 악화되지 아니하도록 의료서비스와 연계하여 이를 제공하여야 한다.

3 ③은 국민건강보험종합계획의 수립시 포함 사항이다.

① 「노인장기요양보험법」 제6조 제1항 제1호

② 「노인장기요양보험법」 제6조 제1항 제2호

④ 「노인장기요양보험법」 제6조 제1항 제3호

TIP 1.③ 2.④ 3.③

4 다음 중 장기요양보험료의 징수에 대한 설명으로 옳지 않은 것은?

① 장기요양보험료는 건강보험료와 통합하여 징수한다.
② 장기요양보험료는 공단이 징수한다.
③ 장기요양보험료와 건강보험료를 구분하여 고지하여야 한다.
④ 공단은 통합 징수한 장기요양보험료와 건강보험료를 동일회계로 관리한다.

5 다음 중 피부양자에 될 수 없는 사람은?

① 직장가입자의 직계비속과 그 배우자
② 지장가입자의 방계혈족
③ 직장가입자의 형제와 자매
④ 직장가입자의 직계존속

6 다음 중 장기요양인정 신청서를 접수했을 때 공단이 조사할 사항이 아닌 것은?

① 신청인의 심신상태
② 신청인에게 필요한 장기요양급여의 종류
③ 신청인의 가족관계
④ 신청인에게 필요한 장기요양급여의 내용

7 다음 중 자격의 변동 시기에 대한 설명으로 옳은 것은?

① 지역가입자가 다른 세대로 전입한 날
② 지역가입자가 근로자 · 공무원 또는 교직원으로 사용된 다음 날
③ 직장가입자가 다른 적용대상사업장의 사용자로 된 다음 날
④ 직장가입자인 근로자등이 그 사용관계가 끝난 날

4 ④ 공단은 통합 징수한 장기요양보험료와 건강보험료를 각각의 독립회계로 관리하여야 한다〈「노인장기요양보험법」 제8조 제3항〉.
①③ 「노인장기요양보험법」 제8조 제2항
② 「노인장기요양보험법」 제8조 제1항

5 **적용 대상 등**〈「국민건강보험법」 제5조 제2항〉… 피부양자는 다음에 해당하는 사람 중 직장가입자에게 주로 생계를 의존하는 사람으로서 소득 및 재산이 보건복지부령으로 정하는 기준 이하에 해당하는 사람을 말한다.
㉠ 직장가입자의 배우자
㉡ 직장가입자의 직계존속(배우자의 직계존속을 포함한다)
㉢ 직장가입자의 직계비속(배우자의 직계비속을 포함한다)과 그 배우자
㉣ 직장가입자의 형제·자매

> **장기요양보험가입 자격 등에 관한 준용** … 「국민건강보험법」 제5조, 제6조, 제8조부터 제11조까지, 제69조 제1항부터 제3항까지, 제76조부터 제86조까지, 제109조 제1항부터 제9항까지 및 제110조는 장기요양보험가입자·피부양자의 자격취득·상실, 장기요양보험료 등의 납부·징수 및 결손처분 등에 관하여 이를 준용한다. 이 경우 "보험료"는 "장기요양보험료"로, "건강보험"은 "장기요양보험"으로, "가입자"는 "장기요양보험가입자"로 본다〈「노인장기요양보험법」 제11조〉.

6 **장기요양인정 신청의 조사**〈「노인장기요양보험법」 제14조 제1항〉
㉠ 신청인의 심신상태
㉡ 신청인에게 필요한 장기요양급여의 종류 및 내용
㉢ 그 밖에 장기요양에 관하여 필요한 사항으로서 보건복지부령으로 정하는 사항

7 **자격의 변동 시기**〈「국민건강보험법」 제9조 제1항〉
㉠ 지역가입자가 적용대상사업장의 사용자로 되거나, 근로자·공무원 또는 교직원으로 사용된 날
㉡ 직장가입자가 다른 적용대상사업장의 사용자로 되거나 근로자등으로 사용된 날
㉢ 직장가입자인 근로자등이 그 사용관계가 끝난 날의 다음 날
㉣ 적용대상사업장에 제7조(사업장의 신고) 제2호에 따른 사유가 발생한 날의 다음 날
㉤ 지역가입자가 다른 세대로 전입한 날

> **장기요양보험가입 자격 등에 관한 준용**〈「노인장기요양보험법」 제11조〉… 「국민건강보험법」 제9조

📢TIP **4.**④ **5.**② **6.**③ **7.**①

8 다음에서 장기요양인정 신청 등에 대하여 대리할 수 있는 사람을 모두 고르면?

> ㉠ 수급자 본인의 가족이나 친족
> ㉡ 사회복지전담공무원
> ㉢ 치매안심센터의 장
> ㉣ 특별자치시장·특별자치도지사·시장·군수·구청장이 지정하는 자
> ㉤ 보건복지부 조사공무원
> ㉥ 수급자의 이해관계인

① ㉠㉡㉢㉣
② ㉠㉡㉣㉤㉥
③ ㉠㉡㉢㉣㉥
④ ㉠㉡㉢㉣㉤㉥

9 다음에서 설명하고 있는 요양비는?

> 공단은 수급자가 장기요양기관이 아닌 노인요양시설 등의 기관 또는 시설에서 재가급여 또는 시설급여에 상당한 장기요양급여를 받은 경우 대통령령으로 정하는 기준에 따라 해당 장기요양급여비용의 일부를 해당 수급자에게 지급할 수 있다.

① 가족요양비
② 특례요양비
③ 요양병원간병비
④ 단기보호간병비

10 다음 중 장기요양기관에 대한 설명으로 옳지 않은 것은?

① 장기요양기관을 운영하려는 자는 공단으로부터 지정을 받아야 한다.

② 피성년후견인 또는 피한정후견인은 장기요양기관으로 지정받을 수 없다.

③ 공단은 장기요양기관이 전문인 배상책임보험에 가입하지 않은 경우 장기요양기관에 지급하는 장기요양급여비용의 일부를 감액할 수 있다.

④ 거짓이나 그 밖의 부정한 방법으로 지정을 받은 경우 지정을 취소하거나 업무정지를 명할 수 있다.

---

8 ㉠㉣ 「노인장기요양보험법」 제22조 제1항
ㄴㄷ 「노인장기요양보험법」 제22조 제2항
ㄹ 「노인장기요양보험법」 제22조 제3항
※ 장기요양인정 신청 등에 대하여 대리할 수 있는 사람〈「노인장기요양보험법」 제22조〉
ㄱ 수급자 본인의 가족이나 친족, 그 밖의 이해관계인
ㄴ 사회복지전담공무원
ㄷ 치매안심센터의 장
ㄹ 특별자치시장·특별자치도지사·시장·군수·구청장이 지정하는 자

9 **특례요양비** … 공단은 수급자가 장기요양기관이 아닌 노인요양시설 등의 기관 또는 시설에서 재가급여 또는 시설급여에 상당한 장기요양급여를 받은 경우 대통령령으로 정하는 기준에 따라 해당 장기요양급여비용의 일부를 해당 수급자에게 특례요양비로 지급할 수 있다〈「노인장기요양보험법」 제25조 제1항〉.

10 ① 재가급여 또는 시설급여를 제공하는 장기요양기관을 운영하려는 자는 보건복지부령으로 정하는 장기요양에 필요한 시설 및 인력을 갖추어 소재지를 관할 구역으로 하는 특별자치시장·특별자치도지사·시장·군수·구청장으로부터 지정을 받아야 한다〈「노인장기요양보험법」 제31조 제1항〉.
② 「노인장기요양보험법」 제32조의2 제1호
③ 「노인장기요양보험법」 제35조의5 제2항
④ 「노인장기요양보험법」 제37조 제1항

🔊TIP 8.③ 9.② 10.①

11 장기요양기관 지정의 유효기간은?

① 1년

② 3년

③ 5년

④ 6년

12 다음에 해당하는 장기요양기관에게 업무정지를 명할 경우 업무정지의 최대 기간은?

> ㉠ 요양기관의 지정기준에 적합하지 아니한 경우
> ㉡ 장기요양급여를 거부한 경우
> ㉢ 수급자를 소개, 알선 또는 유인하는 행위 및 이를 조장하는 행위를 한 경우

① 3개월

② 6개월

③ 9개월

④ 12개월

13 다음 중 업무정지명령을 갈음하여 부과되는 과징금의 최대 금액은?

① 1천만 원 이하

② 5천만 원 이하

③ 1억 원 이하

④ 2억 원 이하

14 다음 (   ) 안에 알맞은 것은?

장기요양급여 제공의 제한

특별자치시장·특별자치도지사·시장·군수·구청장은 장기요양기관의 종사자가 거짓이나 그 밖의 부정한 방법으로 재가급여비용 또는 시설급여비용을 청구하는 행위에 가담한 경우 해당 종사자가 장기요양급여를 제공하는 것을 (   )의 범위에서 제한하는 처분을 할 수 있다.

---

① 3개월
② 6개월
③ 9개월
④ 1년

---

11 **장기요양기관 지정의 유효기간** … 장기요양기관 지정의 유효기간은 지정을 받은 날부터 6년으로 한다〈「노인장기요양보험법」 제32조의3〉.

12 **장기요양기관 지정의 취소등** … 장기요양기관이 위에 해당하는 경우 특별자치시장·특별자치도지사·시장·군수·구청장은 장기요양기관의 지정을 취소하거나 6개월의 범위에서 업무정지를 명할 수 있다〈「노인장기요양보험법」 제37조 제1항〉.

13 **과징금의 부과** … 특별자치시장·특별자치도지사·시장·군수·구청장은 업무정지명령을 하여야 하는 경우로서 그 업무정지가 해당 장기요양기관을 이용하는 수급자에게 심한 불편을 줄 우려가 있는 등 보건복지부장관이 정하는 특별한 사유가 있다고 인정되는 경우에는 업무정지명령을 갈음하여 2억 원 이하의 과징금을 부과할 수 있다〈「노인장기요양보험법」 제37조의2 제1항〉.

14 **장기요양급여 제공의 제한** … 특별자치시장·특별자치도지사·시장·군수·구청장은 장기요양기관의 종사자가 거짓이나 그 밖의 부정한 방법으로 재가급여비용 또는 시설급여비용을 청구하는 행위에 가담한 경우 해당 종사자가 장기요양급여를 제공하는 것을 1년의 범위에서 제한하는 처분을 할 수 있다〈「노인장기요양보험법」 제37조의5 제1항〉.

TIP 11.④ 12.② 13.④ 14.④

15 다음 중 본인부담금 비율이 다른 하나는?

① 천재지변 등 보건복지부령으로 정하는 사유로 인하여 생계가 곤란한 자
② 장기요양급여의 월 한도액을 초과하는 장기요양급여
③ 의료급여법 제3조 제1항 제2호부터 제9호까지의 규정에 따른 수급권자
④ 소득 · 재산 등이 보건복지부장관이 정하여 고시하는 일정 금액 이하인 자

16 다음 중 공단이 관장하는 업무가 아닌 것은?

① 장기요양보험료의 부과 · 징수
② 신청인에 대한 조사
③ 장기요양급여의 관리 및 평가
④ 건강보험에 관한 조사연구 및 국제협력

17 다음은 등급판정위원회에 대한 설명이다. 옳지 않은 것은?

① 등급판정위원회는 장기요양인정 및 장기요양등급 판정 등을 심의한다.
② 등급판정위원회 위원장은 복지부장관이 위촉한다.
③ 등급판정위원회는 특별자치시 · 특별자치도 · 시 · 군 · 구 단위로 설치한다.
④ 등급판정위원회는 위원장 1인을 포함하여 15인의 위원으로 구성한다.

18 다음 중 심사청구에 대한 설명으로 옳지 않은 것은?

① 공단의 처분에 이의가 있는 사람은 공단에 심사청구를 하여야 한다.
② 심사청구는 장기요양인정 · 장기요양등급 · 장기요양급여 · 부당이득 · 장기요양급여비용 또는 장기요양보험료 등에 이의가 있는 경우에 할 수 있다.
③ 심사청구는 그 처분이 있음을 안 날부터 90일 이내에 문서로 하여야 한다.
④ 심사위원회는 위원장 1명을 포함한 50명 이내의 의원으로 구성한다.

15 ②의 장기요양급여에 대한 비용은 수급자 본인이 전부 부담한다〈「노인장기요양보험법」 제40조 제3항〉.

①③④에 해당하는 자에 대해서는 본인부담금의 100분의 60의 범위에서 보건복지부장관이 정하는 바에 따라 차등하여 감경할 수 있다〈「노인장기요양보험법」 제40조 제4항〉.

16 ④는 국민건강보험법상 공단의 업무이다.

※ **공단이 관장하는 장기요양사업 업무**〈「노인장기요양보험법」 제48조 제2항〉

㉠ 장기요양보험가입자 및 그 피부양자와 의료급여수급권자의 자격관리

㉡ 장기요양보험료의 부과 · 징수

㉢ 신청인에 대한 조사

㉣ 등급판정위원회의 운영 및 장기요양등급 판정

㉤ 장기요양인정서의 작성 및 개인별장기요양이용계획서의 제공

㉥ 장기요양급여의 관리 및 평가

㉦ 수급자 및 그 가족에 대한 정보제공 · 안내 · 상담 등 장기요양급여 관련 이용지원에 관한 사항

㉧ 재가 및 시설 급여비용의 심사 및 지급과 특별현금급여의 지급

㉨ 장기요양급여 제공내용 확인

㉩ 장기요양사업에 관한 조사 · 연구 및 홍보

㉪ 노인성질환예방사업

㉫ 이 법에 따른 부당이득금의 부과 · 징수 등

㉬ 장기요양급여의 제공기준을 개발하고 장기요양급여비용의 적정성을 검토하기 위한 장기요양기관의 설치 및 운영

㉭ 그 밖에 장기요양사업과 관련하여 보건복지부장관이 위탁한 업무

17 ② 등급판정위원회 위원장은 위원 중에서 특별자치시장 · 특별자치도지사 · 시장 · 군수 · 구청장이 위촉한다〈「노인장기요양보험법」 제53조 제1항〉.

① 「노인장기요양보험법」 제52조 제1항

③ 「노인장기요양보험법」 제52조 제2항

④ 「노인장기요양보험법」 제52조 제3항

18 ③ 심사청구는 그 처분이 있음을 안 날부터 90일 이내에 문서(전자문서 포함)로 하여야 하며, 처분이 있은 날부터 180일을 경과하면 이를 제기하지 못한다. 다만, 정당한 사유로 그 기간에 심사청구를 할 수 없었음을 증명하면 그 기간이 지난 후에도 심사청구를 할 수 있다〈「노인장기요양보험법」 제55조 제2항〉.

①② 「노인장기요양보험법」 제55조 제1항

④ 「노인장기요양보험법」 제55조 제4항

TIP   15.② 16.④ 17.② 18.③

19 다음 설명에서 ( ) 안에 알맞은 것은?

> **노인장기요양보험법 제58조 국가의 부담**
> 국가는 매년 예산의 범위 안에서 해당 연도 장기요양보험료 예상수입액의 ( )에 상당하는 금액을 공단에 지원한다.

① 100분의 5
② 100분의 10
③ 100분의 15
④ 100분의 20

20 다음 중에서 거짓이나 그 밖의 부정한 방법으로 장기요양급여비용을 청구한 자의 벌칙은?

① 1년 이하의 징역 또는 1천만 원 이하의 벌금
② 2년 이하의 징역 또는 2천만 원 이하의 벌금
③ 3년 이하의 징역 또는 3천만 원 이하의 벌금
④ 5년 이하의 징역 또는 5천만 원 이하의 벌금

19 국가의 부담 ··· 국가는 매년 예산의 범위 안에서 해당 연도 장기요양보험료 예상수입액의 100분의 20에 상당하는 금액을 공단에 지원한다〈「노인장기요양보험법」 제58조 제1항〉.

20 ③ 거짓이나 그 밖의 부정한 방법으로 장기요양급여비용을 청구한 자는 3년 이하의 징역 또는 3천만 원 이하의 벌금에 처한다〈「노인장기요양보험법」 제67조 제1항〉.

TIP 19.④ 20.③

1 다음은 노인장기요양보험법의 용어를 설명한 것이다. 옳은 것은?

> 장기요양기관에 소속되어 노인등의 신체활동 또는 가사활동 지원 등의 업무를 수행하는 사람을 말한다.

① 요양보호사
② 요양병원간병인
③ 노인요양보호사
④ 장기요양요원

2 보건복지부장관이 장기요양사업의 실태를 파악하기 위하여 조사하여야 할 사항이 아닌 것은?

① 장기요양기관에 관한 사항
② 장기요양요원의 근로조건 및 급여에 관한 사항
③ 장기요양인정에 관한 사항
④ 장기요양요원의 처우 및 규모에 관한 사항

3 다음 중 장기요양보험료에 대한 설명으로 옳지 않은 것은?

① 장기요양보험의 가입자는 국민건강보험법에 따른 가입자로 한다.

② 장기요양사업에 사용되는 비용을 충당하기 위한 장기요양보험료는 공단에서 징수한다.

③ 장기요양보험료율은 장기요양위원회의 심의를 공단이 정한다.

④ 공단은 장애인이 장기요양보험가입자인 경우 장기요양보험료의 일부를 감면할 수 있다.

---

1 ④ 장기요양요원이란 장기요양기관에 소속되어 노인등의 신체활동 또는 가사활동 지원 등의 업무를 수행하는 자를 말한다〈「노인장기요양보험법」 제2조 제4호〉.

2 보건복지부장관이 실태조사를 하여야 할 사항〈「노인장기요양보험법」 제6조의2 제1항〉
    ㉠ 장기요양인정에 관한 사항
    ㉡ 장기요양등급판정위원회의 판정에 따라 장기요양급여를 받을 사람(수급자)의 규모, 그 급여의 수준 및 만족도에 관한 사항
    ㉢ 장기요양기관에 관한 사항
    ㉣ 장기요양요원의 근로조건, 처우 및 규모에 관한 사항
    ㉤ 그 밖에 장기요양사업에 관한 사항으로서 보건복지부령으로 정하는 사항

3 ③ 장기요양보험료율은 장기요양위원회의 심의를 거쳐 대통령령으로 정한다〈「노인장기요양보험법」 제9조 제2항〉.
    ① 「노인장기요양보험법」 제7조 제3항
    ② 「노인장기요양보험법」 제8조 제1항
    ④ 「노인장기요양보험법」 제10조

TIP 1.④ 2.② 3.③

4 다음 중 가입자의 자격 상실 시기로 옳지 않은 것은?

① 국내에 거주하지 아니하게 된 날
② 국적을 잃은 날의 다음 날
③ 직장가입자의 피부양자가 된 날
④ 수급권자가 된 날

5 다음은 보험료에 대한 설명이다. 옳지 않은 것은?

① 공단은 건강보험사업에 드는 비용에 충당하기 위하여 보험료의 납부의무자로부터 보험료를 징수한다.
② 보험료는 가입자의 자격을 취득한 날이 속하는 달의 다음 달부터 가입자의 자격을 잃은 날의 전날이 속하는 달까지 징수한다.
③ 가입자의 자격을 매월 1일에 취득한 경우에는 취득한 달의 다음 달 1일부터 징수한다.
④ 보험료를 징수할 때 가입자의 자격이 변동된 경우에는 변동된 날이 속하는 달의 장기요양보험료는 변동되기 전의 자격을 기준으로 징수한다.

6 다음은 등급판정에 대한 설명이다. 틀린 내용은?

① 공단은 신청서에 대한 조사가 완료된 때 조사결과서, 신청서, 의사소견서 등을 등급판정위원회에 제출하여야 한다.
② 등급판정위원회는 신청인이 신청자격요건을 충족하고 6개월 이상 동안 혼자서 일상생활을 수행하기 어렵다고 인정하는 경우 등급판정기준에 따라 수급자로 판정한다.
③ 등급판정위원회는 신청인이 신청서를 제출한 날부터 15일 이내에 장기요양등급판정을 완료하여야 한다.
④ 등급판정위원회는 제출된 조사 결과를 토대로 다시 수급자 등급을 조정하고 수급자 여부를 판정할 수 있다.

4 자격의 상실 시기 등〈「국민건강보험법」제10조 제1항〉 … 가입자는 다음의 어느 하나에 해당하게 된 날에 그 자격을 잃는다.
ㄱ 사망한 날의 다음 날
ㄴ 국적을 잃은 날의 다음 날
ㄷ 국내에 거주하지 아니하게 된 날의 다음 날
ㄹ 직장가입자의 피부양자가 된 날
ㅁ 수급권자가 된 날
ㅂ 건강보험을 적용받고 있던 사람이 유공자등 의료보호대상자가 되어 건강보험의 적용배제신청을 한 날

장기요양보험가입 자격 등에 관한 준용〈「노인장기요양보험법」제11조〉 … 「국민건강보험법」제10조

5 ③ 보험료는 가입자의 자격을 취득한 날이 속하는 달의 다음 달부터 가입자의 자격을 잃은 날의 전날이 속하는 달까지 징수한다. 다만, 가입자의 자격을 매월 1일에 취득한 경우에는 그 달부터 징수한다〈「국민건강보험법」제69조 제2항〉.
① 「국민건강보험법」제69조 제1항
② 「국민건강보험법」제69조 제2항
④ 「국민건강보험법」제69조 제3항

장기요양보험가입 자격 등에 관한 준용〈「노인장기요양보험법」제11조〉 … 「국민건강보험법」제69조 제1항부터 제3항까지

6 ③ 등급판정위원회는 신청인이 신청서를 제출한 날부터 30일 이내에 장기요양등급판정을 완료하여야 한다. 다만, 신청인에 대한 정밀조사가 필요한 경우 등 기간 이내에 등급판정을 완료할 수 없는 부득이한 사유가 있는 경우 30일 이내의 범위에서 이를 연장할 수 있다〈「노인장기요양보험법」제16조 제1항〉.
① 「노인장기요양보험법」제15조 제1항
② 「노인장기요양보험법」제15조 제2항
④ 「노인장기요양보험법」제15조 제5항

TIP 4.① 5.③ 6.③

7 다음 중 보험료 납부의무에 대한 설명으로 옳지 않은 것은?

① 지역가입자의 보험료는 그 가입자가 속한 세대의 지역가입자 전원이 연대하여 납부한다.

② 직장가입자의 보수월액보험료와 보수 외 소득월액보험료는 사용자가 납부한다.

③ 사용자는 보수월액보험료 중 직장가입자가 부담하여야 하는 그 달의 보험료액을 그 보수에서 공제하여 납부하여야 한다.

④ 소득이나 재산이 없는 미성년자는 납부의무를 부담하지 않는다.

8 다음에서 장기요양급여를 모두 고르면?

> ㉠ 재가급여
> ㉡ 특별현금급여
> ㉢ 시설급여
> ㉣ 단기보호
> ㉤ 특례요양비

① ㉠㉡㉢
② ㉠㉣㉤
③ ㉡㉢㉣㉤
④ ㉠㉡㉢㉣㉤

9 다음 중 가족요양비의 지급 대상으로 볼 수 없는 경우는?

① 도서·벽지 등 장기요양기관이 현저히 부족한 지역에 거주하는 경우

② 천재지변 등의 사유로 장기요양급여를 이용하기가 어렵다고 인정되는 경우

③ 노인요양시설에서 시설급여에 상당한 장기요양급여를 받은 경우

④ 신체·정신적인 사유로 가족 등으로부터 장기요양을 받아야 하는 경우

10 다음 중 장기요양기관의 지정권자는?

① 보건복지부

② 공단

③ 시장 · 군수 · 구청장

④ 관할 보건소

---

7 ② 보수월액보험료는 사용자가 납부하고 보수 외 소득월액보험료는 직장가입자가 납부한다.
①④ 「국민건강보험법」 제77조 제2항
③ 「국민건강보험법」 제77조 제3항
※ 보험료 납부의무〈「국민건강보험법」 제77조 제1항〉
　　㉠ 보수월액보험료 : 사용자가 납부한다(사업장의 사용자가 2명 이상인 때에는 그 사업장의 사용자는 해당 직장가입자의 보험료를 연대하여 납부한다.)
　　㉡ 소득월액보험료 : 직장가입자가 납부한다.

　　　장기요양보험가입 자격 등에 관한 준용〈「노인장기요양보험법」 제11조〉 … 「국민건강보험법」 제77조

8 장기요양급여의 종류〈「노인장기요양보험법」 제23조 제1항〉
　㉠ 재가급여 : 방문요양, 방문목욕, 방문간호, 주 · 야간보호, 단기보호, 기타재가급여
　㉡ 시설급여
　㉢ **특별현금급여** : 가족요양비, 특례요양비, 요양병원간병비

9 가족요양비〈「노인장기요양보험법」 제24조 제1항〉 … 공단은 다음 어느 하나에 해당하는 수급자가 가족 등으로부터 방문요양에 상당한 장기요양급여를 받은 때 대통령령으로 정하는 기준에 따라 해당 수급자에게 가족요양비를 지급할 수 있다.
　㉠ 도서 · 벽지 등 장기요양기관이 현저히 부족한 지역으로서 보건복지부장관이 정하여 고시하는 지역에 거주하는 자
　㉡ 천재지변이나 그 밖에 이와 유사한 사유로 인하여 장기요양기관이 제공하는 장기요양급여를 이용하기가 어렵다고 보건복지부장관이 인정하는 자
　㉢ 신체 · 정신 또는 성격 등 대통령령으로 정하는 사유로 인하여 가족 등으로부터 장기요양을 받아야 하는 자

10 장기요양기관의 지정 … 재가급여 시설급여를 제공하는 장기요양기관을 운영하려는 자는 보건복지부령으로 정하는 장기요양에 필요한 시설 및 인력을 갖추어 소재지를 관할 구역으로 하는 특별자치시장 · 특별자치도지사 · 시장 · 군수 · 구청장으로부터 지정을 받아야 한다〈「노인장기요양보험법」 제31조 제1항〉.

🔊 **TIP** 7.② 8.④ 9.③ 10.③

11 폐쇄회로 텔레비전을 설치·관리하는 자가 영상정보를 열람할 수 있는 경우로 옳지 않은 것은?

① 수급자가 자신의 생명·신체·재산상의 이익을 위하여 본인과 관련된 사항을 확인할 목적으로 열람 시기·절차 및 방법 등 보건복지부령으로 정하는 바에 따라 요청하는 경우

② 수급자의 보호자가 수급자의 안전을 확인할 목적으로 열람 시기·절차 및 방법 등 보건복지부령으로 정하는 바에 따라 요청하는 경우

③ 「개인정보 보호법」에 따른 공공기관이 「노인복지법」 등 법령에서 정하는 보호자의 안전업무 수행을 위하여 요청하는 경우

④ 범죄의 수사와 공소의 제기 및 유지, 법원의 재판업무 수행을 위하여 필요한 경우

12 장기요양요원의 보호를 위해서 장기요양기관의 장은 장기요양요원이 고충 해소를 요청하는 경우 업무의 전환 등 적절한 조치를 취해야 하는데 그에 해당하는 경우가 아닌 것은?

① 수급자가 장기요양요원에게 폭언·폭행·상해를 하는 경우

② 수급자가 부담하여야 할 본인부담금의 일부를 부담하도록 요구하는 행위

③ 수급자가 장기요양요원에게 급여외행위의 제공을 요구하는 경우

④ 수급자 및 그 가족이 장기요양요원에게 성희롱·성폭력 행위를 하는 경우

13 다음으로 인하여 행정처분을 받은 장기요양기관의 위반사실을 공표하고자 할 때 공표할 사항이 아닌 것은?

> ㉠ 장기요양급여비용을 거짓으로 청구한 금액이 1천만 원 이상인 경우
> ㉡ 거짓으로 청구한 금액이 장기요양급여비용 총액의 100분의 10 이상인 경우

① 위반 사실

② 요양기관의 명칭·사업자등록번호

③ 장기요양기관 장의 성명

④ 처분 내용

14 다음 중 장기요양급여비용 등의 산정 등에 대한 설명으로 옳지 않은 것은?

① 보건복지부장관은 매년 급여종류 및 장기요양등급 등에 따라 장기요양위원회의 심의를 거쳐 다음 연도의 재가 및 시설 급여비용과 특별현금급여의 지급금액을 공단에 통지하여야 한다.

② 보건복지부장관은 재가 및 시설 급여비용을 정할 때 대통령령으로 정하는 바에 따른다.

③ 보건복지부장관은 국가 및 지방자치단체로부터 장기요양기관의 설립비용을 지원받았는지 여부 등을 고려할 수 있다.

④ 재가 및 시설 급여비용과 특별현금급여의 지급금액의 구체적인 산정방법 및 항목 등에 관하여 필요한 사항은 보건복지부령으로 정한다.

---

11 영상정보의 열람금지 등〈「노인장기요양보험법」 제33조의3 제1항〉… 폐쇄회로 텔레비전을 설치·관리하는 자는 다음의 어느 하나에 해당하는 경우를 제외하고는 영상정보를 열람하게 하여서는 아니 된다.
   ㉠ 수급자가 자신의 생명·신체·재산상의 이익을 위하여 본인과 관련된 사항을 확인할 목적으로 열람 시기·절차 및 방법 등 보건복지부령으로 정하는 바에 따라 요청하는 경우
   ㉡ 수급자의 보호자가 수급자의 안전을 확인할 목적으로 열람 시기·절차 및 방법 등 보건복지부령으로 정하는 바에 따라 요청하는 경우
   ㉢ 「개인정보 보호법」 제2조 제6호 가목에 따른 공공기관이 「노인복지법」 제39조의11 등 법령에서 정하는 노인의 안전업무 수행을 위하여 요청하는 경우
   ㉣ 범죄의 수사와 공소의 제기 및 유지, 법원의 재판업무 수행을 위하여 필요한 경우
   ㉤ 그 밖에 노인 관련 안전업무를 수행하는 기관으로서 보건복지부령으로 정하는 자가 업무의 수행을 위하여 열람 시기·절차 및 방법 등 보건복지부령으로 정하는 바에 따라 요청하는 경우

12 ②는 장기요양기관의 장이 장기요양요원에 대한 금지행위이다〈「노인장기요양보험법」 제35조의4 제2항 제2호〉.
   ※ **장기요양요원의 보호**〈「노인장기요양보험법」 제35조의4 제1항〉… 장기요양기관의 장은 장기요양요원이 다음 어느 하나에 해당하는 경우로 인한 고충의 해소를 요청하는 경우 업무의 전환 등 대통령령으로 정하는 바에 따라 적절한 조치를 하여야 한다.
   ㉠ 수급자 및 그 가족이 장기요양요원에게 폭언·폭행·상해 또는 성희롱·성폭력 행위를 하는 경우
   ㉡ 수급자 및 그 가족이 장기요양요원에게 제28조의2제1항 각 호에 따른 급여외행위의 제공을 요구하는 경우

13 위반사실의 공표 사항〈「노인장기요양보험법」 제37조의3 제1항〉
   ㉠ 위반사실
   ㉡ 처분내용
   ㉢ 장기요양기관의 명칭·주소
   ㉣ 장기요양기관의 장의 성명
   ㉤ 그 밖에 다른 장기요양기관과의 구별에 필요한 사항으로서 대통령령으로 정하는 사항

14 ① 보건복지부장관은 매년 급여종류 및 장기요양등급 등에 따라 제45조에 따른 장기요양위원회의 심의를 거쳐 다음 연도의 재가 및 시설 급여비용과 특별현금급여의 지급금액을 정하여 고시하여야 한다〈「노인장기요양보험법」 제39조 제1항〉.
   ②③ 「노인장기요양보험법」 제39조 제2항
   ④ 「노인장기요양보험법」 제39조 제3항

🔊 **TIP** 11.③ 12.② 13.② 14.①

15 다음에서 장기요양위원회의 심의사항을 모두 고르면?

> ㉠ 장기요양보험료율
> ㉡ 가족요양비 및 특례요양비의 지급기준
> ㉢ 장기요양급여의 종류 및 내용
> ㉣ 요양병원간병비의 지급기준
> ㉤ 재가 및 시설 급여비용

① ㉠㉡㉢
② ㉠㉡㉣㉤
③ ㉡㉢㉣㉤
④ ㉠㉡㉢㉣㉤

16 다음 중 등급판정위원회 위원으로 위촉할 수 없는 사람은?

① 의료인
② 사회복지사
③ 특별자치시 · 특별자치도 · 시 · 군 · 구 소속 공무원
④ 의료계를 대표하는 사람

17 장기요양급여비용의 재심사청구에 대한 설명으로 옳지 않은 것은?

① 재심사청구는 심사청구에 대한 결정에 불복하는 사람이 할 수 있다.
② 심사청구에 대한 결정통지를 받은 날부터 90일 이내에 할 수 있다.
③ 재심사의 청구는 재심사위원회에 하여야 한다.
④ 재심사위원회의 구성 · 운영 등에 필요한 사항은 보건복지부령으로 정한다.

18 다음 중 전산매체 또는 전자문서교환방식을 이용하지 않아도 되는 것은?

① 장기요양기관의 지정신청
② 재가 · 시설 급여비용의 청구 및 지급
③ 장기요양기관의 재무 · 회계정보 처리
④ 의사소견서

---

15 장기요양위원회의 심의 사항〈「노인장기요양보험법」제45조〉
　⊙ 장기요양보험료율
　ⓒ 가족요양비, 특례요양비 및 요양병원간병비의 지급기준
　ⓒ 재가 및 시설 급여비용
　㉣ 그 밖에 대통령령으로 정하는 주요 사항

16 등급판정위원회 위원 위촉〈「노인장기요양보험법」제52조 제4항〉… 다음의 사람 중에서 특별자치시장 · 특별자치도지사 · 시장 · 군수 · 구청장이 추천한 위원은 7인, 의사 또는 한의사가 1인 이상 각각 포함되어야 한다.
　⊙ 의료인
　ⓒ 사회복지사
　ⓒ 특별자치시 · 특별자치도 · 시 · 군 · 구 소속 공무원
　㉣ 그 밖에 법학 또는 장기요양에 관한 학식과 경험이 풍부한 자

17 ④ 재심사위원회의 구성 · 운영, 그 밖에 필요한 사항은 대통령령으로 정한다〈「노인장기요양보험법」제56조 제4항〉.
　①②③ 「노인장기요양보험법」제56조 제1항

18 전자문서의 사용 … 공단 및 장기요양기관은 장기요양기관의 지정신청, 재가 · 시설 급여비용의 청구 및 지급, 장기요양기관의 재무 · 회계정보 처리 등에 대하여 전산매체 또는 전자문서교환방식을 이용하여야 한다〈「노인장기요양보험법」제59조 제2항〉.
　※ 정보통신망 및 정보통신서비스 시설이 열악한 지역 등 보건복지부장관이 정하는 지역의 경우 전자문서 · 전산매체 또는 전자문서교환방식을 이용하지 아니할 수 있다〈「노인장기요양보험법」제59조 제3항〉.

🔊 **TIP** 15.② 16.④ 17.④ 18.④

19 다음 중 장기요양급여의 제공 명세 및 재무·회계에 관한 사항 등의 자료 제출을 명할 수 있는 사람은?

① 장기요양보험가입자
② 피부양자
③ 장기요양급여를 받은 자
④ 의료급여수급권자

20 다음 중 과태료 부과권자는?

① 보건복지부
② 지방자치단체장
③ 공단
④ 관할 보건소

19 ③은 장기요양급여의 제공 명세, 재무·회계에 관한 사항 등 장기요양급여에 관련된 자료의 제출을 명하거나 소속 공무원으로 하여금 관계인에게 질문을 하게 하거나 관계 서류를 검사하게 할 수 있다〈「노인장기요양보험법」제61조 제2항〉.
  ※ ①②④에 해당하는 자에게 보수·소득이나 그 밖에 보건복지부령으로 정하는 사항의 보고 또는 자료의 제출을 명하거나 소속 공무원으로 하여금 관계인에게 질문을 하게 하거나 관계 서류를 검사하게 할 수 있다〈「노인장기요양보험법」제61조 제1항〉.

20 과태료 부과·징수 … 과태료는 대통령령으로 정하는 바에 따라 관할 특별자치시장·특별자치도지사·시장·군수·구청장이 부과·징수한다〈「노인장기요양보험법」제69조 제3항〉.

TIP 19.③ 20.②

1 다음 중 노인장기요양보험법에 대한 설명으로 옳지 않은 것은?

① 노인장기요양보험법은 고령이나 노인성 질병 등의 사유로 일상생활을 혼자서 수행하기 어려운 노인등에게 제공하는 가사활동 지원 등의 장기요양급여에 관한 사항을 정한 법이다.

② 노인등이란 용어는 65세 이상의 노인 또는 65세 미만의 자로서 치매·뇌혈관성질환 등 대통령령으로 정하는 노인성 질병을 가진 사람을 말한다.

③ 장기요양보험사업은 국민건강보험공단이 관장한다.

④ 국가 및 지방자치단체는 노인성질환예방사업을 실시하여야 한다.

2 다음에서 설명하는 조사는 몇 년마다 실시하여야 하는가?

> 보건복지부장관은 장기요양사업의 실태를 파악하기 위하여 법이 정하는 사항의 조사를 정기적으로 실시하고 그 결과를 공표하여야 한다.

① 6개월

② 1년

③ 3년

④ 5년

3 다음 중 가입자와 피부양자에 대한 설명으로 틀린 것은?

① 사업장의 근로자와 사용자, 공무원, 교직원은 직장가입자가 된다.

② 가입자는 직장가입자와 지역가입자로 구분한다.

③ 고용 기간이 1개월 미만인 일용근로자도 직장가입자에 포함된다.

④ 국내에 거주하는 국민은 건강보험의 가입자 또는 피부양자가 된다.

4 다음 중 자격 변동 신고를 해야 하는 주체가 다른 하나는?

① 지역가입자가 적용대상사업장의 사용자로 된 경우

② 지역가입자가 공무원 또는 교직원으로 사용된 경우

③ 직장가입자가 다른 적용대상사업장의 사용자로 된 경우

④ 직장가입자인 근로자등이 그 사용관계가 끝난 경우

---

1 ③ 장기요양보험사업은 보건복지부장관이 관장한다. 장기요양요원이란 장기요양기관에 소속되어 노인등의 신체활동 또는 가사활동 지원 등의 업무를 수행하는 자를 말한다〈「노인장기요양보험법」 제7조 제1항〉.

2 보건복지부장관은 장기요양사업의 실태를 파악하기 위하여 3년마다 법이 정한 사항에 관한 조사를 정기적으로 실시하고 그 결과를 공표하여야 한다〈「노인장기요양보험법」 제6조의2 제1항〉.

3 가입자의 종류〈「국민건강보험법」 제6조〉
  ㉠ 가입자는 직장가입자와 지역가입자로 구분한다.
  ㉡ 모든 사업장의 근로자 및 사용자와 공무원 및 교직원은 직장가입자가 된다.
  ㉢ 지역가입자는 직장가입자와 그 피부양자를 제외한 가입자를 말한다.

장기요양보험가입 자격 등에 관한 준용〈「노인장기요양보험법」 제11조〉 … 「국민건강보험법」 제6조

4 ①②③ 직장가입자의 사용자가 변동신고를 해야 한다.
  ④ 지역가입자의 세대주가 변동신고를 해야 한다.
  ※ 자격이 변동된 경우 직장가입자의 사용자와 지역가입자의 세대주는 다음의 구분에 따라 그 명세를 보건복지부령으로 정하는 바에 따라 자격이 변동된 날부터 14일 이내에 보험자에게 신고하여야 한다〈「국민건강보험법」 제9조 제2항〉.

장기요양보험가입 자격 등에 관한 준용〈「노인장기요양보험법」 제11조〉 … 「국민건강보험법」 제9조9

TIP 1.③ 2.③ 3.③ 4.④

5 그 달의 보험료에 대하여 그 다음 달에 보험료를 납부하여야 한다. 이 때 그 다음달 보험료 납부 기한은?

① 5일
② 10일
③ 15일
④ 25일

6 다음은 장기요양인정에 관하여 설명한 것이다. 옳지 않은 것은?

① 장기요양인정을 받으려면 공단에 신청하여야 한다.
② 장기요양인정 신청을 하면 심사위원회는 등급판정기준에 따라 수급자 여부를 판정한다.
③ 공단은 등급판정위원회가 장기요양인정 및 등급판정의 심의를 완료한 경우 장기요양인정서 를 수급자에게 송부하여야 한다.
④ 장기요양인정의 유효기간은 최소 1년 이상으로 한다.

7 다음 중 장기요양인정서에 포함되는 내용이 아닌 것은?

① 장기요양등급
② 장기요양급여의 종류
③ 장기요양급여의 보험급여 범위
④ 장기요양급여의 내용

8 다음 중 장기요양인정서를 작성할 경우 고려사항으로 적절하지 않은 것은?

① 수급자의 장기요양등급 및 생활환경
② 시설급여를 제공하는 경우 장기요양기관이 운영하는 시설 현황
③ 수급자와 그 가족의 욕구 및 선택
④ 장기요양기관이 운영하는 시설 및 장기요양요원 현황

9 다음 중 장기요양급여의 제공에 대한 설명으로 옳지 않은 것은?

① 수급자는 장기요양인정서와 개인별장기요양이용계획서가 도달한 날부터 장기요양급여를 받을 수 있다.

② 수급자는 장기요양인정서가 도달되기 전에는 장기요양급여를 받을 수 없다.

③ 수급자가 장기요양급여를 받으려면 장기요양기관에 장기요양인정서와 개인별장기요양이용계획서를 제시하여야 한다.

④ 장기요양기관이 공단에 전화나 인터넷 등을 통하여 수급자의 자격 등을 확인하면 장기요양급여를 받을 수 있다.

---

5 보험료의 납부기한 … 보험료 납부의무가 있는 자는 가입자에 대한 그 달의 보험료를 그 다음 달 10일까지 납부하여야 한다. 다만, 직장가입자의 보수 외 소득월액보험료 및 지역가입자의 보험료는 보건복지부령으로 정하는 바에 따라 분기별로 납부할 수 있다〈「국민건강보험법」 제78조 제1항〉.

장기요양보험가입 자격 등에 관한 준용〈「노인장기요양보험법」 제11조〉 … 「국민건강보험법」 제78조

6 ② 등급판정위원회는 신청인이 신청자격요건을 충족하고 6개월 이상 동안 혼자서 일상생활을 수행하기 어렵다고 인정하는 경우 심신상태 및 장기요양이 필요한 정도 등 대통령령으로 정하는 등급판정기준에 따라 수급자로 판정한다〈「노인장기요양보험법」 제15조 제2항〉.
① 「노인장기요양보험법」 제13조 제1항
③ 「노인장기요양보험법」 제17조 제1항
④ 「노인장기요양보험법」 제19조 제1항

7 장기요양인정서의 기재사항〈「노인장기요양보험법」 제17조 제1항〉
㉠ 장기요양등급
㉡ 장기요양급여의 종류 및 내용
㉢ 그 밖에 장기요양급여에 관한 사항으로서 보건복지부령으로 정하는 사항

8 장기요양인정서를 작성할 경우 고려사항〈「노인장기요양보험법」 제18조〉
㉠ 수급자의 장기요양등급 및 생활환경
㉡ 수급자와 그 가족의 욕구 및 선택
㉢ 시설급여를 제공하는 경우 장기요양기관이 운영하는 시설 현황

9 ② 수급자는 돌볼 가족이 없는 경우 등 대통령령으로 정하는 사유가 있는 경우 신청서를 제출한 날부터 장기요양인정서가 도달되는 날까지의 기간 중에도 장기요양급여를 받을 수 있다〈「노인장기요양보험법」 제27조 제2항〉.
① 「노인장기요양보험법」 제27조 제1항
③④ 「노인장기요양보험법」 제27조 제3항

TIP 5.② 6.② 7.③ 8.④ 9.②

10 다음 중 장기요양기관을 지정하려는 경우 지정권자가 검토할 사항이 아닌 것은?

① 장기요양기관의 운영 계획
② 해당 지역의 장기요양보험 수급권자의 비율
③ 해당 지역의 노인인구 수
④ 치매 등 노인성질환 환자 수 및 장기요양급여 수요 등 지역 특성

11 다음 ( ) 안에 알맞은 기간은?

> 장기요양기관을 운영하는 자는 폐쇄회로 텔레비전에 기록된 영상정보를 (   ) 이상 보관하여야
> 한다.

① 15일
② 30일
③ 45일
④ 60일

12 다음 중 장기요양기관이 폐업 또는 휴업을 할 경우 신고해야 할 기관은?

① 보건복지부
② 지방자치단체
③ 공단
④ 관할 지역 보건소

13 다음 중 행정제재처분 효과의 승계 기간은 처분을 한 날로부터 언제까지 인가?

① 1년

② 3년

③ 5년

④ 7년

---

10 장기요양기관 지정시 검토사항〈「노인장기요양보험법」 제31조 제3항〉
  ㉠ 장기요양기관을 운영하려는 자의 장기요양급여 제공 이력
  ㉡ 장기요양기관을 운영하려는 자 및 그 기관에 종사하려는 자가 노인장기요양보험법, 사회복지사업법 또는 노인복지법 등 장기요양기관의 운영과 관련된 법에 따라 받은 행정처분의 내용
  ㉢ 장기요양기관의 운영 계획
  ㉣ 해당 지역의 노인인구 수, 치매 등 노인성질환 환자 수 및 장기요양급여 수요 등 지역 특성
  ㉤ 그 밖에 특별자치시장·특별자치도지사·시장·군수·구청장이 장기요양기관으로 지정하는 데 필요하다고 인정하여 정하는 사항

11 장기요양기관을 운영하는 자는 폐쇄회로 텔레비전에 기록된 영상정보를 60일 이상 보관하여야 한다〈「노인장기요양보험법」 제33조의2 제3항〉.

12 장기요양기관의 폐업 등의 신고 등 … 장기요양기관의 장은 폐업하거나 휴업하고자 하는 경우 폐업이나 휴업 예정일 전 30일까지 특별자치시장·특별자치도지사·시장·군수·구청장에게 신고하여야 한다. 신고를 받은 특별자치시장·특별자치도지사·시장·군수·구청장은 지체 없이 신고 명세를 공단에 통보하여야 한다〈「노인장기요양보험법」 제36조 제1항〉.

13 행정제재처분 과의 승계효 … 행정제재처분의 효과는 그 처분을 한 날부터 3년간 승계된다〈「노인장기요양보험법」 제37조의4 제1항〉.

TIP 10.② 11.④ 12.② 13.②

14 다음 중 장기요양위원회의 설치 및 기능에서 심의내용으로 옳지 않은 것은?

① 재가 및 시설 급여비용
② 장기요양보험료율
③ 보건복지부령으로 정하는 주요 사항
④ 가족요양비, 특례요양비 및 요양병원간병비의 지급 기준

15 다음 중 장기요양위원회의 구성에 대한 설명으로 옳지 않은 것은?

① 장기요양위원회는 위원장은 보건복지부차관이 된다.
② 위원은 보건복지부장관이 임명 또는 위촉한다.
③ 시민단체, 노인단체, 농어업인단체를 대표하는 자를 위원으로 임명할 수 있다.
④ 장기요양위원회 위원의 임기는 2년으로 한다.

16 다음 중 공단이 장기요양기관을 설치할 때의 고려사항이 아닌 것은?

① 지역특성
② 지역간 노인 수 비율
③ 노인인구
④ 지역 간 불균형 해소

17 다음 중 심사청구 및 재심사청구 대상이 아닌 것은?

① 장기요양인정 　　　　　② 장기요양급여비용
③ 부당이득 　　　　　　　④ 위반사실의 공표

18 다음 중 의료급여수급권자의 발급비용 중 공단이 부담하여야 할 비용이 아닌 것은?

① 의사소견서 발급비용
② 방문간호지시서 발급비용
③ 장기요양급여비용
④ 보험가입내역서 발급비용

---

14 장기요양위원회 설치 및 기능 … 다음 각 호의 사항을 심의하기 위하여 보건복지부장관 소속으로 장기요양위원회를 둔다〈「노인장기요양보험법」 제45조〉.
㉠ 장기요양보험료율
㉡ 가족요양비, 특례요양비 및 요양병원간병비의 지급 기준
㉢ 재가 및 시설 급여 비용
㉣ 그 밖에 대통령령으로 정하는 주요 사항

15 ④ 장기요양위원회 위원의 임기는 3년으로 한다. 다만, 공무원인 위원의 임기는 재임기간으로 한다〈「노인장기요양보험법」 제46조 제4항〉.
① 「노인장기요양보험법」 제46조 제3항
② 「노인장기요양보험법」 제46조 제2항
③ 「노인장기요양보험법」 제46조 제2항 제1호

16 공단은 장기요양기관을 설치할 때 노인인구 및 지역특성 등을 고려한 지역 간 불균형 해소를 고려하여야 하고, 설치 목적에 필요한 최소한의 범위에서 이를 설치 · 운영하여야 한다〈「노인장기요양보험법」 제48조 제3항〉.

17 심사청구 … 장기요양인정 · 장기요양등급 · 장기요양급여 · 부당이득 · 장기요양급여비용 또는 장기요양보험료 등에 관한 공단의 처분에 이의가 있는 자는 공단에 심사청구를 할 수 있다〈「노인장기요양보험법」 제55조 제1항〉.

18 국가의 부담 … 국가와 지방자치단체는 대통령령으로 정하는 바에 따라 의료급여수급권자의 장기요양급여비용, 의사소견서 발급비용, 방문간호지시서 발급비용 중 공단이 부담하여야 할 비용 및 관리운영비의 전액을 부담한다〈「노인장기요양보험법」 제58조 제2항〉.

TIP 14.③ 15.④ 16.② 17.④ 18.④

19 다음 중 보고 또는 자료의 제출을 명하거나 소속 공무원으로 하여금 서류를 검사하게 할 수 있는 기관이 아닌 곳은?

① 보건복지부장관
② 특별시장 · 광역시장 · 도지사
③ 시장 · 군수 · 구청장
④ 공단

20 다음 중 벌칙금이 같은 것으로 묶인 것은?

> ㉠ 정당한 사유 없이 장기요양급여의 제공을 거부한 자
> ㉡ 정당한 사유 없이 권익보호조치를 하지 아니한 사람
> ㉢ 본인부담금을 면제 또는 감경하는 행위를 한 자
> ㉣ 수급자가 부담한 비용을 정산하지 아니한 자

① ㉠㉢
② ㉠㉡㉢
③ ㉠㉡㉣
④ ㉠㉡㉢㉣

19 보고 및 검사 … 보건복지부장관, 특별시장·광역시장·도지사 또는 특별자치시장·특별자치도지사·시장·군수·구청장은 장기요양보험가입자 등에게 보건복지부령으로 정하는 사항의 보고 또는 자료의 제출을 명하거나 소속 공무원으로 하여금 관계인에게 질문을 하게 하거나 관계 서류를 검사하게 할 수 있다〈「노인장기요양보험법」 제61조 제1항 제2항〉.

20 ㉠㉡㉣은 1년 이하의 징역 또는 1천만 원 이하의 벌금이다〈「노인장기요양보험법」 제67조 제3항〉.
㉢은 2년 이하의 징역 또는 2천만 원 이하의 벌금이다〈「노인장기요양보험법」 제67조 제2항〉.

TIP 19.④ 20.③

1 다음 중 장기요양급여 제공의 기본원칙에 대한 설명으로 옳지 않은 것은?

① 장기요양급여는 노인등이 자신의 의사와 능력에 따라 최대한 자립적으로 일상생활을 수행할 수 있도록 제공하여야 한다.

② 장기요양급여는 노인등이 요양병원에서 가족과 함께 생활할 수 있는 장기요양급여를 우선적으로 제공하여야 한다.

③ 장기요양급여는 노인등의 심신상태·생활환경과 노인등 및 그 가족의 욕구·선택을 종합적으로 고려하여 필요한 범위 안에서 이를 적정하게 제공하여야 한다.

④ 장기요양급여는 노인등의 심신상태나 건강 등이 악화되지 아니하도록 의료서비스와 연계하여 이를 제공하여야 한다.

2 다음 장기요양보험에 대한 설명 중 옳은 것은?

① 보건복지부장관이 장기요양보험사업의 보험자가 된다.

② 공단은 장기요양보험사업을 관장한다.

③ 외국인근로자등은 장기요양보험가입자에서 제외할 수 있다.

④ 장기요양보험 가입자는 국민건강보험법의 가입자와 다르다.

3 다음 중 자격의 취득 시기가 옳지 않은 것은?

① 수급권자이었던 사람은 그 대상자에서 제외된 날

② 국내에 거주하기로 확정한 날

③ 유공자등 의료보호대상자이었던 사람은 그 대상자에서 제외된 날

④ 직장가입자의 피부양자이었던 사람은 그 자격을 잃은 날

---

1 ② 장기요양급여는 노인등이 가족과 함께 생활하면서 가정에서 장기요양을 받는 재가급여를 우선적으로 제공하여야 한다〈「노인장기요양보험법」 제3조 제3항〉.

2 ③ 공단은 외국인근로자 등 대통령령으로 정하는 외국인이 신청하는 경우 보건복지부령으로 정하는 바에 따라 장기요양보험가입자에서 제외할 수 있다〈「노인장기요양보험법」 제7조 제4항〉.
   ① 장기요양보험사업의 보험자는 공단으로 한다〈「노인장기요양보험법」 제7조 제2항〉.
   ② 장기요양보험사업은 보건복지부장관이 관장한다〈「노인장기요양보험법」 제7조 제1항〉.
   ④ 장기요양보험 가입자는 「국민건강보험법」 제5조 및 제109조에 따른 가입자로 한다〈「노인장기요양보험법」 제7조 제3항〉.

3 ②는 국내에 거주하게 된 날에 직장가입자 또는 지역가입자의 자격을 얻는다.
   ※ **자격의 취득 시기 등**〈「국민건강보험법」 제8조 제1항〉
     ㉠ 수급권자이었던 사람은 그 대상자에서 제외된 날
     ㉡ 직장가입자의 피부양자이었던 사람은 그 자격을 잃은 날
     ㉢ 유공자등 의료보호대상자이었던 사람은 그 대상자에서 제외된 날
     ㉣ 보험자에게 건강보험의 적용을 신청한 유공자등 의료보호대상자는 그 신청한 날
   장기요양보험가입 자격 등에 관한 준용〈「노인장기요양보험법」 제11조〉…「국민건강보험법」 제8조

TIP 1.② 2.③ 3.②

4 다음은 노인등으로서 장기요양인정의 신청자격이 있는 사람은?

> ㉠ 장기요양보험가입자
> ㉡ 장기요양보험가입자의 피부양자
> ㉢ 의료급여수급권자

① ㉠   ② ㉠㉡
③ ㉠㉢   ④ ㉠㉡㉢

5 다음 중 장기요양인정에 대한 설명으로 틀린 것은?

① 공단은 등급판정위원회가 장기요양인정 및 등급판정의 심의를 완료하면 즉시 장기요양인정 서를 수급자에게 송부하여야 한다.
② 공단은 등급판정위원회가 장기요양인정 및 등급판정의 심의를 완료한 경우 수급자로 판정 받지 못한 신청인에게 그 내용 및 사유를 통보하여야 한다.
③ 공단이 발급한 장기요양인정의 유효기간은 1년으로 한다.
④ 수급자는 장기요양인정의 유효기간이 만료된 후 장기요양급여를 계속하여 받고자 하는 경 우 공단에 장기요양인정의 갱신을 신청하여야 한다.

6 다음 장기요양급여 중에서 재가급여를 모두 고르면?

> ㉠ 방문요양
> ㉡ 주·야간보호
> ㉢ 요양병원간병
> ㉣ 단기보호
> ㉤ 방문간호

① ㉠㉡㉢
② ㉠㉣㉤
③ ㉠㉡㉣㉤
④ ㉠㉢㉣㉤

7 다음에서 급여외행위의 제공 금지사항으로만 묶인 것은?

> ㉠ 수급자의 가족만을 위한 행위
> ㉡ 수급자의 생업을 지원하는 행위
> ㉢ 수급자 가족의 생업을 지원하는 행위
> ㉣ 수급자의 일상생활에 지장이 없는 행위

① ㉠㉡

② ㉡㉣㉤

③ ㉡㉢㉣

④ ㉠㉡㉢㉣

4 장기요양인정의 신청자격〈「노인장기요양보험법」 제12조〉… 장기요양인정을 신청할 수 있는 자는 노인등으로서 다음 어느 하나에 해당하는 자격을 갖추어야 한다.
㉠ 장기요양보험가입자 또는 그 피부양자
㉡ 의료급여법에 따른 수급권자(의료급여수급권자)

5 ③ 장기요양인정의 유효기간은 최소 1년 이상으로서 대통령령으로 정한다〈「노인장기요양보험법」 제19조 제1항〉.
① 「노인장기요양보험법」 제17조 제1항
② 「노인장기요양보험법」 제17조 제2항
④ 「노인장기요양보험법」 제20조 제1항

6 재가급여와 특별현금급여〈「노인장기요양보험법」 제23조 제1항 제1호, 제3호〉
㉠ 재가급여 : 방문요양, 방문목욕, 방문간호, 주·야간보호, 단기보호, 기타재가급여
㉡ 특별현금급여 : 가족요양비, 특례요양비, 요양병원간병비

7 급여외행위의 제공 금지〈「노인장기요양보험법」 제28조의2 제1항〉
㉠ 수급자의 가족만을 위한 행위
㉡ 수급자 또는 그 가족의 생업을 지원하는 행위
㉢ 그 밖에 수급자의 일상생활에 지장이 없는 행위

🔊 **TIP** 4.④ 5.③ 6.③ 7.④

8 다음 중 장기요양요원의 보호에 대한 설명으로 옳지 않은 것은?

① 장기요양기관의 장은 장기요양요원에게 급여외행위의 제공을 요구할 수 있다.
② 장기요양기관의 장은 보건복지부령으로 정하는 바에 따라 장기요양 수급자와 그 가족에게 장기요양요원의 업무 범위, 직무상 권리와 의무 등 권익보호를 위한 사항을 안내할 수 있다.
③ 장기요양요원은 장기요양기관의 장이 적절한 조치를 하지 아니한 경우에는 장기요양기관을 지정한 특별자치시장·특별자치도지사·시장·군수·구청장에게 그 시정을 신청할 수 있다.
④ 신청을 받은 특별자치시장·특별자치도지사·시장·군수·구청장은 장기요양요원의 고충에 대한 사실확인을 위한 조사를 실시한 후 필요하다고 인정되는 경우에는 장기요양기관의 장에게 적절한 조치를 하도록 통보하여야 한다.

9 다음에서 장기요양기관 지정을 반드시 취소하여야 하는 경우를 모두 고르면?

> ㉠ 거짓이나 그 밖의 부정한 방법으로 지정을 받은 경우
> ㉡ 본인부담금을 면제하거나 감경하는 행위를 한 경우
> ㉢ 폐업 또는 휴업 신고를 하지 아니하고 1년 이상 장기요양급여를 제공하지 아니한 경우
> ㉣ 업무정지기간 중에 장기요양급여를 제공한 경우
> ㉤ 장기요양급여를 거부한 경우

① ㉠㉡㉣
② ㉠㉢㉤
③ ㉠㉢㉣
④ ㉠㉡㉢㉣㉤

8 장기요양기관의 장은 장기요양요원에게 급여외행위의 제공을 요구하는 행위를 하여서는 아니 된다〈「노인장기요양보험법」 제35조의4 제2항〉.

② 「노인장기요양보험법」 제35조의4 제3항

③ 「노인장기요양보험법」 제35조의4 제4항

④ 「노인장기요양보험법」 제35조의4 제5항

9 장기요양기관 지정의 취소 대상〈「노인장기요양보험법」 제37조 제1항〉 … 특별자치시장·특별자치도지사·시장·군수·구청장은 장기요양기관이 다음 각 호의 어느 하나에 해당하는 경우 그 지정을 취소하거나 6개월의 범위에서 업무정지를 명할 수 있다. 다만, 제1호, 제2호의2, 제3호의5, 제7호, 또는 제8호에 해당하는 경우에는 지정을 취소하여야 한다.

⊙ **장기요양기관 지정의 취소 또는 업무정지 대상**
- 거짓이나 그 밖의 부정한 방법으로 지정을 받은 경우
- 급여외행위를 제공한 경우. 다만, 장기요양기관의 장이 그 위반행위를 방지하기 위하여 해당 업무에 관하여 상당한 주의와 감독을 게을리하지 아니한 경우는 제외한다.
- 장기요양기관 지정기준에 적합하지 아니한 경우
- 장기요양기관 결격사유에 해당하게 된 경우. 다만, 대표자가 장기요양기관 결격사유에 해당하게 된 법인의 경우 3개월 이내에 그 대표자를 변경하는 때에는 그러하지 아니하다.
- 장기요양급여를 거부한 경우
- 본인부담금을 면제하거나 감경하는 행위를 한 경우
- 수급자를 소개, 알선 또는 유인하는 행위 및 이를 조장하는 행위를 한 경우
- 장기요양요원의 보호조치 중 어느 하나를 위반한 경우
- 폐업 또는 휴업 신고를 하지 아니하고 1년 이상 장기요양급여를 제공하지 아니한 경우
- 시정명령을 이행하지 아니하거나 회계부정 행위가 있는 경우
- 정당한 사유 없이 장기요양급여의 관리·평가를 거부·방해 또는 기피하는 경우
- 거짓이나 그 밖의 부정한 방법으로 재가 및 시설 급여비용을 청구한 경우
- 보고 및 검사 자료제출 명령에 따르지 아니하거나 거짓으로 자료제출을 한 경우나 질문 또는 검사를 거부·방해 또는 기피하거나 거짓으로 답변한 경우
- 장기요양기관의 종사자 등이 다음의 어느 하나에 해당하는 행위를 한 경우. 다만, 장기요양기관의 장이 그 행위를 방지하기 위하여 해당 업무에 관하여 상당한 주의와 감독을 게을리하지 아니한 경우는 제외한다.
  - 수급자의 신체에 폭행을 가하거나 상해를 입히는 행위
  - 수급자에게 성적 수치심을 주는 성폭행, 성희롱 등의 행위
  - 자신의 보호·감독을 받는 수급자를 유기하거나 의식주를 포함한 기본적 보호 및 치료를 소홀히 하는 방임행위
  - 수급자를 위하여 증여 또는 급여된 금품을 그 목적 외의 용도에 사용하는 행위
  - 폭언, 협박, 위협 등으로 수급자의 정신건강에 해를 끼치는 정서적 학대행위
- 업무정지기간 중에 장기요양급여를 제공한 경우
- 사업자등록이나 고유번호가 말소된 경우

⊙ **장기요양기관 지정의 취소 대상**
- 거짓이나 그 밖의 부정한 방법으로 지정을 받은 경우
- 장기요양기관 결격사유에 해당하게 된 경우. 다만, 대표자가 장기요양기관 결격사유에 해당하게 된 법인의 경우 3개월 이내에 그 대표자를 변경하는 때에는 그러하지 아니하다.
- 폐업 또는 휴업 신고를 하지 아니하고 1년 이상 장기요양급여를 제공하지 아니한 경우
- 업무정지기간 중에 장기요양급여를 제공한 경우
- 사업자등록이나 고유번호가 말소된 경우

🔊**TIP** 8.① 9.③

10 다음 중 장기요양기관 지정의 취소 등에 대한 설명으로 옳지 않은 것은?

① 장기요양기관 지정의 취소 및 업무정지는 특별자치시장·특별자치도지사·시장·군수·구청장이 할 수 있다.

② 업무정지기간 중에 장기요양급여를 제공한 장기요양기관은 경우에는 6개월의 업무정지를 명할 수 있다.

③ 시장·군수·구청장이 지정을 취소하거나 업무정지명령을 한 경우에는 관할 특별시장·광역시장 또는 도지사를 거쳐 보건복지부장관에게 통보하여야 한다.

④ 지정취소를 받은 후 3년이 지나지 않은 자는 장기요양기관으로 지정받을 수 없다.

11 다음 중 행정제재처분 효과의 승계 대상이 아닌 자는?

① 장기요양기관을 양도한 경우 양수인
② 법인이 합병된 경우 합병으로 신설된 법인
③ 법인이 합병 후 존속하는 법인
④ 행정제재처분을 알지 못하였음을 증명할 수 있는 양수인

12 다음은 부당이득의 징수에 관한 내용으로 옳지 않은 것은?

① 공단은 거짓 진단에 따라 장기요양급여가 제공된 때 거짓의 행위에 관여한 자에 대하여 장기요양급여를 받은 자와 연대하여 징수금을 납부하게 할 수 없다

② 공단은 부정한 방법으로 장기요양급여를 받은 자와 같은 세대에 속한 자에 대하여 부정한 방법으로 장기요양급여를 받은 자와 연대하여 징수금을 납부하게 할 수 있다.

③ 공단은 장기요양기관이나 의료기관이 수급자 또는 신청인으로부터 거짓이나 그 밖의 부정한 방법으로 장기요양급여비용 또는 의사소견서등 발급비용을 받은 때 해당 장기요양기관 또는 의료기관으로부터 이를 징수하여 수급자 또는 신청인에게 지체 없이 지급하여야 한다.

④ 공단은 수급자 또는 신청인에게 지급하여야 하는 금액을 그 수급자 또는 신청인이 납부하여야 하는 장기요양보험료등과 상계할 수 있다.

13 다음 중 장기요양요원지원센터에 대한 설명으로 옳지 않은 것은?

① 장기요양요원지원센터는 지방자치단체에서 설치·운영할 수 있다.

② 장기요양요원의 역량강화를 위한 교육지원 등의 업무를 수행한다.

③ 설치 등에 필요한 사항은 보건복지부령으로 정한다.

④ 장기요양요원의 복지 및 운영 등에 필요한 사항은 공단이 정한다.

---

10 ② 업무정지기간 중에 장기요양급여를 제공한 장기요양기관은 지정을 취소하여야 한다〈「노인장기요양보험법」 제37조 제1항 제7호〉.
  ① 「노인장기요양보험법」 제37조 제1항
  ③ 「노인장기요양보험법」 제37조 제2항
  ④ 「노인장기요양보험법」 제37조 제8항 제1호

11 행정제재처분 효과의 승계〈「노인장기요양보험법」 제37조의4 제1항〉
  ㉠ 장기요양기관을 양도한 경우 양수인
  ㉡ 법인이 합병된 경우 합병으로 신설되거나 합병 후 존속하는 법인
  ㉢ 장기요양기관 폐업 후 같은 장소에서 장기요양기관을 운영하는 자 중 종전에 행정제재처분을 받은 자(법인인 경우 그 대표자를 포함)나 그 배우자 또는 직계혈족

12 ① 「노인장기요양보험법」 제43조 제2항
  ② 「노인장기요양보험법」 제43조 제3항
  ③ 「노인장기요양보험법」 제43조 제4항
  ④ 「노인장기요양보험법」 제43조 제4항

13 ④ 장기요양요원지원센터의 설치·운영 등에 필요한 사항은 보건복지부령으로 정하는 바에 따라 해당 지방자치단체의 조례로 정한다〈「노인장기요양보험법」 제47조의2 제3항〉.
  ① 「노인장기요양보험법」 제47조의2 제1항
  ② 「노인장기요양보험법」 제47조의2 제2항 제2호
  ③ 「노인장기요양보험법」 제47조의2 제3항

TIP 10.② 11.④ 12.① 13.④

14 다음 중 장기요양요원지원센터의 업무에 해당하지 않는 것은?

① 장기요양요원의 권리 침해에 관한 상담 및 지원
② 장기요양요원의 급여외행위 제공에 관한 교육지원
③ 장기요양요원의 역량강화를 위한 교육지원
④ 장기요양요원에 대한 건강검진 등 건강관리를 위한 사업

15 다음에서 장기요양사업에 대한 공단이 관장하는 업무만을 모두 고르면?

> ㉠ 노인성질환예방사업
> ㉡ 장기요양급여의 관리 및 평가
> ㉢ 재가 및 시설 급여비용의 심사 및 지급과 특별현금급여의 지급
> ㉣ 심사위원회 운영
> ㉤ 신청인에 대한 조사

① ㉠㉡㉢㉣
② ㉠㉡㉢㉤
③ ㉡㉢㉤㉥
④ ㉠㉡㉢㉣㉤

16 다음 중 등급판정위원회 운영에 관한 설명으로 옳지 않은 것은?

① 공무원이 아닌 위원의 임기는 3년이며, 연임할 수 없다.
② 등급판정위원회 회의는 구성원 과반수의 출석으로 개의하고 출석위원 과반수의 찬성으로 의결한다.
③ 의사 또는 한의사가 등급판정위원회 위원을 추천할 수 있다.
④ 등급판정위원회의 구성·운영 등에 필요한 사항은 대통령령으로 정한다.

17 다음 중 재심사위원회에 대한 설명으로 옳지 않은 것은?

① 재심사위원회는 보건복지부장관 소속이다.

② 위원장 1인을 포함한 15인 이내의 위원으로 구성한다.

③ 위원은 보건복지부장관이 임명 또는 위촉한다.

④ 위원은 관계 공무원, 법학, 그 밖에 장기요양사업 분야의 학식과 경험이 풍부한 사람 중에서 임명 또는 위촉한다.

---

14 ② 장기요양요원의 보호조치에 해당한다〈「노인장기요양보험법」 제35조의4 제1항 제2호〉.
　※ 장기요양요원지원센터의 업무〈「노인장기요양보험법」 제47조의2 제2항〉
　　㉠ 장기요양요원의 권리 침해에 관한 상담 및 지원
　　㉡ 장기요양요원의 역량강화를 위한 교육지원
　　㉢ 장기요양요원에 대한 건강검진 등 건강관리를 위한 사업
　　㉣ 그 밖에 장기요양요원의 업무 등에 필요하여 대통령령으로 정하는 사항

15 ㉣은 심사평가원에 둔다〈「국민건강보험법」 제66조 제1항〉.
　※ 공단이 관장하는 장기요양사업 업무〈「노인장기요양보험법」 제48조 제2항〉
　　㉠ 장기요양보험가입자 및 그 피부양자와 의료급여수급권자의 자격관리
　　㉡ 장기요양보험료의 부과 · 징수
　　㉢ 신청인에 대한 조사
　　㉣ 등급판정위원회의 운영 및 장기요양등급 판정
　　㉤ 장기요양인정서의 작성 및 개인별장기요양이용계획서의 제공
　　㉥ 장기요양급여의 관리 및 평가
　　㉦ 수급자 및 그 가족에 대한 정보제공 · 안내 · 상담 등 장기요양급여 관련 이용지원에 관한 사항
　　㉧ 재가 및 시설 급여비용의 심사 및 지급과 특별현금급여의 지급
　　㉨ 장기요양급여 제공내용 확인
　　㉩ 장기요양사업에 관한 조사 · 연구 및 홍보
　　㉪ 노인성질환예방사업
　　㉫ 이 법에 따른 부당이득금의 부과 · 징수 등
　　㉬ 장기요양급여의 제공기준을 개발하고 장기요양급여비용의 적정성을 검토하기 위한 장기요양기관의 설치 및 운영
　　㉭ 그 밖에 장기요양사업과 관련하여 보건복지부장관이 위탁한 업무

16 ① 등급판정위원회 위원의 임기는 3년으로 하되, 한 차례만 연임할 수 있다. 다만, 공무원인 위원의 임기는 재임기간으로 한다〈「노인장기요양보험법」 제52조 제5항〉.
　② 「노인장기요양보험법」 제53조 제2항
　③ 「노인장기요양보험법」 제52조 제4항
　④ 「노인장기요양보험법」 제53조 제3항

17 ①② 재심사위원회는 보건복지부장관 소속으로 두고, 위원장 1인을 포함한 20인 이내의 위원으로 구성한다〈「노인장기요양보험법」 제56조 제2항〉.
　③④ 「노인장기요양보험법」 제56조 제3항

TIP 14.② 15.② 16.① 17.②

18 다음 중 결손처분을 취소하고 체납처분을 해야 하는 경우는?

① 해당 권리에 대한 소멸시효가 완성된 경우
② 체납처분이 끝나고 체납액에 충당될 배분금액이 그 체납액에 미치지 못하는 경우
③ 압류할 수 있는 다른 재산이 있는 것을 발견한 경우
④ 징수할 가능성이 없다고 인정되는 경우로서 대통령령으로 정하는 경우

19 다음은 외국인에 대한 특례를 설명한 것이다. 틀린 것은?

① 정부는 외국 정부가 사용자인 사업장의 근로자의 건강보험에 관하여는 외국 정부와 한 합의에 따라 이를 따로 정할 수 있다.
② 적용대상사업장의 근로자로 외국인등록을 한 사람은 직장가입자가 될 수 있다.
③ 직장가입자인 국내체류 외국인의 형제·자매는 공단에 신청하면 피부양자가 될 수 있다.
④ 국내체류 외국인에 해당하는 지역가입자의 보험료는 매월 10일까지 납부하여야 한다.

20 다음 중 과태료 부과 금액이 다른 하나는?

① 장기요양기관에 관한 정보를 게시하지 아니하거나 거짓으로 게시한 자
② 수급자가 부담한 비용을 정산하지 아니한 자
③ 거짓이나 그 밖의 부정한 방법으로 장기요양급여비용 청구에 가담한 사람
④ 노인장기요양보험 또는 이와 유사한 용어를 사용한 자

18 ③ 공단은 결손처분을 한 후 압류할 수 있는 다른 재산이 있는 것을 발견한 때에는 지체 없이 그 처분을 취소하고 체납처분을 하여야 한다〈「국민건강보험법」 제84조 제2항〉.

　　※ **결손처분**〈「국민건강보험법」 제84조 제1항〉… 공단은 다음 어느 하나에 해당하는 사유가 있으면 재정운영위원회의 의결을 받아 보험료등을 결손처분할 수 있다.

　　　ⓐ 체납처분이 끝나고 체납액에 충당될 배분금액이 그 체납액에 미치지 못하는 경우

　　　ⓑ 해당 권리에 대한 소멸시효가 완성된 경우

　　　ⓒ 그 밖에 징수 가능성이 없다고 인정되는 경우로서 대통령령으로 정하는 경우

　　장기요양보험가입 자격 등에 관한 준용〈「노인장기요양보험법」 제11조〉… 「국민건강보험법」 제84조

19 ④ 국내체류 외국인등에 해당하는 지역가입자의 보험료는 그 직전 월 25일까지 납부하여야 한다〈「국민건강보험법」 제109조 제8항〉.

　① 「국민건강보험법」 제109조 제1항

　② 「국민건강보험법」 제109조 제2항

　③ 「국민건강보험법」 제109조 제4항

　　장기요양보험가입 자격 등에 관한 준용〈「노인장기요양보험법」 제11조〉… 「국민건강보험법」 제109조 제1항부터 제9항까지

20 ②는 1년 이하의 징역 또는 1천만 원 이하의 벌금이다〈「노인장기요양보험법」 제67조 제3항〉.

　①③④는 500만 원 이하의 과태료가 부과된다〈「노인장기요양보험법」 제69조 제1항〉.

　　※ **500만 원 이하의 과태료 부과**〈「노인장기요양보험법」 제69조 제1항〉

　　　ⓐ 변경지정을 받지 아니하거나 변경신고를 하지 아니한 자 또는 거짓이나 그 밖의 부정한 방법으로 변경지정을 받거나 변경신고를 한 자

　　　ⓑ 장기요양기관에 관한 정보를 게시하지 아니하거나 거짓으로 게시한 자

　　　ⓒ 수급자에게 장기요양급여비용에 대한 명세서를 교부하지 아니하거나 거짓으로 교부한 자

　　　ⓓ 장기요양급여 제공 자료를 기록·관리하지 아니하거나 거짓으로 작성한 사람

　　　ⓔ 장기요양요원에게 급여외행위의 제공을 요구하는 행위

　　　ⓕ 수급자가 부담하여야 할 본인부담금의 전부 또는 일부를 부담하도록 요구하는 행위

　　　ⓖ 장기요양요원의 보호에 따른 적절한 조치를 하지 아니한 자

　　　ⓗ 폐업·휴업 신고 또는 자료이관을 하지 아니하거나 거짓이나 그 밖의 부정한 방법으로 신고한 자

　　　ⓘ 행정제재처분을 받았거나 그 절차가 진행 중인 사실을 양수인등에게 지체 없이 알리지 아니한 자

　　　ⓙ 거짓이나 그 밖의 부정한 방법으로 수급자에게 장기요양급여비용을 부담하게 한 자

　　　ⓚ 보고 또는 자료제출 요구·명령에 따르지 아니하거나 거짓으로 보고 또는 자료제출을 한 자나 질문 또는 검사를 거부·방해 또는 기피하거나 거짓으로 답변한 자

　　　ⓛ 거짓이나 그 밖의 부정한 방법으로 장기요양급여비용 청구에 가담한 사람

　　　ⓜ 노인장기요양보험 또는 이와 유사한 용어를 사용한 자

TIP 18.③ 19.④ 20.②

가볍게! 빠르게! 확인하는 용어사전 시리즈

시사용어사전 | 경제용어사전 | 부동산용어사전

시사용어사전 1228

매일 접하는 각종 기사와 정보! 공기업/언론사/기업체/공무원 채용을 준비하는 수험생과
현대인이 꼭 알아야 할 최신 시사상식을 쏙쏙 뽑아 이해하기 쉽도록 영역별로 정리

경제용어사전 1050

주요 경제용어는 거의 다 실었다! 금융권/공기업/언론사/기업체/공무원 채용을 준비하기 전에,
경제 공부를 시작하기 전에 읽어보면 경제가 쉬워지도록 사전식으로 구성

부동산용어사전 1310

부동산에 대한 이해를 높이고 부동산의 개발과 활용, 투자 및 부동산 용어 학습에도
적극적으로 이용할 수 있는 교재, 공인중개사 출제용어도 수록